心理学形态研究系列

国家出版基金项目
NATIONAL PUBLICATION FOUNDATION

"十二五"国家重点图书出版规划项目
上海文化发展基金会图书出版专项基金资助项目

P S Y C H O L O G Y

葛鲁嘉 著

资源形态的心理学

—— 心理资源的基本性质与核心内涵

上海教育出版社
SHANGHAI EDUCATIONAL
PUBLISHING HOUSE

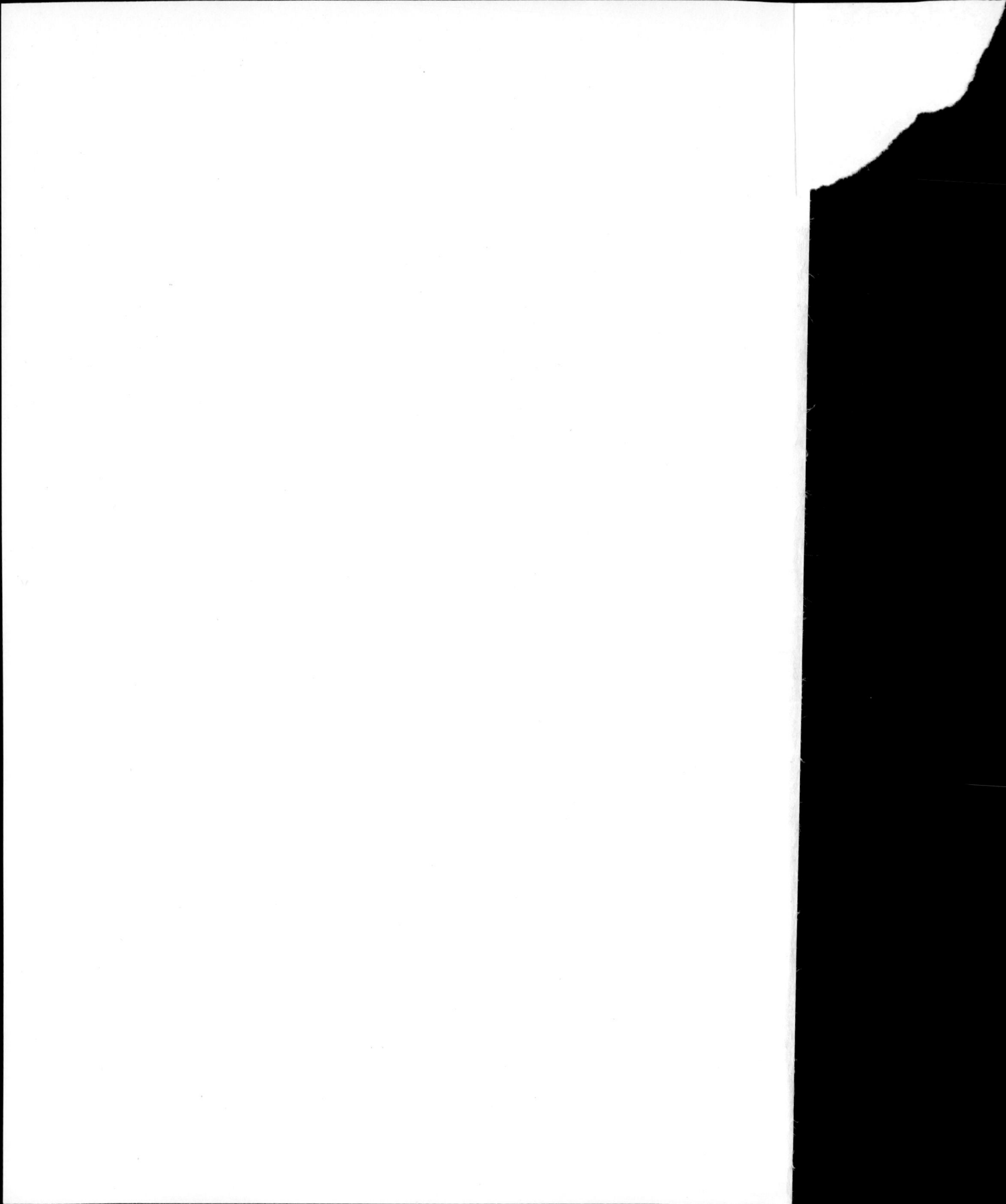

丛 书 总 序

　　心理学的探索和研究已经有了众多的学科分支和丰富的具体研究,有了广泛的生活应用和大众的认知接纳,有了学术的创造支撑。但是,心理学本身依然缺乏反思、界限不清。任何一个成熟的学科,都应该有强大的自我反思、自我定向、自我驱动、自我矫正和自我扩展的能力。心理学在快速的发展进程中,最需要的就是这样的能力。这直接涉及的就是心理学的视野、框架、形态、资源与未来,"视野""框架""形态""资源"与"未来"是把握心理学学科总体、促进心理学学科进步的关键词,也是"心理学形态研究系列"丛书的核心内涵。

　　任何一位投身心理学事业的研究者和学习者、对心理学感兴趣的其他学科和行业的探索者与从业者,或是对心理学很好奇的思想者和普通人,都可以在这套丛书中有所收获。

　　心理学研究者如何看待自己的学科? 心理学爱好者如何借鉴跨界的学科? 如何张望陌生的学科? 这需要具有宽广的视野。所谓视野就是人的眼界。同样都有眼睛,但是不同的人在现实生活中能够看到的广度和深度却完全不同。因此,最重要的是心灵的眼睛。这套丛书可以极大地扩展审视、观望和看待心理学的视野。

　　无论是心理学研究者还是心理学的应用者、爱好者,想要从整体上掌握和运用心理学,最重要的就是有一个整体的框架,包括学科的框架、思想的框架、理论的框架和知识的框架。只有有了这样的框架,才能够对五花八门、纷繁复杂和丰富多样的心理学探索、研究与应用进行梳理和分类。

　　心理学具有多重性的身份,也有着多样化的角色和多元化的形态。当然,科学的或实证的心理学曾经试图定位自己是唯一合理的心理学形态,从而也就将其他不同的心理学形态及探索丢进了垃圾箱。这在给心理学带来纯洁性的同时,也使得心理学割断了与自身学科土壤的关联。因此,对不同形态的心理学的探索,可以大大丰富关于心理学的理解,扩展心理学的发展空间。

对心理学的多重形态的探索,并不是要分裂心理学、肢解心理学和打碎心理学,而是要在心理资源、学术资源、思想资源、理论资源等方面去重新理解心理学。资源化的处理是心理学学科发展获取学术养分、思想营养和理论滋养的最重要的突破。任何资源都在于挖掘、提取、转化和运用,心理学的资源同样如此。

资源也许汇聚和代表了过去、传统和遗产,但实际上,资源最重要的核心作用是能够指向和引领心理学学科发展的前景、未来和成长。心理学应该成为也能够成为一个强大的学科。这种学科自身的昌盛和繁荣就应该植根于养分丰富的学科资源。这也是探索不同形态的心理学最重要的价值、意义和作用所在。

这套"心理学形态研究系列"丛书包含八部心理学学术著作:《心理科学论总——心理学命运与前途的全景考察》《心理学本土化——中国本土心理学的选择与突破》《常识形态的心理学——心理学的生活形态和日常存在》《哲学形态的心理学——哲学心理学与心理学哲学》《宗教形态的心理学——宗教传统和研究的心理学智慧》《类同形态的心理学——不同科学门类中的心理学探索》《科学形态的心理学——心理学的科学追求与科学身份》和《资源形态的心理学——心理资源的基本性质与核心内涵》。这八部著作直接涉及和探索心理学的视野、框架、形态、资源与未来。

《心理科学论总——心理学命运与前途的全景考察》是关于心理科学本身的学术梳理、学术反思、学术突破和学术建构的。书中对如何推进心理学的学术进步,如何扩展心理学的学术空间,如何引领心理学的学术未来,如何确立心理学的本土根基,如何激发心理学的学术创新等,进行了一系列的学术思考。

《心理学本土化——中国本土心理学的选择与突破》是对中国本土心理学在追求科学化历程中经历的西方化历程的文化性、思想性和历史性的反叛。心理学的本土化也是心理学在更大的范围内去寻求自己学科和学术发展的资源。关于心理学的本土走向,要涉及心理学研究的本土定位、本土资源、本土理论、本土方法和本土技术。心理学的本土化实际上就是心理学的一个新生的过程。中国心理学的本土化也就是中国心理学的创生过程。

立足西方文化传统的"科学的"心理学一直认为自己是唯一合理的心理学,除此之外的心理学探索,或者立足不同文化传统的心理学探索,都可以划归为"非科学的"心理学,而所谓"非科学的",也就是被淘汰的、已过时的、无价值的。心理学的本土化则来自对西方心理学唯一合理性的质疑,来自对各种不同心理学探索的合理性的确认和把握。心理学的文化转向是心理学本土化的方向问题。心理学曾经靠摆脱、放弃、回避或越过文化的存在来发展自己。也就是说,在心理学成为独立的科学门类之后,在追求科学性的过程中,把科学的客观性和普遍性与文化的建构性和独特性对立起来,心理学早期以排斥文化的存在来保证自己对所有文化的普遍适用性。然而现在,心理学必须靠包容、探讨和体现文化的存在来发展自己,来保证自己对所有文化的普遍适用性。

心理学本土化的发展是把心理学确立为创新的心理学。中国心理学的本土化并没有现成的道路好走,没有现成的东西可以继承,没有现成的方式可以照搬。这就决定了中国心理学的本土化历程必然和必须走创新发展的道路。对于中国本土心理学来说,原始性的创新应该成为重要的学术目标。然而,对于中国现代心理学来说,这是非常薄弱的环节。对于许多中国心理学的从业者和研究者来说,好像只有引进的才是心理学,创新的却很难被看成是真正的心理学。

中国本土心理学的研究涉及心理学学术创新和理论建构的学术资源,而获取什么资源和怎样获取资源,就成为重要的任务。心理学的演变和发展有自己的资源根基,这可以体现为不同的心理学历史形态、现实演变和未来发展。当代心理学的发展应该将不同形态的心理学作为自己学术创新的资源,只有掌控和运用这些资源,心理学才能够扩大视野,挖掘潜能,丰富自己的研究,完善自己的功能。

心理学的发展有着属于自身的文化、历史、传统、思想、理论、学科的资源。心理学有着十分不同的历史发展和长期演变的形态,所有不同的心理学形态都是心理学的发展可以借用的学术资源。心理学资源可以体现为心理学历史形态、心理学现实演变和心理学未来发展,共包括六种不同的心理考察和探索,从而系统梳理中国文化历史、文化传统和思想创造中包含的心理学思想、心理学解说和心理学内容。这是在与西方心理学或国外心理学不同的中国本土的文化历史、文化思想、文化传统和文化创造的基础之上,去重新认识、理解和把握心理学。关于中国本土文化传统中的心理学研究,在研究尺度、评判标准、理论依据、学术把握等方面一直存在学术争议。有的研究按照西方文化或西方科学文化的尺度,按照西方心理学或西方实证科学心理学的尺度,来筛淘和衡量中国本土文化传统中的心理学内容,也有研究强调应按照中国本土的文化传统、价值尺度、学术标准,来重新衡量、梳理和探讨中国本土的心理学传统。

中国本土的心理学正在寻求自身的创新性发展。这种创新倡导的是,中国心理学的发展不应该仅仅是对国外心理学的修补和改进,也不应该仅仅就是对中国历史传统中的心理学思想的解释和解说,中国本土心理学真正需要的是寻求本土文化的心理学根基和心理学资源,并立足这种本土文化中的心理学核心内容来建构真正属于中国本土的创新的心理学。关于中国本土心理学的发展应该倡导和推动原始性的创新,特别是原始性的理论创新,这已经开始由最初的呼吁逐渐成为付诸行动的学术追求。中国心理学的这种原始性创新的努力,也开始由不同分支学科、不同理论知识、不同研究方法、不同技术手段等分散的方面,转向对更宏大的心理学理论原则、理论框架、理论构成等方面的突破。

中国现代意义上的科学心理学是从国外引入的,包括近代从欧美等科学心理学先导和发达的国家引入的实证科学的心理学,也包括新中国建立初期开始从苏联引进的以巴甫洛夫的高级神经活动学说为代表的唯物主义心理学。这两个不同来源的心理学都存在于中国现代心理学的研究中。改革开放后,中国心理学开始挖掘和整理中国本土的传统心理学思想,但是,这方面的研究还存在重大的缺陷,最大的问题是认为中国本土文化中并没有心理学,只有一些零散的、猜测的心理学思想,认为这方面的研究仅在于证明现代心理学研究的古代猜想。这就形成了两个巨大的鸿沟:一是翻译、引进和介绍的国外研究与中国本土文化和生活之间的鸿沟;二是中国古代的心理学思想与中国当代的心理学创新之间的鸿沟。这也就导致中国本土心理学的两个重大缺失:一是长期的引进和模仿导致中国本土心理学研究原创性的严重缺失和弱化;二是中国古代心理学思想研究仅仅是为现代心理学研究提供历史的佐证,导致中国本土心理学根基的垮塌和资源的流失。总括起来,中国本土心理学所缺失的是建立在中国本土心理学资源基础之上的心理学原始性的理论创新和建构。这套丛书最核心的学术价值和创新意义就在于,通过立足本土文化的理论创新和建构,开辟中国本土心理学未来的学科发展和创新的理论演进道路。

在中国本土心理学的研究中,关于中国本土文化传统中的心理学理论根基和学术资源的探索是最重要和关键的走向,也是最核心和根本的未来。这套丛书旨在挖掘和把握中国本土的心理学资源、心理学传统和心理学根基,从而推动和引领中国本土心理学的创新性发展。例如,在中国古老的和悠久的心性文化传统中,就存在丰富的心理学资源、特定的心理学传统和深厚的心理学根基,这就是中国文化的心性学说。从心理学的角度加以考察和挖掘,可以将这种心性学说转换为心性心理学,这是中国文化非常独特和重要的心理学理论贡献。中国本土文化中的心性学说和心性心理学有着非常重要的心理学学术性价值,问题是怎样将这种心性心理学的传统转换成为中国心理学理论创新的资源。这套丛书的研究就是对中国本土心理学的研究进行重新定位,就是要厘清中国本土心性心理学的内涵,深入挖掘中国本土的心性心理学,并将心性心理学的思想框架和理论核心引入中国本土心理学的具体研究中。

正所谓"条条大路通罗马",不同的心理学探索、不同的心理学形态,都是通往人类心理的门户。在通道的沿途,有着各不相同、别具洞天的境遇和景色。心理学的探索者不应该去关闭那些可能的通路。为什么不去探险呢?无限风光在险途!

吉林大学哲学社会学院心理学系
葛鲁嘉
2014 年 10 月

目录 | Contents

第一章   心理学的资源

对于心理学的学科发展来说,资源或学科资源是指学科生成或演化的基础条件,或者是指学科创生或创造的前提条件。学科的生成、发展、进步和拓展等都需要文化历史的资源,心理学的生成、发展、进步和拓展同样如此。心理学的研究是考察人的心理行为。无论是关于心理行为还是关于心理科学的研究,或者无论是心理学对人的心理行为的研究还是心理学对学科自身的研究,都需要挖掘和提取自己的或自身的资源。心理资源是多样化的存在,是多元化的形态,可以按照人的生活领域、思想领域、学术领域等来对心理资源进行界定和分类。资源形态的心理学是科学形态的心理学的进步、扩展和提升。资源形态的心理学把心理学学术性资源的开发、累积、运用等作为心理学的核心任务。

第一节   心理学的未来形态

心理学在自身的发展历程和历史演变中,存在着不同的、多样的历史形态,心理学在自己的发展和进步过程中,也将具有其独特的、开放的未来形态。这包括常识形态的心理学、哲学形态的心理学、宗教形态的心理学、类同形态的心理学、科学形态的心理学、资源形态的心理学。当代心理学的发展不应该抛弃、舍弃、放弃、遗弃和丢弃自己不同的历史形态的心理学,也不应该忽视、漠视、歧视、轻视和小视自己可能的未来形态的心理学,而应该把其当作发展和扩展自身的、可以借用的文化历史资源和现实学术资源,从而扩大自己的视野,挖掘自己的潜能,丰富自己的研究,完善自己的功能。对学科资源和心理资源的考察,是心理学学术研究非常重要的任务。忽略心理学自身的资源,会严重影响到心理学的健康发展。这也是讨论和分析心理资源的重要意义与重大价值。

考察心理资源的根本目的,是要为心理学的发展寻求可能和途径。心理学的发展和壮大是需要根基、养分和资源的,怎样获取丰富的资源,怎样利用深厚的资源,怎样发挥资源的效用,怎样扩展资源的功能,这都是心理学研究者必须面对的重大问题。没有资源的意识,财富也会成为垃圾,有了资源的利用,垃圾也会成为财富。对于中国本土的心理学发展来说,这已经成为战略性的问题。心理学的发展立足和根基于资源,这就是所谓的资源形态的心理学。资源形态的心理学应该是心理学未来发展的形态,也就是心理学的第六种形态。正如前所述,在心理学的演变和发展过程中,出现了常识形态的心理学、哲学形态的心理学、宗教形态的心理学、类同形态的心理学、科学形态的心理学这五种历史形态的心理学。资源形态的心理学是以这五种形态的心理学为基础,并超越了这五种形态的心理学。这种超越不是抛弃,不是放弃,不是舍弃,而是对资源的挖掘、提取和转用,也就是把不同形态的心理学作为心理学的资源。

任何一个学科的生成、发展、进步和拓展都需要文化、社会、历史和现实的资源,心理学同样如此。提供心理资源,不仅是丰富人的心理生活、提升心理生活质量所必需和必要的,而且是心理科学进步与发展应该依赖的基石和基础。

心理学的本土化是心理学发展过程中的一种思潮、定位和寻求。从提出关于本土心理学的研究开始,心理学的本土化就经历了不同的历程,并体现了不同的目的。心理学本土化的目的在于关注和考察科学心理学或正统心理学之外的其他心理学探索,挑战西方实证心理学的霸权地位,探索根源于本土社会文化的心理行为和研究方式,挖掘和创造本土心理学资源,追求心理学研究的原始创新。其中,关注和考察科学心理学或正统心理学之外的其他心理学探索,是本土心理学最基本的目的,也是本土心理学一开始最基本的含义,进而也希望能够在心理学的理论、方法和技术等方面有新的创造。

中国心理学的跨世纪发展面临着一个重要的选择,那就是从对西方或外国心理学的模仿中解脱出来,去寻找和挖掘中国本土的心理资源。心理学的未来发展应该把自己建设成为资源合理开发和有效利用的新型学科。心理学的未来形态就是资源形态的心理学,这可以称为心理学的第六种形态,是立足心理资源的开发和利用的心理学形态。①

心理学未来发展的资源化,或者心理学未来的资源形态的定位,就在于心理学需要和能够为人类心理生活和心理学科成长提供重要的资源。因此,可以将心理学的未来形态表达为资源的形态。这给心理学学科的成长带来的是一个根本性的变革。资源的价值或更进一步的心理资源的价值,就在于可以为人类心理和心理科学提供文化的、历史的、思想的、学术的、理论的、生活的及心理的基本内容、核心内涵、内在动力和发展空间。

将资源形态的心理学定位为心理学的未来形态,应该给心理学学科本身的进步确立一个基本框架。在这个基本框架下,必须重新去探讨和理解心理学的存在、研究、应用和演变。如果从形态的定位上,资源形态的心理学实际上就与其他的心理学形态有着特定的关系,这包括常识形态的心理学、哲学形态的心理学、宗教形态的心理学、类同形态的心理学、科学形态的心理学,等等。

资源形态的心理学意味着心理学的未来应该具有定向、整合、扩展、创新、涵养等能力,这给了心理学的发展以更好的目标、更大的空间、更优的地位。

第二节 心理资源的内涵

对于心理学的学科发展来说,资源或学科资源是指学科生成或演化的基础条件,或者是指学科创生或创造的前提条件。任何的存在都有自己的生成和发展,任何的生成和发展都需要一定的条件或基础。资源就是这样的基础条件或前提条件。资源是长期的历史积淀,是不断的条件积聚。资

① 葛鲁嘉.心理资源论——心理学的历史、现实和未来的形态[J].陕西师范大学学报(哲学社会科学版),2008(6):104-108.

源的存在是心理学的进一步发展所必需的。

如果更进一步分析心理资源的含义,心理资源可以有两种不同的重要内涵:一是指心理行为发生的基础条件;二是指心理科学发展的基础条件。作为心理行为发生的基础条件是指,人的心理或心理生活是生成性的或创造性的。在生成与创造的过程中需要特定的资源。心理资源就是指人的心理或心理生活的建构基础、生成条件、成长养分和拓展依据。人的物质生活需要资源,人的心理生活同样需要资源。作为心理科学发展的基础条件是指,心理学学科的生成和壮大是有多种多样养分的,包括自然资源、文化资源、社会资源、历史资源、现实资源等。心理行为发生的基础条件与心理科学发展的基础条件,两者有相通的地方,滋养心理行为的也会滋养心理科学,反过来同样是如此。

在心理学的研究中,考察人的心理行为的生理资源或心理资源,将其作为衡量人的心理或认知的重要方面,是心理学研究非常重要的内容。在心理学的研究中,考察心理学的传统、现实和未来的形态或资源,将其作为心理学发展的基础,同样是心理学研究非常重要的内容。涉及心理资源的存在、功能、提取、转用等,都会涉及心理资源的一些十分重要的特点,把握这些特点是了解和说明心理资源的非常重要的方面。

首先,心理资源既可以是有形的存在,也可以是无形的存在,还可以是双重的存在。有形的心理资源包括心理存在和变化的自然、社会、机体、大脑等物质条件。无形的心理资源包括心理存在和变化的意义、价值、文化、符号等非物质条件。双重的心理资源则包括有形的和无形的条件或基础。这就给心理资源的存在和理解带来了种种的不同和变化。仅仅重视有形的心理资源,或者仅仅重视无形的心理资源,都可能是非常片面的。其实,心理学研究中还原论的盛行就体现了把人的心理行为归结到实现的基础、条件或资源上。在心理学自诩成为科学的门类之后,对人的心理行为的探索就长期立足于还原论。物理主义的还原,就是把人的心理行为看作是按照物理规律活动的存在。生物主义的还原,则把人的心理行为看作是按照生物规律活动的存在。

其次,心理资源既可以是自然的存在,也可以是社会的存在,还可以是文化的存在。自然的心理资源是在大自然的漫长演进过程中逐渐生成和积累起来的,它构成了人的心理存在和发展的自然基础和自然条件。人的心理的存在和发展不可能脱离开自然的构成、自然的过程、自然的环境。可以说,自然是人的心理行为所依托的最基础的资源条件,人在长期的自然演进和演化的过程中,就是依赖自然资源来推动和改变的。同时,人又是社会的存在,具有社会的性质。人不仅是个体化的,而且是群体化的。或者说,人是按照社会构成的方式生存和发展的。社会的存在、社会的生活、社会的演变,也就成为人的心理行为的社会基础、社会条件、社会资源。再者,人又是文化的存在。人创造了文化,人创造的文化反过来又成为人生存和发展的条件或资源。人按照文化的方式生活和发展,人的心理行为也有自己的文化印记和文化方式。

再次,心理资源只有按照人的心理存在的方式来解读和转用才是有价值的,否则,心理资源不过是自然物理的存在。这也就是心理资源的人性的价值。所以,心理资源和心理行为是互生的或共生的关系。脱离了任何一方,另一方的存在就会失去根基和理由。正是在这个意义上,心理资源才会与心理学的研究建立起关联。任何的心理学探索作为心理资源,都取决于其对人的心理行为的独特的考察和探索。只有从与人的关联,从与人的心理行为的关联,从与人的心理行为探索的关联,才能真正揭示心理资源的实质、内涵、特性、变化、功能等。

第三节　心理资源的确立

任何一个学科的生成、发展、进步和拓展,都需要文化历史、学术思想和理论方法的资源。心理学的生成、发展、进步和拓展同样如此。心理学的发展和研究都与文化有着十分密切的关系。当代心理学的发展也出现了文化学的转向,[①]这也体现在西方心理学的发展进程中。[②] 因此,当代心理学的文化转向有着特定的动因和方法论的意义。[③] 有研究也探讨了心理学文化

① 葛鲁嘉,陈若莉.当代心理学发展的文化学转向[J].吉林大学社会科学学报,1999(5):79-87.
② 叶浩生.试析现代西方心理学的文化转向[J].心理学报,2001(3):270-275.
③ 麻彦坤.当代心理学文化转向的动因及其方法论意义[J].国外社会科学,2004(1):2-7.

转向中的方法论难题和整合策略。① 所谓心理学与文化的关系,是指心理学在自身的研究、发展和演变的过程中,与文化背景、文化历史、文化根基、文化条件、文化现实产生的关联。心理学与文化的关系有着特定的内涵,也经历了历史的演变,这包括经历了文化的剥离、文化的转向、文化的回归、文化的定位。心理学与文化的关系性质涉及文化心理学、跨文化心理学、本土心理学、后现代心理学。有研究考察了文化心理学的启示意义与发展趋势,②有研究探讨了文化心理学的诠释之道,③有研究则将文化心理学的兴起与主流心理学的困境联系在了一起。④ 对心理学与文化的关系进行界定,涉及心理学的单一文化背景和多元文化发展。心理学与文化的关系意义涉及心理学的新视野、新领域、新理论、新方法、新技术、新发展。这包括跨文化研究的方法,⑤也包括文化、科学和本土心理学的关系,⑥还包括关于心理学与文化关系的历史探讨与理论分析。⑦

心理学的探索、建构和发展都是学术的活动,都可以体现为学术思想的创造、发展和传承。在心理学的发展中,心理学家可能更加重视心理学的理论、方法和技术,而心理学的发展实际上也可以体现为心理学思想的演变。其实,心理学思想史与心理学学科史并不是一个含义。心理学思想史也并不就是在科学心理学诞生之前的思想家关于人的心理行为的猜测和思辨的历史。这就好像是科学心理学诞生之后就终结了心理学思想史的进程。心理学思想是心理学思想家提供的。心理学学科发展应该关注思想,关注思想的内涵、创造、积累和资源。心理学的思想创造需要心理学的思想资源。获取思想的资源是推动思想创造的最根本活动。

① 霍涌泉. 心理学文化转向中的方法论难题及整合策略[J]. 心理学探新,2004(1):12-15,30.
② 田浩,葛鲁嘉. 文化心理学的启示意义及其发展趋势[J]. 心理科学,2005(5):1269-1271.
③ 余德慧. 文化心理学的诠释之道[J]. 本土心理学研究,1996(6):146-199.
④ 李炳全,叶浩生. 主流心理学的困境与文化心理学的兴起[J]. 国外社会科学,2005(1):4-12.
⑤ Vijver, F. V. D. The evolution of cross-cultural research methods. In David Matsumoto(Ed.), *The Handbook of Culture and Psychology*. New York: Oxford University Press, 2001, pp. 78-92.
⑥ Kim, U. Culture, science, and indigenous psychologies: An integrated analysis. In David Matsumoto(Ed.), *The Handbook of Culture and Psychology*. New York: Oxford University Press, 2001, pp. 54-58.
⑦ Adamopoulos, J. & Lonner, W. J. Culture and psychology at acrossroad: Historical perspective and theoretical analysis. In David Matsumoto (Ed.), *The Handbook of Culture and Psychology*. New York: Oxford University Press, 2001, pp. 15-25.

心理学学科的发展和演变会形成一种独特的学术传统。学术传统形成的就是特定的学术资源。学术活动涉及学术思想的创造、学术研究的推进、学术研究方法的定位、学术干预技术的发明等,这些特定的学术活动都与心理学的学术资源有着特定的关联。分解、了解、理解心理学的学科基础和学术根基,就是十分重要的学术研究目标和研究内容。学术资源、心理学学术资源是有待挖掘和提取的。学术的资源包括学术制度、学术传统、学术思想、学术创造等。在这些学术资源中,最重要的就是学术思想的资源。这正与前面所述的思想资源是相通的。挖掘作为学术资源的学术思想,是思想史研究的内容。心理学思想史的研究应该是对心理学的学术资源的提取、挖掘和阐释,它应该超越关于学科发展的历史史实和历史资料的研究与积累。只有拥有学术传统的学科才会拥有学科的学术资源。心理学学科也是如此。心理学的研究重视自己的研究对象、研究方法和应用技术,这是心理学研究非常重要的方面,但同样重要的还有心理学的学术资源、历史资源和思想资源。

心理学在成为独立的学科门类前后,与其他学科一直有着特定的关系,这种关系决定了心理学的发展和演变。但是,对心理学与相关学科的关系尚缺乏系统深入的探索。心理学与相关学科的关系经历了历史的演变,从心理学依附于其他学科的发展,到心理学排斥其他学科来保证自己的学术独立性,到心理学开始寻求与其他学科的合作,再到心理学与其他学科建立共生的关系。这标志着心理学学科的成熟,也标志着心理学开始容纳所有学术的资源。这意味着心理学不仅借助其他学科的发展,而且可以为其他学科的发展提供可以借用的资源。从不同学科的学术独立到不同学科的学术共生,这是一个新旧时代的重大学术转换。探讨心理学与其他相关学科的关系,是涉及心理学的演变和发展的重大问题。心理学与其他相关学科的关系经过了历史的长期演变,也有了当代的重新定位。这会在极大程度上加快推进心理学的发展,也会为其他学科的发展提供学术的资源。心理学与其他相关学科的关系经历了一系列的关系转换,这包括从依附关系到分离关系,从排斥关系到合作关系,从独生关系到共生关系等。

心理学学科的发展有自己的社会文化土壤,或者说有自己的社会文化资源。这就是心理资源,是心理生活的资源,也是心理科学的资源。心理学的发展面临着如何理解、看待、保护、挖掘、提取和转用自己的资源。心理学的发展不应该抛弃自己的文化历史传统,而应该将其当作文化历史资源,从而扩大自己的视野,挖掘自己的潜能,丰富自己的研究,完善自己的功能。

心理资源的概念与心理学资源的概念有着特定的联系和区别。在特定的含义上,这两个概念是可以相互通用的。心理资源的概念有时是指人的心理可以借用的生理和心理条件。但是,在此的心理资源的概念是指心理学资源,也就是心理学的文化历史传统。心理学有一个很长的过去,但只有一个短暂的历史。这句话的含义在于,心理学作为非科学的形态有数千年漫长的演变,但心理学作为科学的形态则只有一百多年短暂的发展。或者说,现代的科学心理学只有很短的一百多年的历史,但是作为心理学的探索却有着十分久远的过去。通常认为,心理学的发展只是一个连续的更替关系,现代的科学心理学淘汰和取代了原有的传统形态的心理学,但是实际情况并非如此。科学心理学诞生之后,其他不同形态的心理学仍然与之并存着,仍然发挥着各自的作用。过去人们还认为,历史上只有哲学心理学和科学心理学,科学心理学从哲学的母体中诞生之后,就取代了哲学心理学,成为了唯一合理的心理学。其实,历史上出现过许多种形态的心理学。这些不同形态的心理学并没有随着现代科学心理学的出现而消亡,而是依然存在于现实生活和学术研究中,并在不同的生活领域和思想领域中发挥着重要的作用。归结起来,有六种不同形态的心理学,这就是常识形态的心理学、哲学形态的心理学、宗教形态的心理学、类同形态的心理学、科学形态的心理学和资源形态的心理学。解读这六种不同形态的心理学,考察科学心理学与其他形态心理学之间的关系,对当代科学心理学的发展有着至关重要的作用。

中国本土心理学的发展和演变应该立足本土的资源,应该提取本土的资源,应该利用本土的资源。在本土文化的基础上来建构特定的心理学,也是近些年来许多学者努力的方向。在中国本土文化的基础上来建构中国本土的心理学,也是当前中国心理学研究者追求的目标。① 回归中国本土文

---

① 葛鲁嘉.心理资源论——心理学的历史、现实和未来的形态[J].陕西师范大学学报(哲学社会科学版),2008(6):104-108.

化,挖掘中国本土文化中的心理学资源,这已经成为许多中国心理学研究者的自觉行动。当然,不同的研究者着眼点不同,关注的内容、思考的方向也不同。应该说,中国文化、中国哲学、中国传统中的心理学思想非常值得挖掘,它们是特定的心理学形态和心理学资源。其中,心性学说、心性心理学是中国本土心理学的核心理论,而在此基础上的发展就是中国心理学的当代创新。

第四节　心理资源的考察

无论是对心理行为的研究还是对学科自身的研究,心理学都需要挖掘和提取自身的资源。这就是关于心理资源的考察。心理学的研究关注过自己的研究方式和研究方法,关注过自己的理论建构和理论发展,关注过自己的技术工具和应用途径,但是心理学的研究很少关注过自己的文化资源、历史资源、学术资源、学科资源、理论资源等。对心理资源的关注、考察和研究,可以极大地促进心理学的发展。心理资源的考察涉及考察的视角、考察的学科、考察的内容、考察的方式、考察的结果。

心理资源的考察视角是指研究者的研究立场、研究根基、研究出发点、研究立足点。对于心理资源,不同的研究者可以有不同的看待和理解问题的出发点与立足点,也可以有自己揭示、解释和解决问题的着眼点与着重点。其实,包括否认、忽视和歪曲心理资源的存在,也是对待或看待心理资源的一种特定视角。考察的视角决定了研究者获取的关于心理资源的内涵、内容。那么,眼界的不同、视域的不同,就决定着研究者捕捉到的、提取出的心理资源的差异。对心理资源的考察,决定研究者考察视角的是研究者的研究立场。不同的研究立场也就会决定研究者不同的研究视角。在心理学的研究中并不存在绝对中立的研究立场。任何研究者都有自己独立的、独特的研究出发点。研究立场的差异,体现为研究者侧重的是不同的研究内容,获取的是不同的历史资源,发展的是不同的研究思路,得到的是不同的研究结果。关于心理资源的考察视角可以有历史主义的考察视角、现实主义的考察视角和未来主义的考察视角,也可以有哲学的考察视角、历史学的考察视角、社会学的考察视角、文化学的考察视角,也可以有心理学历史的考察视角、理论心理学的考察视角、普通心理学的考察视角、文化心理学的考察视角,等等。

对心理资源的考察涉及考察的学科。心理资源可以是多学科交叉和交汇的焦点。心理资源的存在是文化的存在,也是社会的存在、历史的存在、生活的存在、人性的存在。这就给不同的学科分支提供了研究的内容。由于不同的学科有不同的研究领域和研究方式,不同的学科就会有对心理资源的不同的揭示和解释的侧重。例如,哲学对心理资源的考察,社会学对心理资源的考察,人类学对心理资源的考察,历史学对心理资源的考察,政治学对心理资源的考察,文学对心理资源的考察,文化学对心理资源的考察,心理学对心理资源的考察,等等,都会有十分不同的地方,也会有彼此交叉的地方。如果从不同学科来看,每一个学科都有自己的研究领域、侧重内容、研究方法、技术手段,从不同的学科出发对心理资源的研究和揭示就很有可能得出不同的结果。

心理资源考察的最基本的内容包括如何分离和分解心理资源,解释心理资源的基本性质,确定心理资源的基本方面,追踪心理资源的演变和发展,说明心理资源的特征和体现,等等。心理资源非常丰富,有非常丰富的内涵、思想、体现和积累。任何一种心理学的形态都可以作为心理资源,不同形态的心理学都有自己存在和发展的多样化的体现。

对心理资源的考察涉及考察的方式。定位、分析、揭示、解释、说明和借用心理资源可以有不同的方式。这可以是哲学反思的方式,考察关于心理资源的思想理论中体现的思想前提和理论设定;也可以是实证研究的方式,通过实证科学的手段来定性定量地分析考察心理资源的存在和变化;还可以是发展研究的方式,通过历史定位、未来定向来揭示并解释心理资源的演变和演化。哲学的反思是对心理资源能够作为人的心理行为的存在基础的反思,也是对心理资源能够作为心理学探索的立足基础的考察。其实,哲学的探索或研究体现在了关于常识形态的心理学、哲学形态的心理学、宗教形态的心理学、类同形态的心理学、科学形态的心理学和资源形态的心理学,作为思想资源、理论资源、文化资源、科学资源、方法资源、技术资源的考察中。心理学的研究可以通过实证研究的方式来考察具体的心理学形态在个体或群体的现实生活中的具体体现,从而心理学可以描述、揭示和解释特定的心理学资源在个体或群体的心理行为方面的表达。例如,常识形态的心理学是普通人理解自己和他人的心理行为的重要的日常心理学学说。那么,普通人在自己的生活中是怎样获得常识心理学知识的,是怎样运用常识心理学知识来解说自己和他人的心理行为的,常识心理学知识对普通人的心理行为会有什么样的影响和作用,普通人在自己的生活中会如何去构造和改变自己拥有的常识心理学知识,这都可以成为心理学研究的对象内容。

心理资源的考察结果可以成为人理解自身存在的重要思想内容,也可以成为发展关于人的研究的科学学科的重要学术内容。人的心理生活的建构和拓展是需要资源的。每个社会个体在自身的存在和生活中,都有对自身的心理生活的创造和建构,这是需要资源支撑的活动。丰富人的心理生活,提升人的心理生活质量,必须提供心理资源。同样,心理学学科的进步和发展也需要资源,心理资源实际上也就是心理学资源。这种资源是心理学学科必须依赖的基石。

第五节 心理资源的分类

确定了什么是心理资源,就可以进一步确定心理资源有哪些种类。怎样区分这些不同种类的心理资源? 在开始的心理资源分类中,强调的是作为心理资源的心理学的不同形态,以及特定的心理学形态的内涵和内容,这是通过对心理资源的分类来了解和理解的问题。但是在后来的心理资源的扩展性理解中,强调的则是更宽广更多样的理解。这涉及的是有关心理学研究、心理学发展、心理学探索、心理学扩展、心理学追求等多方面多侧面的探讨,其中包括后现代的心理学资源、形态化的心理学资源、本土化的心理学资源、全球化的心理学资源、文化学的心理学资源、原创性的心理学资源、学科性的心理学资源、多元化的心理学资源、心性论的心理学资源。

一是后现代的心理学资源。在当代心理学的发展中,后现代是心理学研究者所处和面对的历史时期、历史时代、历史阶段、当代风潮、当代思潮、当代转换。如何理解后现代的来临,如何面对后现代的问题,如何引领后现代的发展,这是心理学进步所必须经历的。后现代主义成为心理学研究中重要的、引导性的思潮,逐渐渗透到心理学学科的方方面面,影响到心理学的理论、方法和技术等多个层面,也设定了心理学发展的基本走向和路径。无论是否赞同后现代主义的取向、主张和观点,心理学研究者都受到后现代主义多方面的影响。

二是形态化的心理学资源。所谓形态化的心理学资源,是指人类心理学的形态,它是多元化或多样化的心理学的形态。心理学并不是一元的存在,也不是单一的样式。心理学不仅是学科的存在、学术的存在,而且以多元化或多样化的形态存在着,这些不同的心理学形态都属于心理学的资源。所有这些不同的心理资源还涉及更具体的构成。例如,在形态化的心理学资源中包含着各种不同形态的心理学,即常识形态的心理学、哲学形态的心理学、宗教形态的心理学、类同形态的心理学、科学形态的心理学、资源形态的心理学。所有的这些不同形态的心理学都是实际影响到心理学进步的资源。

三是本土化的心理学资源。心理学的本土化是心理学发展过程中的一种思潮、一种定位、一种寻求。从提出关于本土心理学的研究开始,心理学的本土化经历了不同的历程,体现了不同的目的。这主要有五个不同的目的:对科学心理学或正统心理学之外的其他心理学探索的关注和考察;对西方实证心理学的霸权地位的挑战;对根源于本土社会文化的心理行为和研究方式的探索;对本土的心理学资源的挖掘和创造;对心理学研究原始性创新的追求,希望在心理学的理论、方法和技术等方面能够有新的创造。其中,关注和考察科学心理学或正统心理学之外的其他心理学探索,是本土心理学最基本的目的,也是本土心理学最基本的含义。

四是全球化的心理学资源。当代社会文化的发展,当代科学技术的发展,当代心理科学的发展,都经历着全球化的浪潮。关于心理学全球化,涉及的是心理学全球化的出路、心理学全球化的影响、心理学全球化的研究、心理学全球化的资源。无论是哪一个方面经历的全球化,包括心理学发展和进步经历的全球化,都会带来重要的资源。心理学的全球化意味着心理学的探索和研究不再是局部的、本地的、单一的和狭隘的存在,心理学的探索和研究会涉及并汇合到一个更大更广的进程中去。这决定了心理学的探索和研究会在更广的范围中产生影响和效益。

五是文化学的心理学资源。心理学的产生、发展和演变都是在文化的场域中进行的。心理学不仅面对着文化的存在、文化的历史、文化的条件、文化的环境、文化的演变、文化的制约,而且心理学学科本身就从属于文化的存在,就身处于文化的历史,就显示为文化的条件,就体现为文化的环境,就经历着文化的演变,就承受着文化的制约。

六是原创性的心理学资源。原始创新已经成为科学研究的一个重要目标。对于心理学来说,特别是对于中国本土心理学的发展来说,原始创新更应成为心理学研究的一个基本追求。重要的问题就在于心理学创新的资源基础,心理学创新有着具体的体现、学术的基础、思想的氛围、历史的使命和未来的前景。

七是学科性的心理学资源。在心理学的学科构成中,有着非常多样和细化的分支学科。这些不同的心理学分支学科也为心理学提供了丰富的、重要的学术资源和学科资源。这关系到的是不同学科的研究取向、基本性质、核心内容和学术关联。社会心理学和民族心理学是两个重要的实例。这涉及的是社会心理学的研究取向和民族心理学的研究方式。

八是多元化的心理学资源。多元化的资源是指在多元并存的基础上和多元文化的背景下,心理学能够拥有的资源。这也就使得多元文化的潮流、多元文化的探索、多元文化的取向、多元文化的框架、多元文化心理学成为资源形态的心理学必须关注的论题。多元化是心理学发展必须面对的时代挑战。心理学的一元化追求和一元化定位所带来的内在的对立和对抗,都逐渐在心理学多元化的进程中得到了化解。

九是心性论的心理学资源。在中国本土的文化传统中,心性论是最根本最重要的文化资源、思想资源和学术资源。心性论含有的心道一体的思想设定、所引导的心性演生的理论创造、所提倡的心理资源的研究基础以及所包含的心理成长的内在核心,都可以和应该成为中国本土心理学能依赖的心理学资源。这种资源需要的是进行心理学的开发和转换。这涉及的内容有中国心理学的本土化、中国本土心理学传统、新心性心理学的创新、新心性心理学的建构、中国本土心理学的展望。

心理资源是心理学发展中的历史积累、历史沉积、历史积淀。心理资源是多样化的存在,是多元化的形态。问题在于怎样对心理资源进行分类的考察和探索。这涉及对心理资源进行分类的尺度和标准。对心理资源类别的区分和界定是清晰明确地认定和提取心理资源的最基本前提。不过,心理资源分类的尺度和标准很难确定。到底可以按照什么来区分和界定心理资源,可以把哪些心理学的历史探索或历史传统看成是心理资源,传统资源是以什么方式产生和存在的,等等,这些都是对心理资源进行分类的尺度和标准的问题。可以按照人的生活领域、思想领域、学术领域来对心理资源进行界定和分类。在不同的生活领域、思想领域和学术领域,产生和延续了不同的心理学历史形态。对心理资源的探索,实际上就可以界定为对心理学的历史形态的考察和探索。

资源形态的心理学是心理学走向未来的形态。资源形态的心理学是科学形态的心理学的进步、扩展和提升。资源形态的心理学是把不同心理学资源和各种学术性资源的开发、累积、运用等,作为心理学的核心任务。心理学的研究不仅揭示和解释人的心理行为,而且为人的心理生活寻找、提取和提供心理学的资源,也为心理学学科的发展和进步积累、确立和输入多样化的资源。心理学的研究就是在挖掘资源、提取资源、创造资源、运用资源和生成资源。资源会成为心理学研究和发展的根本方面,也会成为人的生活和心理生活的根本方面。心理资源的稀缺、心理资源的丰富、心理资源的汇聚和心理资源的生成,应该是心理学面对的重要现实。

资源形态的心理学可以汇聚心理学发展和进步所必需的文化、历史、社会、思想、学术、学科等不同来源的心理学资源。关于资源形态的心理学的探讨,可以促使这些不同的资源进入心理学的研究领域,成为心理学的学术基础,引领心理学的学术成长,推动心理学的学科进步,支撑心理学的学科壮大。

第二章　后现代的心理学资源

　　后现代已经风靡全球。后现代是一个时间或时代的标记,也是一个学术或理论的转向,是一个潮流或走势的概括,也是一种思潮或文化的扩展,是一种风气或话语的流行,也是一种价值或选择的多元。后现代无疑也给当代心理学的发展带来了巨大的冲击。在当代心理学的发展中,后现代是心理学研究者所身处和面对的历史时期、历史时代、历史阶段、当代风潮、当代思潮和当代转换。如何理解后现代的来临,如何面对后现代的问题,如何引领后现代的发展,这是心理学发展必须经历的。

第一节　后现代主义的思潮

　　在 20 世纪中期,西方发达国家开始由现代工业社会步入后工业社会或信息社会。与之相应,这些国家的文化思潮也由现代主义转向后现代主义。后现代主义思潮被看成是西方文化精神和价值取向的重大变革。后现代主义思潮形成后很快风靡欧美,震撼学界。科学心理学的发展显然无法脱离这一大的文化氛围,也要寻求在这样的时代背景下去发展和扩展自己。

　　文艺复兴之后,西方社会不仅大踏步迈向现代大工业社会,而且逐步确立起理性至高无上的地位和科学统观一切的权威,并以此构造了西方的现代文明。但是,当今的后现代主义运动则是对现代文明的批判和解构,即着手去摧毁理性的独断和科学的霸权,强调所有思想和文化平等并存的发展。后现代思潮、后现代文化、后现代精神的特点就在于去中心和多元化。

　　法国哲学家利奥塔德(Jean-François Lyotard,1924—1998)对后现代知

识状况的分析,对于理解心理学可能的发展具有十分重要的启示。在他看来,当科学知识(自然科学)与叙事知识(人文科学)从同源母体中分离出来之后,科学知识便一直对叙事知识的正确性和合法性提出质疑和挑战,认为叙事知识缺乏实证根据,无法证明自身的合理性。叙事知识则把科学知识看作叙事家庭的变种,而对科学知识采取宽容退让的态度。这造成的是科学的霸权主义扩张。不过,科学本身也并不能证明自己的合理性,反而要借助启蒙运动以来的两大堂皇叙事来确定自己的合理性,那就是自由解放和追求本真。自由解放导致的是以人为中心的主体性膨胀,追求本真导致的是理性至上的科学独霸。因此,科学在破坏叙事知识基础的同时,也给自己的合理性带来了危机。后现代主义文化思潮带来的就是这种元叙事的瓦解。人们不再需要有一个统一的标准去衡量所有产生知识和传述知识的活动,各种知识和文化都可以并行不悖。

的确,近代科学兴起之后,便建立了自己的一套理性的真理判据或科学的游戏规则,并将其当作唯一的合理性标准,把不符合这一标准的实践知识和文化传述都看作是原始和落后的东西,是应该为实证科学铲除的垃圾。实际上,人类构建了关于世界的不同阐释,这很难用一个共同的标准去衡量。问题不在于去确定哪一种阐释是唯一合理的,而在于怎样促进各种不同阐释的并行发展以及怎样在各种不同阐释之间建立沟通。

西方心理学自成为独立的学科之后,发展出两种不同的研究取向,即科学主义取向和人文主义取向。德国心理学家艾宾浩斯(Hermann Ebbinghaus,1850—1909)倡导自然科学的、分析的、解释的心理学,德国哲学家狄尔泰(Wilhelm Dilthey,1833—1911)则倡导人文科学的、描述的、理解的心理学。这两种取向构成了一种对立和对抗。马斯洛(Abraham Harold Maslow,1908—1970)将其称为机械主义的科学和人本主义的科学。金布尔(Gregory Adams Kimble)将其说成是当代心理学中的"两种文化",即科学文化与人文文化。①

在西方心理学中,科学主义的研究取向与人文主义的研究取向并不是

① 葛鲁嘉. 新心性心理学宣言——中国本土心理学原创性理论建构[M]. 北京:人民出版社,2008:122-125.

平等的。科学主义取向占有主导地位,成为主流心理学;人文主义取向不占主导地位,成为非主流心理学。主流心理学一直力求成为自然科学家族中的一员,坚持运用客观的研究方法和遵循科学的基本规则。这确立的是分析和还原的研究方式,立足的是物理主义或机械论的观点,采取的是霸权扩张的姿态。非主流心理学则努力引导心理学跃出自然科学的轨道,坚持探索各种可能的心理学研究方法和拓展心理学研究的理论视野。这反对的是分析和还原的研究方式,立足的是心灵主义或现象学的观点。

西方的实证心理学一直把自己看作是超越本土文化的科学努力。这也陆续输入或传入其他的文化圈,为在其他文化圈中建立和发展实证的心理学作出了巨大的贡献,但也在很多时候表现为一种科学帝国主义的入侵。实证心理学对本土的心理文化采取了一种歧视甚至敌视的态度,不仅常常忽略本土具有文化色彩的心理生活,而且极力排斥本土具有文化价值的心理学传统。但是,近来针对实证心理学毫无限制的称霸扩张,出现了两股强有力的反叛力量:一是迅速扩展的对西方实证心理学的本土化改造,试图使之更贴近特定文化圈中的心理行为;二是逐渐升温的对本土心理学的关注,试图使被实证心理学排斥的东西重放光彩。这两方面不可忽视的努力也出现在我国心理学界,其中也许就孕育着我国心理学发展的新生命。

实际上,西方的实证心理学并未能也不可能终结其他的心理学传统。也许有人会认为,我国并不处于后现代社会,无后现代文化氛围,其问题在于实证科学的弱小,而不在于实证科学强大到足以侵吞人文精神。但实际上,我国从西方发达国家引入了先进的实证心理学,同时又富有深植于本土文化和社会生活中的心理学传统资源,只有避免相互的对立、排斥和削弱,促进彼此的沟通、交流和发展,才会有助于我国开拓出心理学成长的新道路。

后现代主义是指一种与现代主义相对应的文化思潮。这一思潮起始于 20 世纪 60 年代的法国和美国。20 世纪 80 年代则风靡了整个西方,并扩展到全世界,成为当今世界盛行的一种综合性思潮。1979 年,法国哲学家利奥塔德发表了《后现代状态》一书,从认识论角度论述后现代(即当今西方社会)的文化特征。[①] 实际上,后现代主义思潮是一种既具有多元性

---

① 姚介厚.“后现代”问题和后现代主义的哲学与文化[J].国外社会科学,2001(5):10 - 17.

又具有某种一致性的思维方式,是一种试图解构并超越现代哲学和文化理念的思想潮流,集中体现了西方哲人对现代哲学的强烈不满情绪。实质上,后现代主要不是指时代性意义上的一个历史时期,而是指一种思维方式,这种思维方式以强调否定性、非中心化、不确定性、非连续性和多元性为特征,大胆的标新立异和彻底的反传统、反权威精神是这种思维方式的灵魂。①

在有的研究看来,"后现代"是相对于"现代"而言的,其具有两种不同而又相关的含义。一是就社会进程与时代特征而言,现代社会指西方近代以来发展资本主义造就的工业文明社会,现代性是其经济、政治、社会机制和启蒙时代确立的以人为主体和以人为中心的理性主义、个体主义、自由主义等基本价值。相对于现代社会和现代性而言,后现代社会与后现代性是指西方工业文明的社会状态、机制与文化价值在当代有重大变迁、转折。二是就文化样态和文化精神而言,现代主义是19世纪末20世纪初出现在西方的反抗近代资本主义传统价值的非理性主义文化思潮,如尼采哲学、文学艺术中的达达主义、象征主义、未来主义、先锋主义。后现代主义对这种现代主义文化既有传接和承袭,又有批判和更新。后现代主义文化有自己的不同的思想主张,其核心的哲学思想是法国的后结构主义和美国的新实用主义。这种哲学思想的基本倾向是反对传统哲学,放弃了对人的主体性的弘扬;反对历史主义,将人类全部文化创造的历程看作是受无意识支配的文化碎片。当然,也有后现代的一些思想家不满于上述的摧毁性的思想立场,而提出建设性的或建构性的后现代思想。②

有研究则认为,作为后现代主义文化重要组成部分的后现代心理学,不仅在反思现代主义心理学的基础性前提方面提供了批判性的精神资源,而且在认识论、方法论和应用性等方面提供了建设性的思想资源。后现代主义思潮对当代心理学的贡献,主要表现在对现代科学公共知识的进一步约束和完善上。作为后现代思潮的社会建构主义提供了关于知识构成和知识积累的核心假设。这就为理解心理学的知识演变和发展奠定了知识论和认

① 刘金平.试论后现代主义思潮与后现代心理学[J].河南大学学报(社会科学版),2003(5):43-47.
② 姚介厚."后现代"问题和后现代主义的哲学与文化[J].国外社会科学,2001(5):10-17.

识论的基础。①

　　有研究则提示，倡导心理学后现代转向的心理学研究者，都对科学主义心理学的研究法则和理论设定深感不满。他们主张用整体论、建构论、去客观化、或然论和定性研究，来取代心理学研究中因袭已久的原子论、还原论、客观论、决定论和定量分析。这在一定程度上开启了心理学研究多元化、系统化的局面，为心理科学在后现代境遇中真切、多样和系统地研究人的心理与行为提供了可能。后现代的主张与现代的主张的区别和对立在于整体论对原子论、建构论对还原论、去客观化对客观论、或然论对决定论、定性研究对定量分析。②

　　有研究则主张，当代西方心理学中存在着现代主义取向和后现代主义取向的对立和冲突。冯特以来的西方心理学流派大多属于现代主义的范畴。现代主义体现出来的特征在于：一是重视科学的价值，强调科学的方法；二是信奉经验主义，强调经验的证实；三是主张个体主义，确立个体的地位。后现代主义取向的核心是社会建构论，其主要特征在于：一是批判的倾向，对现代心理学的理论基础进行解构；二是把社会建构论当作自己的认识论基础；三是促进心理学研究实践的转变，即从重视语言形式向重视语言的意义和作用的转变，从重视个体中心向重视关系模型的转变，从重视经验实证向重视话语分析的转变。尽管现代主义和后现代主义形成了鲜明的对照，但两者也存在一些共同方面，从而构成了超越两者的基础。两种取向的超越需要以科学实在论作为元理论的基础，并需要双方的互补、合作和开放的态度。超越两种取向的对立的关键，就在于双方能够采取合作的态度。事实上，持有两种不同取向的心理学家已经意识到彼此相互理解、相互沟通和相互合作的重要意义，认识到相互吸收、坦诚合作对双方都有益。两种取向的超越需要在方法论上持开放的观点。③

　　有研究则指出，后现代心理学中包含着许多十分不同的理论体系，如社会建构论心理学、话语心理学、叙事心理学、女性主义心理学、多元文化心理

① 霍涌泉.后现代主义能否为心理学提供新的精神资源？[J].南京师大学报(社会科学版)，2004(2)：86-91.
② 高峰强.论后现代视界对科学主义心理学研究法则的超越[J].山东师大学报(社会科学版)，2000(4)：66-70,76.
③ 叶浩生.西方心理学中的现代主义、后现代主义及其超越[J].心理学报,2004(2)：212-218.

学等。其中,社会建构论心理学处于中心地位。这些理论观点以对西方现代主义心理学的解构和重构为特征而维系在一起,共同构成了西方心理学中的后现代主义取向。后现代心理学主张的是心理的社会建构性,强调的是互动的基础作用,关注的是话语的建构中介意义,坚持的是问题中心主义的多元方法论。①

后现代主义成为心理学研究中重要的引导性思潮,逐渐渗透到心理学学科的方方面面,影响到心理学的理论、方法和技术的多个层面,也决定了心理学发展的基本走向和路径。无论是否赞同后现代主义的取向、主张和观点,心理学的研究和研究者都受到了多方面的影响。

第二节　后现代主义的主张

后现代主义于 20 世纪 60 年代在法国、美国首先兴起,20 世纪 80 年代风靡西方,并向全世界蔓延,成为当今西方盛行的一种综合性的哲学与文化思潮。法国的后结构主义哲学家利奥塔德在 1979 年发表了《后现代状态》一书,从认识论的角度论述了后现代(即当今西方社会)的文化特征。这些理论表明,后现代主义已不限于文学艺术领域,而是成为广泛的哲学与文化思潮。大体上说,后现代主义哲学可概述为三种类型。首先是后结构主义。后结构主义与结构主义相似,以泛文化的精神分析反对人类主体中心论,也主张人类的全部文化都根源于无意识,并且将这些观点发挥至极端。然而,后结构主义又批判结构主义强调文化和社会的整体性系统与结构,仍然陷入形而上学的文化束缚与专制。这是以反对一切传统的姿态,去倡导实现文化多元差异性的创新。其次是新实用主义的后哲学文化观。美国哲学家罗蒂(Richard Rorty,1931—2007)倡导新实用主义的后哲学文化,他坚决反对本质主义,主张彻底打碎全部"镜式"的体系哲学。后哲学的一切文化没有终极合理性,都是应付世界的方式,都为特殊功利的目的设立,只有暂时、相对的价值,不断被新的行为实践打破。最后是建设性的后现代主义哲学。

① 况志华,叶浩生:当代西方心理学的三种新取向及其比较[J].心理学报,2005(5):702-709.

它主张人类、社会与自然是有机联系的链条,倡导绿色政治运动的核心价值,如生态智慧、非人类中心化、尊重差异、个人与社会的责任、可持续发展等。①

有研究认为,从哲学的视野来看,后现代主义哲学的总体特征或基本特征就是反中心化。② 研究指出,后现代主义哲学反中心化的理论策略是解构或消解,理论效应则表现为权威的解体而原本受压抑的弱者异军突起。后现代主义解构基础和中心、否定本质和主体、反叛权威和传统,这种看似极端的理论和行为,倒也并非完全消极和不可取,后现代主义为正义争取空间,向平等与多元敞开胸怀。

反本质主义、反基础主义、反主体主义、反理性主义,均反映出后现代主义的某种理论倾向,而反中心化是贯穿后现代主义哲学的基本特征。这种反中心化的理论倾向具有其积极意义。首先,它能为边缘话语的存在提供一个空间,对其他话语的存在抱持宽容的态度。其次,它能够打破绝对化的思维方式。

一是反本质主义(本体论上的体现)。在后现代主义看来,传统哲学家都坚持本质主义的观点,认为在多样的、变化的现象之后总是存在着一个统一的、普遍的、共同的本体,即事物的本质。在后现代主义看来,本质并不存在,任何一个追求事物本质的人都是在追逐一个幻影。反本质主义的最大问题就是,把现实的一切问题都归到话语的层面,而没有触及这些话语得以产生的现实。

二是反基础主义(认识论上的体现)。所谓基础主义是肯定人类在确定真理、正义、至善时能够诉诸某种坚实的、可靠的基础,在这样的基础上才可以避免怀疑主义。这样的基础主义就表现为要寻求一个"第一原则",以此来解释万事万物,并由之构成相关的知识体系。我思、上帝、感觉、常识、传统等都曾被视为"基础"。反基础主义明确认为,把有关知识、政治、伦理的思想体系建立在一个所谓的基础之上,是一个"不可能实现的梦想"。

---

① 姚介厚."后现代"问题和后现代主义的哲学与文化[J].国外社会科学,2001(5):10-17.
② 解战原,文兵.反中心化:后现代主义哲学的总体特征[J].新视野,2005(5):56-58.

三是反主体主义（人性论上的体现）。后现代主义哲学的非中心化思潮，最集中地体现为主体的非中心化。在传统西方哲学中，主体的人一直占据着中心的地位。这种主体的人被视为具有某种内在本质，具有自我决断能力和自由独立品格，是自我和世界的意义的确立者、赋予者。但是，这种主体的观念遭到了后现代主义的抨击。与主体的离心化相关，人道主义也遭到了遗弃。在后现代主义看来，人根本就没有什么先验的本质和普遍的人性，并不具有什么支配的地位和独立的存在，人们并不创造历史，或者历史就是一个没有主体的过程。

四是反理性主义（理性观上的体现）。从对待理性的态度来看，近代以来应该说有理性主义、非理性主义、反理性主义三个阶段。19世纪中叶以来的非理性主义，一般来说，反对的只是对理性的滥用，反对的是以理性的名义来安排个体的生活，认为理性并不能够真正去把握生命的意义。诸如本能、生命、情绪、意志、欲望等非理性因素得到了强调。但是，按后现代主义的观点，这种非理性主义还是不彻底的，因为还设置了某个实体性的东西，仍然是一种本质主义和基础主义的，就是说仍然是一种"在场的形而上学"。

后现代主义有解构的后现代主义和建构的后现代主义。它们给现代主义带来的是不同的结果或后果。解构的后现代主义是对现代主义的批判和摧毁，建构的后现代主义则是对现代主义的推进和发展。后现代主义有着自己对未来的规划与展望。

第三节　后现代主义的影响

有研究指出，后现代主义主要有三种形态，或者目前主要存在着三种形式的后现代主义，即激进的后现代主义、建设的后现代主义、庸俗的后现代主义。后现代主义的三种形态或三种后现代主义只是后现代主义的三个向度。①

激进的后现代主义的主要代表人物是法国哲学家福柯（Michel Foucault,1926—1984）、德里达（Jacques Derrida,1930—2004）、利奥塔德，美

---

① 王治河. 论后现代主义的三种形态[J]. 国外社会科学,1995(1)：41-47.

国哲学家费耶阿本德(Paul Feyerabend,1924—1994),意大利哲学家瓦提莫(Gianteresio Vattimo,1936—　)等。激进的后现代主义的主要特征是其表达的否定性。后现代并不是一个时间的概念,也并不是一个历史时期和一个继现代之后的时期,而是指在这个时期发生的一切事情都必然是后现代的。后现代是一种思维方式。现代主义是一种有限的思维方式,总是从某种给定或假定的东西出发。后现代主义则是一种无限的思维方式,反对任何假定的"前提""基础""中心""视角"。这便是后现代主义的彻底否定性。这种彻底否定性表现在对"唯一中心""绝对基础""纯粹理性""大写的人""等级结构""单一视角""唯一正确的解释""一元化的方法论""连续性的历史"等的彻底否定。作为一种思维方式的激进的后现代主义,志在向一切人类迄今为止认为的终极的存在和原则进行挑战,志在摧毁传统、封闭、简单、僵化的西方思维方式。

　　建设的后现代主义的代表人物主要是美国哲学家罗蒂、美国后现代思想家霍伊(David Couzens Hoy)和格里芬(David Ray Griffin 1939—　)。如果说激进的后现代主义侧重对西方上千年来占统治地位的思维方式进行摧毁的话,那么建设的后现代主义则侧重在激进的后现代主义开辟的空间中从事建设性的耕耘。顾名思义,这种建设的后现代主义的第一个特征,也是最大的特征,就在于其建设性。这种建设的后现代主义的第二个特征就是倡导开放、平等。鼓励人们去思、去想、去感受、去创造,是建设的后现代主义的一个重要内容。这种建设的后现代主义的第三个特征是鼓励多元的思维风格。这种建设的后现代主义的第四个特征是倡导对世界的关爱。

　　庸俗的后现代主义是对激进的后现代主义和建设的后现代主义的庸俗化,这种庸俗化是对激进的后现代主义和建设的后现代主义进行简单化理解的结果。庸俗的后现代主义的第一个特征是坚持现代主义与后现代主义之间的二元对立,认为后现代主义是对其对立面——现代主义的绝对否定。殊不知,后现代主义对现代主义的否定是建立在肯定和吸收现代主义的精华基础之上的。后现代主义否定的是理性主义、英雄主义、理想主义、浪漫主义、乐观主义的特权和霸权,并没有否定现代主义的生存权,相反,后现代主义从现代主义中汲取了大量的营养。庸俗的后现代主义的第二个特征是,抽掉或者没把握到后现代主义的底蕴,仅仅抓住后现代主义的某个或某些表面特征,以偏盖全,视其为后现代主义的本质特征。庸俗的后现代主义的第三个特征是,视后现代主义的策略为目的。庸俗的后现代主义的第四个特征是,用单一的原因来解释后现代主义的产生和后现代主义的理论内容。

激进的后现代主义的成功及深刻在于其所体现出来的彻底否定性和彻底反传统精神。这种精神对于人们清理几千年来形成的层层思想束缚以及遗留下来的思想沉疴,具有解放思想的深刻意义。然而,激进的后现代主义的失误及片面也在于其所表达的彻底否定性。建设的后现代主义则具有乐观主义的色彩,积极寻求各种途径去重建人与世界,以及人与人之间的关系。不足的则是由于急于建设,忙于拯救世界,指导人生,势必使自己的理论缺乏严格的推敲,甚至产生前后相互矛盾的现象。庸俗的后现代主义的优点是便于理解,但失之于简单化、庸俗化。

有研究论述了后现代主义思潮与后现代心理学。① 研究指出,"现代的"西方心理学存在以"现代性"为特征的问题:以实证主义为基础的研究思路;以机械论、还原论和自然论为基础的人性假设;纯科学的价值中立观点。后现代心理学的观点主要有:放弃追求普适性,承认历史性和具体性;批评唯一性,提倡多元性和差异性;坚持心理学的中间学科地位。

现代心理学以现代主义哲学为思想基础,在"现代主义"的旗号之下,包含对机械论(还原论)范畴的一种坚持,对形式(逻辑或数学)语言的一种教条式信仰,一种反宗教的或无宗教的态度,一种对待自然的盛气凌人的态度,以及在明显的二元论与严格的还原论之间摇摆不定的心身理论。

后现代心理学的基本思想包括如下:一是普适性的幻灭与历史性的渴望。现代心理学一向都在竭力追求建立一门能够普遍说明人性的心理学。但是,这种物理学模式的追求从一开始就注定要失败。后现代主义心理学家彻底地反思了现代心理学对普适性和唯一性的追求,认为以实验主义、客观主义、实证主义和个体主义为基础的现代心理学知识体系,绝不是唯一合法或可能的体系。后现代主义者无情地批评了本质主义、基础主义、理性主义、表象主义、男性中心论和欧美中心论,认为传统心理学追求客观普适性

① 刘金平.试论后现代主义思潮与后现代心理学[J].河南大学学报(社会科学版),2003(5):43-47.

真理的理想彻底破灭了,因此心理学应该由对抽象的、普遍的、客观的知识的追求,转向对社会有用的、局部的、与文化和历史密切相连的知识的追求,人们会更重视关于日常生活的具体的、实际的、情境性的知识,而不是抽象的、无用的知识。二是开放性的思维与多元性的模式。在研究方法方面,后现代主义心理学家倡导心理学研究应该摈弃狭隘的机械主义、实证主义理念,突破客观实验法的限制。心理学家应该扩大视野,以多元的思维方法对待像心理现象这样特别复杂的研究对象,提倡经验论和相对主义。三是放弃纯科学的追求,高扬中间学科的旗帜。

后现代主义的思潮显然影响到了心理学的发展与走向。这也许并不是对心理学的研究进行的否定,而是对心理学的未来的重新定位和定向。这包括给了心理学的研究和探索一个更宽容的氛围,给了心理学不同思想和主张一个更宽广的空间。在后现代主义的影响下,心理学开始放开自己封闭的边界,拓展自己狭隘的眼界。

第四节　后现代主义的走势

有研究考察了后现代主义能够为心理学提供的新的精神资源。① 研究指出,西方的后现代主义思潮经过 20 多年的蓬勃发展,当前已经从否定性的批判理论转向建设性的整合发展的阶段,逐步建构起了一种离散式的、新的心理学知识形态与文化样式,在科学观、认识论上提出了一种新的理解方式。如果后现代主义与现代主义两种潮流真正能够实现平等的对话、交流、撞击和融汇,则有可能促使现代心理学的知识形态产生一些积极的变化,甚至对心理学的科学进步带来一些实质性的内容和影响。

后现代心理学中最值得关注的一大思想资源,无疑是对现代西方主流心理学科学观、知识观和真理观的系统性反思和批判。现代心理学主流范式的基础性前提是科学中心论的实证主义,而有关知识或科学的客观性与

① 霍涌泉.后现代主义能否为心理学提供新的精神资源?〔J〕.南京师大学报(社会科学版),2004(2):86-91.

真理性问题,既是现代主义心理学发展的基础前提,也是后现代心理学批判性理论与建构性理论的基本出发点。现代主义的心理学重视科学与知识的客观价值,强调科学的方法是人类认识真理、逼近真理的唯一方法和途径,实证的科学方法最终能揭示真理和规律。后现代心理学则对现代心理学的这种科学观和认识论发起了攻势强劲的批判与否定。后现代心理学认为,心理学的知识、概念和理论完全是社会文化建构的产物。一切知识和真理均不是必然的、普遍的,而是特定的、情境性的;知识不能也不需要被认为是真理,一切所谓的真理都是发明的,而不是发现的;知识永远是某种角度的知识,知识的情境性远远甚于普遍性;科学知识的研究方法是多元的,而不是唯一的;知识发展的根本目标不是效率,而是保证人类的公平和正义;知识的社会关系应该是民主的、参与的和分享的,而不是权力的、垄断的和支配的;知识的学习与传授,应该是情境的、价值的,而不是程序的和方法的。

后现代心理学对心理学元理论的贡献集中反映在以下几个方面:一是后现代心理学的元理论。核心假设就是社会认识论。后现代心理学的元理论,既反思质询"什么是心理学"或"心理学的知识是什么"一类的认识论、知识论问题,同时注重在此基础上重新建构起一种"成为部分或者全部心理学理论的中心观点"。社会建构主义者认为,心理学的概念、理论不是知识的客观性的积累过程,而是一种社会建构的结果。二是后现代心理学的方法论。后现代主义者认为不存在方法,不存在务必遵守的程序规则,存在的只是后现代主义的反对规则和怀疑一切的作风。后现代的方法论是后实证主义或反实证主义的,声称就方法而言"怎么都行"。同时,作为对现代主义心理学"科学方法"的替代,后现代心理学主张这样两条方法论途径:内省的反客观主义的解释和解构,其中解构注重否定的批判能力,解释则侧重表达某个积极的观点。三是后现代心理学的实践论。后现代心理学的元理论也涉及心理学的实践论问题。实践论是与方法论相联系的另一个基础性问题,即"如何去做"之类的实践应用问题。这可能在一定范围内已经超出元理论的既有研究内容,但是实践论题本身的重要性也迫使元理论研究不得不对理论的应用问题给予应有的关注。

首先,后现代心理学的批判性精神资源能够促进心理学科自身的不断反思与进步。其次,后现代心理学中的建构主义思想在理论上丰富了认识反映论的实质性内容。从认知主义向建构主义的转变是当前西方心理学基础理论核心假设转换的一个重要特点,其中后现代心理学中的认知建构主义和社会建构主义贡献最大。再次,后现代主义有助于推动心理学界科学知识公共程序的进一步完善。要打破现代主义的自然科学霸权主义垄断现状,就急需引入后现代主义的科学精神,重新铸造全新的民主化科学认识与评价体制。

对于现代心理学而言,后现代心理学的基础理论资源实质上是一把双刃剑:既蕴含着不少积极的资源,又包容着一种潜在的危险。作为一种流浪者思维类型的后现代心理学,其过分强调多样性、差异性和变化性,否认真理性、客观性和基础性;只承认现象,不承认本质;只承认特殊性,不承认普遍性;只承认语言用法的多样性、目的性,完全取消了语言规则的客观性、确定性。这种游戏一切、否定一切、怀疑一切的反思方式,也从根本上动摇了后现代心理学自身的立足根基。

后现代主义的走势实际上也决定着心理学的发展。心理学对于后现代主义的关注,实际上也就是对自己未来的关注。后现代主义、多元文化主义等应该给出的是心理学所期待的包容性发展、多样化进步、丰富性资源。因此,后现代主义为心理学的发展和壮大提供了新的机遇。

第五节　后现代主义心理学

后现代与心理学结合产生的后现代心理学,是指近年来西方心理学中出现的一种后现代主义取向,包含了许多不同的理论流派,如建构主义心理学、解释学心理学、解构主义心理学、女权主义心理学、后认知主义、后实证心理学和话语心理学等分支。

后现代心理学具有鲜明的反叛特质,针对现代心理学的内在矛盾和固有缺陷进行了诸多的解构与建构。首先,后现代心理学从两方面实现了对现代心理学的超越。一方面,后现代心理学以社会建构论取代了传统的客观反映论,强调真理是发明的而不是发现的,提出知识建构是在社会互动和话语媒介中完成的,从而实现了认识论的转换;另一方面,后现代心理学以变化性、多元性、相对性、情境性替代了现代范式的确定性、一元性、绝对性和普遍性,质疑了现代逻辑规则,实现了思维方式的转换。其次,从后现代心理学的具体理论形态来看,后现代心理学树起了反主客二元对立、反基础主义、反本质主义、反科学至上论的大旗,旗帜鲜明地拒绝现代元叙事,否认现代意义上的科学累进观,认为没有什么东西能为科学累进提供绝对保证,尤其是在范式发展不成熟的科学领域。

一是后现代心理学与现代心理学之间的连贯性超过了两者之间的断层性。首先,“后现代”一词蕴含着线性时间顺序,表明是“现代之后”的一个时代,这本身就具有现代意味。其次,现代理性具有分析和反思的内在本性,当理性无限扩展造成某种张力和冲突时,不可避免地对现代性产生破坏性后果。这就内在地要求出现一种批判或修正的力量,而这正是后现代思潮涌现的重要原因。后现代心理学并不是现代心理学的自我否定,而是现代心理学自我完善的一种力量,是现代心理学内在超越本性的必然要求。最后,透过后现代心理学与现代心理学的种种差异,仍然可以发现两者的相似性。

二是后现代心理学不是否认理性和理性结构,而是要寻求更多的理性。后现代心理学在强调多元性、变化性和情境性的同时,并不是全盘否定理性和理性结构,而是要求拥有更多理性。后现代心理学认为,不应盲目相信理性的普遍效力,更不能尊崇理性至上和理性至善的原则,而应考虑到理性的情境性,以及理性与情感、直觉、动机等许多非理性因素的相互关联,否则将使理性陷于绝对化和虚妄化的境地。后现代心理学主张,要考虑理性内在结构的复杂性,因为越来越多的科学事实表明,事物间的相互作用远比人们以前理解的要复杂。

三是从现代心理学到后现代心理学,并不是一种库恩意义上的范式转换。作为后现代心理学支持性力量的后现代哲学,没有从根本上实现对现代哲学的超越。后现代哲学家对现代哲学的批判,并未超出 19 世纪中期以来许多反传统哲学家的批判范畴,只不过这种批判改换了名目或被运用于具体领域。从心理学内部的发展状况来看,后现代心理学虽然对传统心理学产生了冲击,使人们开始对心理学的研究对象、学科性质、研究方法等问题进行全面省察,但客观地说,后现代心理学到目前为止只是在主流心理学的边缘地带产生影响,对心理治疗以及人文取向的心理学领域具有积极意义,而对实验心理学、认知心理学作用甚微。实证原则和理性原则并没有因后现代心理学的出现而隐退,主流心理学要在整体上呈现出后现代转向,绝非易事。①

有研究对后现代主义心理学的元理论进行了反思。② 研究指出,后现代心理学取向普遍显现出元理论的研究色彩。后现代主义心理学对元理论有以下的结论。后现代心理学的元理论研究有力地促进了当前心理学对学科自身的反思,后现代心理学中的建构论思想在理论上丰富了认识反映论,后现代心理学的新知识论观点在实践领域也促进了由认知主义范式向建构主义范式的积极转变。

元理论是一种超越直接研究对象,重新反思和审视学科自身研究状况的理论,后现代心理学取向普遍显现出元理论的研究色彩。元理论的研究范畴主要涉及元理论、元方法和元数据分析三大领域。有研究将元理论的研究内容分为三个分支:一是作为获得对理论更深刻的理解手段的元理论,努力发展现存理论的潜在结构;二是作为理论发展之前奏的元理论,即研究理论是为了产生新的理论;三是作为中心观点之来源的元理论,即研究理论是为了产生一种成为部分或全部学科理论中心的观点。元心理学是心理学之学,是以心理学自身的理论陈述和研究状况为研究对象的学问。

西方的后现代心理学在对现代主流心理学的主流话语系统进行批判的前提下,重新解释并建构起了新的心理学的知识观、真理观和价值论。其中出现的众多新的研究范式,特别是认知建构主义和社会建构主义等流派,以及在知识论和认识论领域开创的后继认识论,更是在元理论层面对以科学主义为代表的实证心理学和以信息加工理论为代表的认知心理学的核心假设思想的一种有力否定与超越。

现代认知心理学的元理论核心假设是物理符号加工系统,主张物理符号系统类似于人的心理表征机制。后现代心理学中的建构主义元理论核心假设,不是心理机制或生理机制和表征,而是话语、技能和能力。表征是现代认知心理学的一个核心概念,社会建构主义者则认为,对话的方式才是中心,对话本身提供的不是心理表征,而是心理工具,可以服务于修补与指示

① 蒋京川,叶浩生.论后现代心理学的定位与理论存疑[J].南京师大学报(社会科学版),2006(2): 99-102.
② 王延松,霍涌泉.后现代主义心理学在元理论方面的反思[J].宁夏大学学报(人文社会科学版), 2007(6):239-242.

的双重功能,也可以作为发现已有意义的符号。

首先,后现代心理学的元理论研究有力地促进了当前心理学对学科自身的反思。对学科问题的反思、追问和解答是寻求学术繁荣进步的一个重要途径。当前西方心理学的理论研究日益勃兴的一个重要标志就是心理学理论反思的逐渐深化。其次,后现代心理学中的建构论思想在理论上丰富了认识反映论。从认知主义向建构主义的转变是当前西方心理学元理论核心假设转换的一个重要特点,其中后现代心理学中的认知建构主义和社会建构主义贡献最大。第三,后现代心理学的新知识论观点在实践领域也促进了由认知主义范式向建构主义范式的积极转变。这在心理学的实践领域特别是教育实践领域具有十分重要的意义。

应该说,后现代主义的心理学更重视批判性、超越性、生成性、建构性、创新性。这对于心理学研究中的本质论、遗传论、环境论、预成论、已成论是一种对立、对抗、对峙。在心理学的研究中,怎样将后现代主义的理路、理念、理论等贯彻到关于研究对象和研究方式的变革中,成为后现代主义心理学的基本追求和要务。

后现代主义所强调的多元化和多样化,也导致了后现代心理学不同的主张、原则、追求、建构,因此在"后现代"的旗号之下集合了大量的心理学思潮和不同的心理学思想。这可以带来开放的心理学研究视野,带来丰富的心理学研究思路,但也会带来杂乱的心理学理论观点,带来矛盾的心理学研究主张。这很容易导致心理学还没有完全确立起自己的规范,却重又陷入前规范科学的混乱中。心理学家手中的后现代主义的武器,实际上是一把双刃剑。它在破除自己的发展障碍的同时也会伤害到自己。

第六节 后现代心理学的体现

有研究考察了后现代主义对人本主义心理学的挑战。[1] 研究指出,人本

---

[1] 叶浩生. 人本主义心理学:后现代主义的挑战[J]. 华东师范大学学报(教育科学版),2008(4):55-60,67.

主义心理学的许多主张与后现代主义不谋而合,但是两者的哲学基础并不一样,基本观点也大相径庭。后现代主义挑战人本主义心理学的核心概念,认为"意识体验""潜能""自我"等概念是社会建构的产物,是一种话语范畴,而不是一种精神实在。后现代主义也挑战人本主义心理学的个体主义倾向,主张从个体理性转向公共理性,从个体自我转向关系自我。在后现代主义思潮影响下,人本主义心理学在科学观和方法论方面出现了释义学转向,并在一定程度上开始接受社会建构论的观点。

从广义上讲,人本主义心理学与心理学中的后现代主义思潮都是心理学中人文主义文化的组成部分,两者在反对心理学中的唯科学主义、方法中心论等方面有着共同主张。然而,人本主义心理学同心理学中的后现代主义或者后现代心理学有着本质的不同。从哲学基础来看,人本主义心理学主要吸收了存在主义哲学思想和现象学方法;而后现代心理学主要受到后结构主义、解构主义和哲学释义学的影响。另外,从后现代心理学的观点来看,人并没有固定不变的本质,因为本质是社会建构的结果,不同社会文化条件下会建构出不同的本质。但是,人本主义心理学却假设了"潜能""自我"等人性范畴的普遍存在。从后现代主义的观点来看,这种主张显然属于基础主义和本质主义。

人本主义心理学的核心价值观是建筑在这样一个基础上,即人作为人有其独特的本质,不同于其他物种。人既不被现实环境决定,也不为生物本能驱使。人具有独特的意识体验,有选择的自由,自由意志是人的本质属性。后现代主义挑战人本主义心理学的这一核心价值观。从社会建构论的观点出发,后现代心理学家认为,自我意识、自由意志、自主选择和行为责任等概念是一种社会建构,是文化历史的产物。它们仅仅是一些语言范畴,并没有一个相应的心理实在作为基础。

有研究探讨了后现代主义视野下认知心理学的发展取向。[①] 研究指出,认知心理学对后现代心理学的回应体现在四个方面。一是主张对心理学进行解构和重建,放弃纯科学的追求,坚持中间科学的道路;注重个体内在心

[①] 张海育.后现代主义视野下认知心理学发展取向[J].青海师范大学学报(哲学社会科学版),2010(2):134-137.

理过程的研究,即对人的动机、需求、价值、信念和尊严等内部的心理现象进行研究;定性分析与定量分析相结合的研究;注重探讨人们心理的社会历史文化特征,注重研究人的心理、行为与社会历史文化之间的关系。从主体的成长环境、文化背景和社会现实等方面入手,实现主体与客体的统一。二是提倡多元方法的研究取向。心理学家应该提倡心理学研究方法的多元,反对实证方法的独裁。三是强调以生活经验为定向的生成观。主张心理学应该从生存系统、生活实践和生命发展的角度来研究人的认知活动,把自然认知与社会认知相结合,把科学的心灵与经验的心灵相结合。四是提倡东西方文化的融合。认知心理学的这种东西方融合的研究取向,对于开拓心理学的研究视野,使科学认识与常识经验有机结合,以完满人性等,具有积极的现实意义。

有研究认为,后现代主义思潮影响到认知心理学研究的新取向。① 后现代主义思潮强调多元化、开放性,反对整齐性、统一性,对现代认知心理学过分依赖实证主义,过分追求自然科学的研究模式,忽视对人的本质属性以及动机、情感等非认知因素的研究的现象,进行了抨击。受其影响,认知心理学的后现代研究取向重视研究的多元化、差异性和人性化。受后现代主义思潮的影响,认知心理学的研究取向在经历了认知主义和联结主义之后,开始向后现代方向发展。认知心理学研究的新取向包括如下一些方面。一是生态学效度。在认知心理学创立之初,大多数心理学家偏重于心理学的基础研究,在实验室里进行着远离日常生活的实验研究,即不关心生态学效度。随着认知心理学的发展,其研究成果与实际生活的联系日益紧密。这些研究不仅为社会生活提供了有力的心理学证据,而且提高了认知心理学的生态学效度,使心理学在实际生活中的作用日益为人们所承认,从而扩大了心理学的影响。二是生成性定向。生成观接受了后现代主义的批判精神,对心理学的客观主义、理性主义、实证主义等提出质疑。其基本观点是,人的生活经验、生活历史和生活文化对认知的形成具有重大影响。生成观强调心灵与世界的共生,主张包容人类生活经验,提倡东西

---

① 彭新波,高华.后现代主义思潮与认知心理学研究的新取向[J].广西社会科学,2003(11): 28-30.

方文化交融。

有研究探讨了后现代主义思潮对社会心理学的影响。① 研究认为,后现代主义社会心理学是 20 世纪 90 年代兴起的一种新思潮。所谓现代的社会心理学,是指秉承传统的科学心理学的信念和方法,相信通过科学的方法最终能够揭示有关人类社会心理和社会行为的普遍真理的社会心理学研究。社会心理学的现代特征主要有以下几个方面。一是研究方法上的机械主义。现代社会心理学与主流心理学一样热衷于效仿自然科学的科学观和方法论,依然对整个世界作主观与客观的简单二元划分,把决定论移植到社会心理学研究上来,坚持运用自然科学的方法来研究社会心理现象。二是研究手段上的经验主义。现代的社会心理学基本上继承了这种经验主义取向,在研究手段方面强调经验观察和现场实验的重要性,希望借此获得中立的研究数据,以建立具有普遍性和通用性的社会心理模型。三是研究取向上的个人主义。现代的社会心理学研究一直坚持以个人为中心的取向,研究者或者从个体的内部因素,或者从个人所处的具体情境,来研究个体的心理和行为。四是研究理念上的普遍主义。现代社会心理学研究注重价值中立原则,期望借此摆脱无关因素的干扰,通过科学的方法获得超越文化和历史的普遍真理。

可以说,后现代主义思潮是人们对后现代社会生产方式和生活方式的反应,是在批判现代主义和理性主义的基础上逐渐形成的,其基本观点如下。一是反对个人主义,强调内在关系。二是倡导创造性,主张生成论。后现代主义取向的核心是社会建构主义,认为知识不是现实的反映,而是社会建构的结果。三是倡导多元论,尊重差异性。后现代主义反对二元对立的思维方式,以一种彻底的相对主义的态度来张扬科学的怀疑精神,体现了对历史和事物发展中各种差异与偶然、变化与不测的高度敏感。

后现代主义社会心理学思潮的基本研究思想包括如下三点。一是反对机械论和实证主义,提倡经验论和相对主义。二是蔑视低级心理的研究,重视高级心理的研究,强调社会心理学的研究应该尽快与伦理学、文艺学和社

---

① 乐国安.后现代主义思潮对社会心理学的影响[J].南开学报(哲学社会科学版),2004(5):108 - 115.

会学接轨。三是反对还原论、简约论和拟兽论，提倡从整体论和文化学的角度来研究人的心理。

后现代主义社会心理学家把研究重点放在了以下几个方面。一是探讨人的社会性。现代主义聚焦于个体的心灵、个体的理性。后现代主义取向则把注意力从个体转向社会，从个人理性转向文化关系和社会互动。二是注重语言的研究。后现代主义社会心理学认为语言不是表达思维，而是规定思维，语言为人们提供了一个认识世界的框架和思想范畴。这就把对语言的研究重点放在了语言的建构性上，而不是反映性上。三是注重心理投射的研究。建筑风格和艺术观念尤其是人们心灵深处的投射。四是提倡超个体主义研究。后现代主义社会心理学家为了减轻后现代社会给人们造成的心理压力，主张让个人回归到大众与平凡中，或以宗教性的怡然来消除自我奋斗的焦虑与恐惧。这就是所谓的超个人主义，它是对人本主义心理学主张的自我实现和自我中心的否定之否定。

后现代主义在心理学许多学派的探索和众多分支的研究中都有多样、具体的体现，这给心理学研究和心理学分支带来许多重大的变化。这体现在具体的研究原则、具体的研究思路、特定的研究内容、特定的研究主张、多样的研究方法、多样的研究工具等方面。可以说，后现代主义的思想原则和理论预设仍然在心理学的研究中流行。因此，后现代心理学的原则、思想、主张、观点等的演化和分化仍然在继续。尽管西方主流心理学的基本思想内核很难改变，但是后现代思潮的冲击仍然给心理学本身带来了不可避免的转换。

第三章　形态化的心理学资源

　　形态化的心理学资源是指人类心理学探索不断形成的各种不同的心理学形态。这是多元化或多样化的心理学形态。心理学并不是一元的存在，也不是单一的样式。心理学不仅是学科的存在、学术的存在，而且是以多元化或多样化的形态存在着，这些不同的心理学形态都属于心理学的资源。从心理学的不同形态的存在，可以更好地理解心理学的存在。心理资源或心理学资源含纳了心理学各种不同的历史、现实和未来的形态。

　　心理学有一个长期的过去，却只有一个短暂的历史。这实际上是说，心理学作为非科学的形态有着久远的过去，有着数千年漫长的演变，心理学作为科学的形态则仅有一百多年短暂发展的历史。心理学史的研究者通常认为，心理学的演变和发展只是一个连续的更替关系，现代的科学心理学淘汰和取代了原有传统形态的心理学。实际情况却并非如此。科学心理学诞生之后，其他不同形态的心理学仍然与之并存着，各自发挥着自己的作用。过去人们还认为，历史上只有哲学心理学和科学心理学。科学心理学从哲学的母体中诞生之后，就取代了哲学心理学，成为了唯一合理的心理学。其实，历史上出现过的心理学有着许多种形态。这些不同形态的心理学并没有随着现代科学心理学的出现而消亡，而是依然存在于现实生活和学术研究中，并在不同的生活领域和思想领域中发挥着重要的作用。实际上，可以说存在多种形态的心理学，如常识形态的心理学、哲学形态的心理学、宗教形态的心理学、类同形态的心理学、科学形态的心理学和资源形态的心理学。[1] 解读这

---

① 葛鲁嘉.心理学的五种历史形态及其考评[J].吉林师范大学学报(人文社会科学版),2004(2):
　　20-23.

些不同形态的心理学,考察科学心理学与其他形态心理学之间的关系,对当代科学心理学的发展有着至关重要的作用。

第一节　常识形态的心理学

在心理学的不同形态中,第一种形态的心理学是常识形态的心理学。常识形态的心理学简称为常识心理学,是普通人在日常生活中创建的心理学,是存在于普通人生活经验中的心理学。实际上自从有了人类,有了人类的意识,有了人类的自我意识开始,人就有了对自身心理行为和心理生活的经验直观的理解、解释和构筑。人都是依据常识而生活的,普通人在日常生活中都会有关于自己、关于他人、关于自己与他人关系的生活经验或经验常识。这是一种素朴的理解和解说。例如,每个人都有自己隐含的人格理论,并会通过他人表现来推断他人的心理品性和特征。所以说,每个人都是常识意义上的心理学家。

一、常识心理学的界定

常识心理学是指普通人对心理行为的性质、构成、功能和根源的归类、假定、猜想、解释和干预。常识心理学来自普通人的心理生活经验,通过日常交往而成为普遍的共识,并经由人际沟通得以传递和流行。普通人通过常识心理学来理解、说明并构筑自己和他人的心理生活。这就使普通人有可能涉入自己和他人的心理生活,达成交互的心理沟通和影响。常识心理学属于人的世俗生活,并与人的日常生活是一体的。因此,常识心理学带有日常生活的模糊、流变和不定的特点。常识心理学可以是隐含的,而成为普通人认识和解说心理行为的知识背景。常识心理学也可以是明确的,而成为普通人直接描述和说明人的心理行为的日常知识。常识心理学既是普通人心灵活动的指南,也是普通人理解心灵的指南。常识心理学是科学心理学发展的文化资源。

常识心理学(common-sense psychology),也常被称为民俗心理学(folk psychology)、素朴心理学(naïve psychology)等。常识心理学有个体化和社会化两种不同的存在水平。

　　个体化存在水平的常识心理学,是个体在自己的生活经历和经验中获得的,是个人对心理行为独特的认识和理解。社会化存在水平的常识心理学,是不同个体在交往互动过程中共同形成和具有的,个体可以在社会化的过程中接受和掌握隐含于社会文化中的心理常识。科学心理学时常面临着常识心理学的挑战。① 尽管科学心理学认为自己超越了常识心理学,但是无法替代常识心理学在普通人生活中的作用。例如,心理学家对某个儿童心理行为的了解、解释和影响,也许还不如该儿童的母亲对其心理行为的了解、解释和影响。

　　常识心理学就是普通人拥有的心理学,是普通人对自身的心理生活、他人的心理生活以及两者之间相互关联的素朴理解和解释。常识心理学使普通人有可能涉入自己和他人的心理生活,达成交互的心理沟通和影响。普通人虽然不是科学意义上的心理学家,但是常识意义上的心理学家。在日常生活中,普通人时常在观察自己和他人的心理行为,并对其进行必要的因果解释,试图改变自己和影响他人的心理状态与行为方式。常识心理学来自常人的心理生活经验,并通过日常交往而得以传递和流行。它可以在常识的话语形态中得到解说,②也可以在心理学研究的一个特定水平上得到表述。③

　　这里所说的常识心理学,就是原本意义上或初期阶段中所说的本土心理学。按照原本或初期对本土心理学的定义,本土心理学就是由日常生活经验汇集起来的心理学思想体系,其本身就属于常识的范围。④ 在社会文化习俗中体现出来的常识心理学就是民俗心理学。目前,一些研究者常常是交叉使用这两个术语。尽管有研究者更愿意使用本土心理学,而不愿意使用民族心理学、常识心理学和民俗心理学等术语,但此处所说的本土心理学仍然与之属于一个种类。⑤

① Wilks, K. V. The relationship between scientific psychology and common-sense psychology. *Synthese*,1991(89),15-39.
② 周宁,葛鲁嘉. 常识话语形态的心理学[J]. 辽宁师范大学学报（社会科学版）,2004(1)：49-51.
③ 周宁,葛鲁嘉. 心理学的常识心理学水平[J]. 心理科学,2003(6)：1138-1139.
④ Heelas,P. & Lock,A. *Indigenous Psychology*. New York：Academic Press,1981,p. 3.
⑤ 葛鲁嘉. 本土传统心理学的两种存在水平[J]. 长白学刊,1995(1)：30-34.

其实,本土心理学的性质和范围在后续发展和演变中有了极大的改变和扩展。如果区分本土传统的心理学与本土科学的心理学,那么常识形态的心理学就属于本土传统的心理学。

二、常识心理学的构成

常识心理学与社会个体的生活密不可分,却很少受到学者的关注和探讨。实证的科学心理学家为了维护心理学的实证科学的性质,要么忽略常识心理学的重要性,要么否认外行的理解值得认真对待。近年来,情况有了一些改变,一部分心理学家开始尝试透过常识心理学来了解人的心理生活,一部分哲学家和心理学家则开始尝试透过常识心理学来重构实证的科学心理学。

应该说,常识与科学之间存在着特殊的关联。有的学者就曾持有这样的主张,认为科学实际上就植根于常识中。常识是科学基本的材料,科学就开始于常识,并必然借助于常识。在日常生活中,人们也许是对常识进行修饰,也许是对常识吹毛求疵,也许是对常识批驳否定。但是,科学最终要依赖于常识,遵循常识的引导,从常识中获得灵感,否则科学就不可能成为人的生活依赖。

心理学也并不例外。所有的心理学家都在他们的科学思考中运用常识的观念。但是,他们这样做时,通常并不分析常识并使之明确化。在日常生活中,普通人拥有的民俗心理学是由大量心照不宣的原则和范式构成的松散网络,这制约着各种常识心理学术语的使用,像感觉、愿望、意图、信念、希望、担忧、痛苦、快乐等。许多心理学家都借用常识心理学的词汇。实证的科学心理学采纳自然科学的定向,把心理科学的进步看成是抛弃常识、神话和迷信的过程。特别是行为主义心理学把常识心理学的心灵主义的用语都当作前科学的怪物。行为主义不仅把常识心理学扔进了垃圾箱,而且力图设计新的术语和概念取而代之。行为主义的创始人华生就认为,常识心理学的概念是未开化时期的遗留物,是迷信、魔法和巫术的拼凑物。

某些科学心理学家也强调了常识心理学对普通人日常生活的重要性,以及常识心理学对科学心理学的意义。他们把常识心理学称为外行的想法,是外行对人的心理行为的理解和解释。这些学者认为,外行通过自己的日常生活经验就能够证明自己的心理状态,知晓自己为什么在这样的情境中做这样的事情,在那样的情境中做那样的事情。可叹的是,心理学家却常常看不到这样的事实,并忽略或轻视外行的见识。为此,有学者在半个多世纪之前,就向心理学家提示了外行的心理学理解的重要性。其实,外行声称拥有的那类经验在现代的科学心理学中几乎无容身之地。但实际上,正是普通人而不是科学家意识和把握到了基本的真理。外行对人的心理行为的理解很有可能会成为未来的心理学发展要面对的重要论题。常识心理学有时也被称为外行对心理行为的理解。实际上,每个普通人都拥有理解自己和他人的能力。这种能力给心理学家提出一个自相矛盾的任务。对一个已经理解他自己的生物,心理学家寻求的是什么样的理解呢?心理学家的反应常常是忽略这个问题,或者否认外行的理解需要加以认真的对待。此等反应的结果是灾难性的,心理学家迟早要面临着常识心理学的挑战。科学心理学完全可以从常识心理学中学到很多有益的东西。

常识心理学体现出了不同的形式、意义和功能。独特之处就在于,常识既是模糊的,也是鲜明的。一方面,这种日常的知识就构成了普通人观看世界和理解社会的框架。例如,人们可以"看"到各种各样的心理事件,但支配着人们这样去"看"的,则是常识心理学提供的参照系。因此,常识心理学隐退到背后。正是在这个意义上,常识是模糊的。另一方面,这种日常的知识就是人们对看到的世界的描述、说明和解释。人们看到心理行为,就可以直接地加以陈述、判定、推论。因此,常识心理学就浮现了出来。正是在这个意义上,常识又是鲜明的。

有研究则从另外一个角度去区分常识心理学。人们关于心灵的智慧就像关于事物的智慧一样,有常识的和科学的两种。但是,关于心灵的常识与关于事物的常识不一样,这是因为关于心灵的常识具有主观素朴的心理学和常识公认的心理学两种形式。主观素朴的心理学是基于每一个体的日常心理生活的体验,这是自发的、非反思的、直接的和个己化的。实际上,每一社会个体都有自己的心理生活的体验和经验,包括自己特定的感知印象、情绪感受、心理状态、信念愿望等。可以说,每个人都是自然的、杰出的主观素朴心理学家。常识公认的心理学则涉及大量主观素朴的心理经验,但又显然与之完全不同。常识公认的心理学是基于对认知和行为的人际归因和评价等多方面而有效的社会实践。常识的观念不仅反映认知和行为的特点,而且反映社会规范、风俗习惯、环境条件。要成为社会的人,就要掌握社会常识。每个人实际上都是自然的、杰出的常识心理学家。

常识心理学提供了有关日常心理生活的一套观念,这成为社会文化习俗的重要构成部分。任何生活在该社会文化习俗中的人,都会在习得、掌握和运用日常语言时,习得、掌握和运用常识心理学的那一套观念。科学心理学家也不例外,他们在从事科学研究之前实际上就已经拥有常识心理学的观念。这必然会不同程度地渗透到他们后来的科学心理学的研究中,因为心理学家在日常生活中也常常会按照常识及常识心理学去认知和行动。

在不同的社会文化中存在着不同的常识心理学。本土的社会文化中会有本土的常识心理学。不同文化背景中的普通人思考自己心理生活的出发点会有非常大的差异。常识心理学就根源于本土的社会文化历史,并形成特定的常识心理学的历史传统。这种传统会积累起来,会流传下去,会渗入生活,会支配心理,会引导行动,会促进沟通。

三、常识心理学的性质

就常识心理学的性质来说,科学心理学诞生之后,常识心理学就被科学心理学认为是非科学的心理学,或者被认为是科学心理学淘汰了的知识门类。因此,科学心理学的一个非常重要的任务就是怎样把自己与常识心理学区别开来。在科学心理学的发展历史中,科学心理学家总是力求与心理常识或常识心理划清界线。

常识心理学的基本内涵在于,常识心理学是普通人的心理学,是普通人在自己的日常生活中总结出来的经验,是普通人理解自己的心理行为和理解别人的心理行为的依据。常识心理学来自人的社会生活,来自人对自己的社会生活经验的总结,来自人与人之间的相互影响和交流。在日常生活中,普通人会对自身的心理生活、他人的心理生活以及两者相互之间的联系有着素朴的理解和解释。常识心理学使普通人有可能涉入自己和他人的心理生活,达成交互的理解和影响。普通人不是科学意义上的心理学家,而是常识意义上的心理学家。在日常生活中,普通人总是在观察、说明、解释、干预和影响自己及他人的心理行为。

常识心理学的存在、构成和体现可以包含个体和社会两个层次。尽管个体可以从社会常识或群体经验中获取心理常识，但是个体也拥有自己独特的生活经历和生活经验，因此个体对心理常识的持有和理解是个体化的。心理常识通过社会个体之间的互动交流，会逐渐地形成社会群体或社会整体能够共同理解的含义。这就是常识的含义。常人、大众、普通人、社会人可以共同掌握的心理学，也就是常识的心理学。

常识心理学在人的日常生活中具有重要的功能。常识心理学既是普通人理解心理生活的指南，也是普通人指导心理生活的指南。普通人在自己的日常生活中，是根据自己的经验常识来解释生活事件，安排日常活动和解释社会生活。如果没有心理常识，那么自己和他人的所有心理行为就都难以理解。同时，如果没有心理常识，那么自己和他人的所有心理行为就都无法安排。

常识心理学是普通人探索自己生活的依据。普通人正是通过常识心理学来考察自己和他人的心理行为。常识心理学最重要的特征就是普通人试图追踪日常生活中人的心理行为的原因。这包括在日常生活中去推测或推断人的打算、人的意图、人的思考、人的动因、人的感受、人的规划等。这样，普通人就会使自己和他人的行为变得可以理解，可以掌握。常识心理学通常是对人的心理行为动因的推断，也就是对人的心理行为的意向的推断，所以常识心理学常常被称为意向性心理学或意向性推论的心理学。

常识心理学并不是一成不变的心理学，而是会与个体的生活体验、生活经历，与群体的共同目标、共同生活一起变化，所以常识心理学总是伴随着人的成长或改变而不断地在演化或丰富。常识心理学在人的日常生活中有着非常重要的地位。常识心理学尽管一直是科学心理学回避、排斥、贬低、放弃的，但又是科学心理学无法回避、无法排斥、无法贬低、无法放弃的。

在科学心理学诞生之后，科学心理学家就认为科学心理学取代了常识心理学，常识心理学就应该进入历史的垃圾箱。但是，常识心理学实际上仍然在普通人的日常生活中存在着，并发挥着重要的作用。可以说，常识心理学就是普通人日常生活的组成部分，是不可替代的。因此，最重要的就是科学心理学应该把常识心理学当作自己的资源，是创新的资源，是发展的资源。常识心理学的未来并不会随着科学心理学的发展壮大而消失灭亡。相反,常识心理学会从科学心理学中吸收资源。当科学心理学的普及使心理学的科学知识变成常识,常识心理学就会通过科学化来进入和影响普通人的生活。

四、常识心理学的价值

科学心理学诞生和独立之后,许多心理学家就认为,科学心理学必然与其他形态的心理学划清了界线,其他形态的心理学都已经成为历史的垃圾,其中就包括常识形态的心理学。在科学心理学家看来,只有现代意义上的科学心理学才是唯一合理的、规范的心理学。其实,这是一种谬误。常识心理学以及其他各种不同形态的心理学,不仅有独特的历史意义和价值,而且有重要的现实意义和价值,以及深远的未来意义和价值。现代科学心理学实际上并不是简单地埋葬了其他形态的心理学,也不是简单地替代了其他形态的心理学。相反,那些不同形态的心理学实际上成为了被埋藏的矿产,仍然在生活的不同领域中存在着,并在特定的领域里发挥着各自的作用。只要有效地开发和利用这些不同形态的心理学,就会推动和促进科学心理学的发展或飞跃。

心理学是当代最有发展潜力的学科,这不仅在于心理学有着巨大的社会应用的前景,而且在于心理学有着深厚的文化历史的资源。但是,当代心理学的发展只重视自己的未来前途和未来前景,而轻视乃至忽略自己的历史和文化的资源。这无疑大大限制了心理学进一步的发展和进步,或者大大限制了心理学的眼界或视野。科学心理学的独立并不是横空出世、独来独往的,科学心理学也并没有淘汰或埋葬其他形态的心理学。科学形态的心理学与其他形态的心理学并不是简单对立的关系,也不是前后接替的关系,而是同为心理学的资源。科学心理学仍然植根于文化和历史的土壤。关键的问题在于,科学心理学应该怎样提取文化传统中的资源,从中去吸取什么样的养分,并把这种养分变成自己成长的动力和内容。[①]

在科学心理学之外,其他形态的心理学传统对当代心理学发展的实际

[①] 葛鲁嘉.中国心理学的科学化和本土化——中国心理学发展的跨世纪主题[J].吉林大学社会科学学报,2002(2):5-15.

意义和价值主要体现在四个方面。一是提供了看待和透视人的心理行为的角度或视角,这为全面深入地理解人的心理行为带来了可能。任何一种心理学传统都是在特定方面或层面去理解人的心理。尽管这带有片面性、素朴性、扭曲性,但是具有某种独特性、真实性、直白性。毫无疑问,常识心理学会在某种程度和某些方面启发科学心理学的研究和探索。二是提供了说明和解释人的心理行为的独特的概念、理论、思想。其中有着多样的说明人的心理行为的内涵和意义。这些内涵和意义都是在长期的生活实践中累积和积淀起来的。三是提供了揭示和了解人的心理行为的非常独特的方式和方法。中国文化中的儒家、道家和佛家都提供了特有的心灵内省的方式和方法,或者都提供了特有的体验和体证的方式和方法。这不仅是心灵认识和把握自身的方式方法,而且是心灵改变和提升自身的方式方法。四是提供了影响和干预人的心理行为的技术和手段。任何一种心理学传统都有改变或提升人的心灵的技术手段。从上述来看,科学心理学的发展其实拥有非常深厚的文化资源。丢弃、放弃、抛弃和舍弃这些文化资源,是科学心理学发展的一种不幸。任何的心理学创新,都不是凭空的,而应该广泛地吸收所有可能的营养。这是心理学创新的必由之路。中国心理学不仅缺少创新,缺少创新的根基,缺少对创新根基的认识、理解和把握,也缺少对创新资源的挖掘、提炼和再造。这就是探讨心理学各种资源的基本价值和实际意义。

第二节 哲学形态的心理学

在心理学的不同形态中,第二种形态的心理学是哲学形态的心理学。在人类文明的发展史上,哲学是一门最古老的学问。哲学的探索在一开始是无所不包的,或者是包罗万象的。在哲学的追问当中,哲学家也非常关注人类的心理问题,一直在探讨人类心理的性质、构成、活动和变化。随着各个学科相继从哲学中分离出来,心理学也走上了自己的道路,但是哲学与心理学始终保持着非常密切的关联。当代的哲学探讨是通过对理论思维前提的批判与反思,实际上影响着各个学科的具体研究。因为各个学科的研究都存在着理论预设,而这些设定具有隐含性。哲学将隐含的预设明确化和合理化,以此来支配和影响各学科的具体研究。

哲学形态的心理学实际上包括了哲学心理学、心灵哲学和心理学哲学等不同类别的探索。在科学心理学诞生之前,心理学寄生在哲学中,是哲学的一个探索领域。心理学在相当长的历史时期中都依附于哲学。在哲学家关于世界和人生的思考中,就包含关于人的心理、意识、情感、意志、人格等大量的心理学内容。这种包含在哲学思考或思辨中的心理学就是哲学心理学。哲学心理学最重要的研究方式是思辨和猜测。正是通过思辨和猜测,哲学心理学探索了人类心理行为几乎所有的重要方面。[①] 当心理学成为科学门类之后,哲学形态的心理学在哲学的研究中演变成了心灵哲学的探索。哲学形态的心理学在心理学的研究中则演变成了理论心理学的探索。哲学形态的心理学在心理学与哲学的跨界研究中则演变成了心理学哲学的探索。例如,心理学哲学的研究就是考察或反思心理学探索中关于对象、方法和技术的理论前提或前提假设。

一、心理学与哲学辨析

心理学有六种不同的形态。心理学作为非科学的形态有数千年漫长的演变,但心理学作为科学的形态则只有一百多年短暂的发展。或者,现代的科学心理学只有很短的一百多年的历史,但是作为心理学的探索则有着十分久远的过去。通常认为,心理学的发展只是一个连续的更替关系,现代的科学心理学淘汰和取代了原有的传统形态的心理学。但是,实际情况并非如此。科学心理学诞生之后,其他不同形态的心理学仍然与之并存着,各自发挥着自己的作用。过去还认为,历史上只有哲学心理学和科学心理学。科学心理学从哲学的母体中诞生之后,就取代了哲学心理学,成为了唯一合理的心理学。其实,历史上出现过许多种形态的心理学,如常识形态的心理学、哲学形态的心理学、宗教形态的心理学、类同形态的心理学、科学形态的心理学、资源形态的心理学。这些不同形态的心理学并没有随着现代科学

---

① 葛鲁嘉. 心理文化论要——中西心理学传统跨文化解析[M]. 大连:辽宁师范大学出版社,1995:175 - 179.

心理学的出现而消亡,而是依然存在于现实生活和学术研究中,并在不同的生活领域和思想领域中发挥着重要的作用。解读这些不同形态的心理学,考察不同形态心理学之间的关系,对当代心理学的发展有着至关重要的作用。

哲学心理学是最早出现的心理学的历史形态之一。在人类文明的发展史上,哲学是一门最古老的学问。哲学一开始是无所不包的、包罗万象的。在哲学的追问当中,哲学家也非常关注人类的心理问题,并不断地在探讨人类心理的基本性质、主要构成和活动方式。

心理学与哲学之间具有非常复杂的、充满变化的关系。目前,心理学与哲学都是独立的学科门类。在哲学和科学的发展历史上,心理学与哲学有着十分独特的关系。这种独特的关系仍然决定着心理学和哲学的学科发展。了解和认识心理学与哲学的关系,对于揭示心理学哲学的内涵与功能,具有十分重要的意义。从学科的历史发展的角度来看,心理学与哲学的关系经历了如下三个重要的发展阶段。

第一个阶段是哲学完全包含或基本包容心理学的阶段。心理学成为独立学科门类的时间很短,仅有一百多年的历史。在此之前相当长的历史时期内,心理学主要被包含在哲学当中。这个阶段中的心理学可称为哲学心理学。哲学心理学是哲学家通过思辨的方式对人的心理行为的说明、阐述和解释。这种思辨的方式带有推测、推论和推断的性质。哲学心理学在历史上存在相当长的时间,是历史上对人的心理行为最具有主导性的解说和解释。因此,心理学在相当长的历史时期中都是从属于哲学的。

第二个阶段是哲学与心理学彼此分离或相互排斥的阶段。实证科学意义上的心理学是在 19 世纪中后期才诞生的,至今不过一百多年的历史。心理学成为独立的学科门类之后,是以实证科学或实验科学自居的。因此,心理学与哲学曾经有过彼此的分离和相互的排斥。对于心理学来说,为了维护自己的独立学科的地位,使之在相当长的时间里极力排斥哲学,把自己与哲学严格地区分开来,否定自己与哲学有任何的关联。甚至在今天,仍然有许多的心理学家持有这样的态度。这甚至成为心理学家的一种病态的反应和排斥。

第三个阶段是心理学与哲学重新组合或相互促进的阶段。到 20 世纪末期,随着哲学研究重心的转移,以及心理学学科的迅速扩展和壮大,心理学与哲学的关系又有了新的变化。在众多的科学学科从哲学中分离出去之后,哲学就已经放弃了自己包罗万象的研究心态和研究方式。哲学开始去致力于对思想预设或理论前提的反思。其实,这并不是哲学的畏缩或萎缩,而是哲学的重新定位。同样,心理学在经历了急速的发展和扩展之后,也发现了自己学科理论基础极度薄弱。学科理论基础的建设有一个十分重要的任务,那就是对学科的思想预设或理论前提的分析和反思。这不仅决定了心理学科进行理论建构的能力,也决定了心理学家提出理论假设的水平。心理学与哲学的关系的改变,并不等于心理学与哲学就脱离了关系,就没有了关系,而只能说明心理学与哲学有了更特殊更密切的关系。这不仅对哲学家的研究提出了更高的要求,而且对心理学家的研究也同样提出了更高的要求。

二、相关联的研究领域

要了解哲学形态的心理学的研究,就必须先了解哲学形态的心理学所包含的一些相关的重要研究领域之间的关系。正是这些关系决定了哲学形态的心理学研究的性质、内涵、特征、未来等。这些相关的研究领域或研究门类包括哲学心理学、心灵哲学、心理学哲学、理论心理学。有研究从心灵哲学的方面探讨了哲学的一个特定的和走热的研究分支或研究领域,特别是在西方文化背景和哲学考察中的心灵哲学探索。① 有研究则从心理学哲学的视角考察了其中特定的研究课题。② 有研究则从理论心理学的学科范围讨论了理论心理学的性质和作用。③ 这都涉及通过哲学的方式对人的心灵、心理、意识、欲望、意向和思考等的探求。

首先是心理学哲学与心灵哲学的关系。要想区分开心理学哲学与心灵哲学的关系,并不是很容易做到的。心灵哲学是哲学的一个分支学科,它以哲学的视角和方式探讨心灵的性质与活动。其次是哲学心理学与心理学哲

① 高新民.现代西方心灵哲学[M].武汉:武汉出版社,1994:1-5.
② 章士嵘.心理学哲学[M].北京:社会科学文献出版社,1996:1.
③ 叶浩生.论理论心理学的概念、性质与作用[M]//杨鑫辉.心理学探新论丛(第1辑).南京:南京师范大学出版社,1998:65-74.

学的关系。心理学哲学并不直接涉及人的心理行为,而是反思或探讨心理科学研究人的心理行为的前提假设。这或者是使原有隐含的前提假设明确化,或者是使原有不正确的前提假设得到纠正。这直接决定着心理学家对心理学研究对象的理解。再次是心理学哲学与理论心理学的关系。理论心理学是心理学研究的一个重要分支学科。其实,理论心理学最重要或最直接的作用,是负担关于人的心理行为的理论假设的建构。理论心理学对于心理学的发展来说非常重要,因为心理科学提出或构想理论假设的能力至少在我国心理学界非常弱。学者也许已经见惯了对外国心理学理论的照搬,却很少看得惯自己的理论创新。心理学哲学的研究则是反思或批判有关人的心理行为的理论前提或理论假设。

随着各个学科相继从哲学中分离出来,心理学也走上了自己的追求科学化的道路,但是哲学与心理学始终保持着密切的关联。现在的哲学研究通过对理论思维前提的批判与反思,实际上影响着各个学科的具体研究,因为各个学科的研究者都拥有自己特定的理论预设或理论前提。这些特定的理论预设或理论前提可以是隐含性的。哲学的批判与反思可以促进隐含的预设明确化,以及明确的预设合理化,从而支配和影响各学科的具体研究。

传统的哲学心理学以思辨的方式来探讨人类的心理和行为,而哲学的思辨存在两个根本的缺陷:哲学家无法证明关于心理行为的说明所涉及的就是心理行为本身,而不是一种猜测或推论;哲学家缺乏实际的技术手段去干预人的心理行为,使人的心理行为按照特定的构想去发生变化。基于这样两点,哲学心理学也被称为"安乐椅中的心理学",并被后来的科学的或实证的心理学家所排斥。指出哲学心理学的缺陷,并不否定哲学思辨方式在心理学研究中的作用。心理学隐身在哲学中,并按照哲学的方式提供了关于人的心灵的解说。哲学的思辨研究也以各种不同的方式影响到后来心理学的发展。如古代西方的颅相学通过人的头骨的凸起和凹陷来判断人的性格与能力,头骨凸起的地方相对应的心理功能就强,而头骨凹陷的地方相对应的心理功能就弱。这种缺乏依据的推测实际上深刻地影响到后来解剖学和生理学对大脑神经系统机能定位的研究。后来科学心理学诞生,研究者自然就放弃了哲学心理学。但是,这并不等于说哲学与心理学就没有了关系。现代哲学不再是包办心理学的研究,而是转向去反思和探讨心理学研究中的理论预设,使之从隐含的变成明确的。这样的哲学探讨就不再是哲学心理学,而是心理学哲学。①

在心理学与哲学的关系发展的三个阶段里,哲学形态的心理学经历了三次重大的变身过程。在第一阶段,心理学尚未成为独立的学科门类而被包含在哲学当中。这个阶段中的哲学形态的心理学就现身为哲学心理学。在相当长的时间里,哲学心理学是历史上对人的心理行为最具有主导性的解说和解释,因此心理学在相当长的历史时期中都从属于哲学。在第二阶段,哲学形态的心理学则变身为理论心理学。在第三阶段,哲学形态的心理学则变身为心理学哲学。心理学哲学的研究是对心理学研究中关于心理学研究对象和研究方式的理论预设或理论前提的反思,从而为心理学的研究提供合理的、有益的理论预设和理论前提。

无论是理论心理学的研究还是心理学哲学的研究,已经与原初意义上的哲学心理学有了根本性的不同。无论是理论心理学还是心理学哲学,现在都在心理学的研究领域或边缘领域中,成为了重要的学问,甚至成为了显学。

三、中西哲学心理学

哲学心理学是一门非常古老的学问。任何的哲学心理学探索都根基于特定的文化传统。在不同的文化传统中,其哲学心理学探讨的问题,研究的方式,强调的重点,得出的结果,形成的影响等,都有所不同,甚至有很大的差异。由于文化的差异,就存在西方的哲学心理学和中国的哲学心理学。西方的哲学心理学是在西方文化传统中孕育的,而中国的哲学心理学则是在中国文化传统中孕育的。这是有着完全不同血统的哲学心理学。

西方的哲学心理学是哲学家以哲学思辨的方式对人的心理行为的探索,这建立在西方文化主客体分离的基础之上。人的心理行为被当作客观的研究对象,研究者只是毫不相关的旁观者。哲学家可以依据日常生活的经验来说明和解释人的心理行为,但是这种关于心理行为的描述、解说和理

---

① 葛鲁嘉,陈若莉.论心理学哲学的探索——心理科学走向成熟的标志[J].自然辩证法研究,1999
(8):35-40.

论是否就是客观对象的实际,研究者没有办法去证实。这种经验直观的研究必然就是哲学家的揣测、猜测、预测,必然就是哲学家的推论、推断、推演。所以,在实证的科学心理学诞生之后,科学心理学家就放弃、抛弃和舍弃了哲学心理学,把哲学心理学当成了历史的垃圾。

中国的哲学心理学则不同于西方的哲学心理学。中国哲学的思想家提供的不仅是关于人的心理行为的思辨猜测。中国的哲学心理学是建立在中国文化传统的主客一体的基础之上的,没有所谓的研究者与研究对象的分离。每个人都可以既是研究者,也是被研究者。物我不分的道就在每个人的心中。心道一体使得对人的心理的揭示就是内心体道的过程,就是心灵境界的提升,就是人对内心道的体悟和体验,就是人对内心道的实践或践行。这就是中国文化传统中的所谓内圣和外王。内心体道才能成为圣人,外在行道才能成为王者。如何体道和践道,中国本土的传统心理学给出了系统的理论解说和生活的实践行使。

其实,哲学心理学探索的内容与其他许多相类近的学科分支探索的内容,存在着很多重叠。心灵哲学的探讨、心理学哲学的探索就与哲学心理学相类近。心灵哲学的研究有传统的心灵哲学和现代的心灵哲学,也有语言分析的心灵哲学和科学主义的心灵哲学。心灵哲学的研究有哲学和心理学两个基本目标。心灵哲学的哲学目标就在于通过心灵哲学的探索而寻找到哲学思考的基础或者思考心灵的基础。心灵哲学的心理学目标就在于通过心灵哲学的研究,为心理学的研究提供理论前提。心理学哲学的研究也与哲学心理学相类近。但是,心理学哲学是对科学心理学研究中的理论前提或理论假设的哲学反思。这包括两个层面:一是有关心理学研究对象的理论设定;二是有关心理学研究方式的理论设定。这些理论设定或者是明确的,或者是隐含的。心理学哲学的研究就是为了反思和揭示那些隐含的假设,以及为了反思和梳理那些明确的假设。无论是心灵哲学的研究,还是心理学哲学的探索,都与哲学心理学有着各种各样的联系。哲学心理学实际上是历史性的根源,或者就是哲学考察的前身。

四、哲学心理学的价值

哲学心理学的研究有其思想价值和学术意义,也有其历史的局限性和现实的缺陷性。这体现在哲学心理学最基本的研究方式是思辨的方式,是思辨的猜测,是思辨的推论。这种研究方式使研究本身得出的结论根本无法验证。哲学思辨推论的方式有对心理行为的性质、活动、规律的理论说明,但是这种理论的猜测和推论并没有合适的方式和手段去验证和证实自己的理论。

在非常漫长的历史过程中,哲学心理学的探索提出和积累了大量关于人的心理行为的学说。尽管按照科学心理学的标准去衡量,这些学说都是思辨猜测,缺少实证科学的价值,但这是人类文化的财富。哲学心理学的这些思辨猜测的最直接的依据,就是人类文化和日常生活中积累起来的常识的心理学。可以说,哲学心理学本身也给现代科学心理学的研究提供了相应的理论预设或理论前提。所以,当实证科学的心理学放弃了哲学的探索,抛弃了自己的哲学根基的时候,应该仅是放弃和抛弃传统哲学中无益的东西,而不应该放弃传统哲学探索中对心理学研究有益的东西。

哲学心理学的传统遗留了很多的学术矿藏,这些矿藏中保留着许多对科学心理学未来发展十分有益的东西。问题就在于,怎么样去挖掘、提炼和利用这些矿藏。例如,在中国本土文化的资源中就保留着心性的学说。这实际上就是一种传统的心理学,即心性心理学。那么,怎么样才能在心性心理学提供的资源的基础上去发展或创造出新的心理学,这才是中国心理学努力的方向。正是在中国本土的心性心理学中,才有关于心理的理论解说、考察方法和干预手段。

哲学形态的心理学仍然值得研究者重视,特别是值得心理学研究者关注。问题的关键是进行挖掘、整理、提炼和转用。这是历史的形态,也是现实的资源,还是未来的根基。虽然现在有了科学心理学,但还是应该有对哲学形态的心理学的关注、考察、挖掘、探讨和利用。这仍然是一个十分重要的学术目标和学术任务。对于作为历史传统资源的哲学心理学,需要放弃的是那种无视、漠视、歧视和敌视的态度,因为这样的态度从学术的角度来看是一种无知,是一种刁蛮,是一种盲目,是一种无赖,是一种霸道,是一种耻辱。

从哲学心理学到心理学哲学,是关于心理学的哲学探讨的一个重要转换。但是,哲学心理学仍然是心理学研究的重要的学术性资源。在心理学成为独立的实证科学门类之后,心理学似乎把哲学当成了自己发展的绊脚石。不过,可以说,哲学从来都是心理学的朋友,而不是心理学的敌人。当代心理学哲学的探讨,则从哲学反思和前提批判的角度去考察和揭示心理学研究的理论前提。这为科学心理学的发展奠定了十分重要的理论基础,并且影响到心理学各个方面的探讨和发展。这包括对主体心理学和存在心理学的影响。[①] 这在本土心理学的研究中也有着不同的哲学视野。[②] 特别是在人工智能的研究中,哲学的探索提供了非常重要的、不可替代的思想影响。[③] 哲学形态的心理学的考察和探索其实一直在心理学的研究中存在着,也一直在给心理学的研究提供着思想的支撑,提供着思想的资源。

第三节　宗教形态的心理学

在心理学的不同形态中,第三种形态的心理学是宗教形态的心理学。宗教形态的心理学是有关宗教心理行为的解说、探索、揭示和引导,也是宗教有关人类心理行为的理解、阐释、推论和影响。宗教形态的心理学与宗教心理学是有特定区分的不同概念。宗教形态的心理学是来自宗教探索的心理学资源。

一、宗教心理学的性质

宗教心理学是一个十分重要的心理学分支学科,它有两种不同的含义,也就是存在两种不同的理解,相应地也就有两种不同性质的宗教心理学。第一种是实证科学的含义和科学传统中的宗教心理学,是科学心理学家运用科学的方式和方法对宗教心理的研究。这实际上就是科学心理学的一个分支学科,形成的是科学的宗教心理学。第二种则是宗教体系的含义和宗教传统中的宗教心理学,是宗教家按照宗教的方式和宗教的教义对人的心理行为的说明、解释和干预。这是宗教历史的文化学创造,是宗教形态的心

---

① 周宁. 心理学哲学视野中的主体心理学与存在心理学[J]. 学习与探索,2003(4):19-21.
② 周宁. 本土心理学的两种哲学视野[J]. 西北师大学报(社会科学版),2003(4):31-35.
③ Boden,M. A. *The Philosophy of Artificial Intelligence*. New York:Oxford University Press,1990,pp. 1-20.

理学传统。这是宗教提供的心理学资源，是宗教涉及的心理学内容，是宗教开发的心理学方式，所形成的是宗教的宗教心理学，或者也可以称之为信仰的宗教心理学。

其实，在此涉及的宗教的宗教心理学，其含义就是指宗教传统中的或者宗教源流下的宗教心理学，即宗教创立的宗教心理学，是宗教中蕴含的宗教心理学。尽管这种宗教的宗教心理学并不是科学心理学的方式，并不是科学形态的心理学，但却是十分丰厚或深厚的文化学资源、宗教学资源和心理学资源。科学心理学和科学心理学家长期以来并没有重视这种重要的心理学传统资源，也并没有去开发和利用过这种重要的心理学传统资源。[①] 其实，这种宗教的宗教心理学提供了非常丰厚的心理学的理论知识、探索方法和实用技术。这种宗教形态的心理学传统不仅考察和解释人的心理，而且干预和影响人的心理。世界上有基督教、伊斯兰教和佛教三大宗教，中国的文化传统中也有儒家、道家和佛家三大流派。无论是哪一种宗教还是哪一种派别，都非常关注人的心灵的性质、功能和活动，都有对人的心理行为和内心生活的系统阐述和全面干预。

以佛教为例，中国的禅宗是佛教的一个流派。禅宗的心理学对人的心理行为的阐述有着非常重要的意义和价值。[②] 禅宗心理学强调常心和本心的区分。以常心去观察和以本心去观察，会看到完全不同的东西，会体悟到完全不同的生活。从"见山是山"和"见水是水"，到"见山不是山"和"见水不是水"，再到"见山还是山"和"见水还是水"，这就是禅悟的过程，是一种心理的意义系统的转换。同样的山和同样的水，但其心理意义已经发生了根本性的转变，因此人的心理生活就会发生根本性的变化。那么，怎样才能够从常心证见到本心，禅宗给出了一整套修身养性的功夫。所谓的禅悟、禅定、解脱、证见等，都有其特定的或独特的心理学的含义和价值。这就是根据禅宗的基本学说来阐释和改变人的心理的禅宗心理学。这种宗教的宗教心理学显然就是科学心理学发展的非常重要的源流，心理学可以从宗教的源流中获得有意义的资源和启示。

---

① 葛鲁嘉. 新心性心理学宣言——中国本土心理学原创性理论建构[M]. 北京：人民出版社，2008：23-27.
② 南怀瑾. 禅宗与道家[M]. 上海：复旦大学出版社，1991：75-78，195-197.

二、不同的宗教心理学

宗教、宗教信仰、宗教活动等不仅是人重要的社会性信仰活动,而且也是人重要的精神性改变活动。或者说,宗教不仅是系列的组织、制度、活动、规范等,而且是多样的学派、思想、理论、学说等,不仅是特定的心理、意识、信仰、皈依、灵性、体验等,而且是特定的行动、实践、作为、验证、弘扬等。这体现在关于自由意志与个人责任的探讨中,①也体现在关于人心与人生的探索中。② 宗教心理是非常重要的人的心理存在。它不仅是科学心理学的研究对象,而且是宗教学说的解说内容。

在当代科学心理学的研究中,宗教心理学是心理学的分支学科之一。宗教心理学是科学心理学家通过科学的方式和方法,去揭示、描述、说明、解释、影响和干预人的宗教信仰活动中的心理行为。科学的宗教心理学研究考察宗教心理的性质和功能、宗教信仰的心理起因、宗教信仰的心理功能、宗教意识的发展和演变、宗教心理的培育和教育、宗教活动中的皈依心理、信仰的心理特征和作用、祈祷的心理历程和功能等。宗教心理学的研究可以涉及许多重要的方面,其中包括宗教体验中的罪感和耻感、宗教培养中的良心与良知、宗教信仰中的意志与品质、宗教情感中的崇高与境界、宗教活动中的爱心与宽恕、宗教感受中的焦虑与恐惧、宗教成就中的幸福与满足、宗教引领中的成熟与美满、宗教活动中的合作与共享、宗教心理中的变态与罪恶、宗教生活中的质量与享受、宗教活动中的合作与共享,以及宗教意识中的成长与成熟。这都是科学心理学能够以科学的方式方法去探讨和探索、去影响和干预的方面,而且所提供的是科学的理解和阐释,进行的是科学的干预和影响。科学的宗教心理学诞生的时间很晚,宗教心理学成为独立学科的时间很短,至今不过一百多年的学科发展史。

在上述科学的宗教心理学之外,还有另一种宗教心理学,它就是在宗教活动中由宗教家建立起来的隶属于特定宗教的心理学。它是以宗教的方式和方法构造的,并服务于特定宗教的心理学。可以说,宗教是以自己的方式建构了一种独特的心理学。正是在这种宗教的宗教心理学中,各种不同的

① 里奇拉克. 发现自由意志与个人责任[M]. 许泽民,等,译. 贵阳:贵州人民出版社,1994:162.
② 梁漱溟. 人心与人生[M]. 上海:上海人民出版社,2005:172-183.

宗教都给出了自己关于人的心理行为的宗教式解说,都给出了自己对于人的心理行为的宗教式干预。其实,在任何一个宗教教义和宗教学说中,都能找到关于人的心理行为的阐述、理论、学说、方式、方法、技术、工具等。在不同的宗教教派中,所谓的宗教都不仅是理论的活动,而且是实践的活动,都不仅包含着对人的心理行为的解说,而且包含着对人的心理行为的干预。因此,可以说宗教也提供了一种特殊形态的心理学。这种心理学就孕育和蕴含在宗教中,它以宗教的方式影响着人的心理生活。这也就是说,宗教有对人的心理行为的解说,也有贯彻和实施自己学说的践行。宗教的宗教心理学正是通过宗教的方式来考察、解说和改变人的心灵的性质和活动。其中给出了说明或解说、阐述或阐释人类心灵及其活动的大量理论,也给出了影响或干预、改变或转换人类心灵及其活动的许多方式和方法。[1] 宗教的宗教心理学给出的对人的心理行为的解说和阐释,都是从宗教的视野或视角出发的。这是宗教的理论,是宗教的学说。宗教的宗教心理学对人的心理行为的干预和改变都是采取宗教的方式和手段。这是宗教的方法和工具,里面实际上也包含着关于人的心理行为的许多有益的学术资源。

科学的宗教心理学和宗教的宗教心理学既有十分重要的区别,也有不可忽视的联系。科学的宗教心理学是所谓的科学性质的或实证形态的心理学,它是科学心理学的一个分支学科,属于科学的阵营。宗教的宗教心理学则是所谓的宗教性质的或信仰形态的心理学。它是宗教学说的重要构成内容,属于信仰的阵营。所以,这两种不同的宗教心理学,其立足的基础不同,探讨的方式不同,说明的内容不同,干预的技术不同。但是,这两种不同的宗教心理学都是对宗教心理的研究和考察,对宗教心理的说明和解释,对宗教心理的干预和影响。当然,科学心理学家给予了科学的宗教心理学以系统探索和全面推进。在心理学成为科学的门类并有了科学的宗教心理学之后,宗教的宗教心理学似乎就没有了存在的意义和价值。科学心理学的发展不但放弃了宗教的宗教心理学,而且忽视了其中体现的学术价值和具有的学术资源。这就使得宗教传统中的心理学并没有得到适当的考察和研究,或者是使其受到了冷落和忽视。这成为理解历史传统中的心

---

① 葛鲁嘉. 超个人心理学对西方文化的超越[J]. 长白学刊,1996(2):84-88.

理学的一个十分薄弱的环节。

三、两种含义间的关系

　　宗教的宗教心理学可以给科学的宗教心理学带来什么呢？这涉及科学与宗教之间的关系问题。西方实证的科学心理学在诞生之后，就认为自己是唯一合理合法的心理学，认为自己已经把其他所有形态的心理学包括宗教中的心理学都弃入了历史的垃圾堆，认为宗教提供的关于人的心理行为的解说和干预根本不具有实际的科学性质，也就没有任何的学术价值。

　　其实，科学的心理学或科学的宗教心理学为人类理解和干预自己的宗教心理和宗教行为提供了科学的方式、理论、方法、工具和手段。它使得人类从关于自己的宗教活动的盲目和愚昧中走了出来。尽管如此，宗教的宗教心理学实际上并没有真正消失和灭亡，仍然在宗教生活领域中发挥着自己特定的作用。应该说，宗教提供的心理学是依据宗教的生活和实践得出的。普通生活者或宗教信仰者在习得和掌握这种宗教的宗教心理学之后，这种心理学就会在普通生活者或宗教信仰者的生活中占据着十分重要的地位，就会对普通生活者或宗教信仰者理解他人和自己的心理行为起着非常关键的作用。只不过，这种所谓的宗教的宗教心理学并不是科学心理学的组成部分。

　　那么，这种宗教的宗教心理学对于科学心理学来说有着什么样的意义和价值？可以肯定地说，对于理解和解说人的宗教心理行为来说，科学的宗教心理学已经替代宗教的宗教心理学。但是，这种替代是否就意味着宗教的宗教心理学已经没有任何的意义和价值了呢？宗教的宗教心理学是通过宗教的方式和方法探讨和考察、说明和解说、影响和干预人的心理行为。其实，正是宗教的宗教心理学提供的独特的心理学内容，对现代科学心理学的研究具有重要的历史价值。这种价值迄今还没有得到系统的考察，更没有得到合理的利用。如何梳理、分析、考察和探讨宗教的宗教心理学，就成为十分重要的学术任务。

　　在宗教的宗教心理学中，也有着关于人的心理行为的系统的理解和解说。尽管这种独特的心理学也许并不具有科学的意义，却是一种重要的心理学传统资源。科学心理学的成长和壮大可以从宗教的宗教心理学中得到重要的启示,获取有价值的原料,提炼可利用的成分,补充能吸收的营养。这就是所谓资源的意义、内涵、挖掘、利用、消化和吸收。强调宗教的宗教心理学作为资源,并不是要降低科学心理学具有的地位,而是借用宗教的宗教心理学来壮大科学心理学,来提升科学心理学的地位,来扩展科学心理学的影响。

可以说,蕴含在宗教中的宗教心理学,存在和拥有十分丰富的心理学的学术意义和学术价值。这不是在贬低和忽视科学心理学,而是在为科学心理学寻找和挖掘重要的学术资源。这主要体现在如下三个方面。

首先,宗教的宗教心理学以宗教的方式给出了关于信仰、信念、价值定位、价值追求等人的心理的意向性方面的解释和阐释。这正是实证科学的心理学在自己的历史发展中有所回避、有所放弃、有所否定的方面。在科学心理学诞生之后,科学心理学家曾经把运用实证方法看成是心理学作为科学的唯一尺度。所谓实证的方法,实际上是建立在研究者感官证实的基础之上。对于人的心理的意向性方面来说,研究者的感官是无法直接把握到的,因而是科学心理学研究本身无法证实的或无法揭示的。关于人的信仰、人的信念、人的意向、人的价值等,很难给予合理的科学探索,也很难运用科学的方法证实。因此,在相当长的历史时期,实证的科学心理学并没有去认真系统地研究和考察人的心理的意向性或价值性的方面。对信仰信念和价值取向的研究,实证的心理学至多是将其当作客观的对象加以考察,仅仅是去描述、证明或验证其作为心理现象的存在。或者说,这样的研究只能是客观中立的、价值无涉的。因此,实证心理学的研究根本就无法去说明和解释、无法去给出和引导对人的心理生活非常重要的价值取向、价值定位、价值赋予、价值评判、价值取舍等。这就等于说,心理学研究放弃了原本在人的心理生活中起着非常重要作用的价值问题。科学心理学的当代发展,正在努力去填补这样的缺失,正在努力去克服自己的不足。从宗教的宗教心理学中,可以获取相关的学术资源。

其次,在宗教的宗教心理学中,宗教家或宗教学者把人的一些独特的心理行为放在了一个重要的位置上,给予了从特定宗教出发的十分特殊的关注,并进行了特定宗教方式的探索。可以说,这些独特的心理行为是在人的宗教活动以外的其他活动领域中很少存在的,或者是在人的宗教活动以外的日常生活中很少出现的。但是,这些独特的心理行为在人的日常宗教信仰生活中占有着十分重要的地位,并对人的日常生活产生了十分重要的影响。这包括在宗教活动中的那种奇异体验、茅塞顿开、出神入化、心悦神服、顿然开悟、宁静平和、幸福安详、超拔解脱和喜悦极乐。这也包括宗教信仰者实际上得到的种种关于美好、高尚、圣洁、完善、永恒等的心理体验,以及种种对事物本质、存在价值、高峰体验、终极意义、神圣使命、神人相合等的心理体悟。这在荣格的心理学与西藏佛教的关联中就可以看到,①在关于心理体验的探讨中也可以找到。② 对这些独特的心理行为的考察,对这些涉及内在体验和精神追求的解说,正是实证的科学心理学研究中长期遗留的、缺少考察的研究空白,也正是实证的科学心理学必须面对的研究难题。宗教的宗教心理学尽管并不是以科学的方式去说明和解释上述独特的心理行为,但是以宗教的方式体现了这些心理行为的现实存在和宗教意义。

再次,宗教的宗教心理学还给出了各种各样的、十分独特的、特别不同的践行方法,也就是力求实现和达成目标的方式、手段、途径、步骤、程序等。无论是基督教、伊斯兰教还是佛教,都提供了净化人的内在心灵、提升人的精神境界、引导人的向善追求的方式和方法。例如,佛教传统中的禅宗心理学实际上就实行和提供了关于达成顿悟的、入静的、止念的、超拔的、无牵无挂的、无虑无忧的、无滞无碍的、精神解脱的、大彻大悟的、极乐无忧的等境界的方式和方法。对于改变、转换或提升人的心理或精神境界来说,这些技术和手段既都是十分独特的,也都是有着特殊功效的。其实,宗教的宗教心理学正是通过相应的技术和手段,来改变人的心理和提升人的境界,来验证自己的理论和确立自己的学说。

可以肯定地说,宗教形态的心理学是一种十分重要的传统资源,是一种十分重要的文化资源、学术资源和心理资源。对于科学心理学的发展来说,非常重要的不仅是自己的学术目标,而且是自己的学术资源。科学心理学应该怎样去挖掘这样的历史资源,怎样去提取这样的传统资源,怎样去利用

① 莫阿卡西.荣格心理学与西藏佛教[M].江亦丽,等,译.北京:商务印书馆,1994:18-20.
② 瓦西留克.体验心理学[M].黄明,等,译.北京:中国人民大学出版社,1989:138-139.

这样的学术资源,怎样去转换这样的创新资源,这就是考察、探索和研究宗教形态的心理学实际具有的意义和价值。

中国本土心理学的当代发展正在寻求的就是原始性的创新活动。中国现代的心理学有过太多对外国心理学的引进和模仿,缺少创新,特别是原始性的创新,缺少立足本土文化资源的原始性的创新。因此,中国本土心理学的发展必须认真地对待各种文化传统特别是本土文化传统中的心理学资源。它是中国本土心理学的学术根基,也是中国本土心理学的发展基础,也是中国本土心理学的创新起点,也是中国本土心理学的思想源泉,也是中国本土心理学的成长养分,也是中国本土心理学的突破动力。

第四节　类同形态的心理学

在心理学的不同形态中,第四种形态的心理学是类同形态的心理学。类同形态的心理学简称"类同心理学",其研究成果也都在特定角度、特定方面或特定层次揭示和阐释了人类的心理行为,并为心理科学的诞生和发展提供了不可忽视的内容、十分重要的方法和实用便利的技术。因此,这些学科也都与科学心理学有着非常密切的关联。

一、类同心理学的理解

作为心理学六种形态中的一种,类同形态的心理学指的就是,在与科学心理学相类同、相类近或相类似的其他科学分支中存在的许多心理学思想、理论、概念、方法和技术等方面的研究成果。例如,在物理学的发展过程中,无论是光学和声学的研究成果,都对心理学关于视觉和听觉的研究提供了丰富的内容。生物学特别是进化论对人类心理的发生和发展,对人类心理与遗传和环境的关系等,都提供了重要的理论解释框架以及系统细致的特定思想学说。生理学特别是神经生理学的研究成果,也对心理学的发展产生过巨大的影响。如苏联生理学家巴甫洛夫的高级神经活动学说,美国科学家斯佩里关于裂脑人的研究,都深深影响到了科学心理学的发展和进步。精神医学的发展也揭示了以异常形式表现出来的心理行为,为全面认识和了解人的心理行为提供了重要的内容。当代计算机科学特别是人工智能的研究也推动了认知心理学的发展。

心理学在自身的发展演变过程中,曾经不同程度地依附于一些相关或相近的学科。其实,心理学在成为独立的科学门类之后,也还是曾经一再地以还原的方式,把类近学科的研究内容和研究方式并入了自身。这种还原的方式,使心理学的研究常常更像是物理学的研究、生理学的研究、神经科学的研究、身心医学的研究等。现在的心理学已经成为独立的学科门类,但这并没有阻止其他学科门类以特定方式、从特定视角、在特定方面、于特定层次等关注和揭示人的心理行为。在当代,大科学的兴起已经表明,对许多特定对象的科学研究必须集合多个学科门类。例如,对人脑的研究或者脑科学就属于大科学,就汇聚了大量相关科学门类的研究。对人类心理行为的研究也同样是属于大科学,也必须去汇聚大量相关科学门类的研究。所以,心理学研究应该改变自己狭隘的小科学观,必须树立起集合和汇总不同科学研究的大科学观。[①]

类同形态的心理学实际上是一种归类,就是将分散在不同科学分支中,从不同视角和不同侧面涉及的人的心理行为的研究结果,都放置在一个统一的框架之中和一个聚合的名类之下。这种归类、汇总和整合,实际上是心理学发展中应该面对和必须重视的任务。当然,这种归类并不是简单聚合,而需要考虑到心理学的学科整合,这需要心理学的学科创新。

二、类同心理学的蕴含

现代科学已经发展到高度分化的阶段。在许多的科学分支当中,也有在各自分支领域中对人的心理行为的直接或间接的探讨。其实,无论是在历史上还是在现实中,在对人的心理行为进行考察时,科学的心理学并没有独揽对人的心理行为的研究。各种不同的学科分支在许多角度中,在许多层次上,在许多侧面,也揭示和阐释了人的心理行为的某个方面、某个层面。这样的研究成果同样可以汇集成一种心理学的历史和传统的资源。当代心理学的发展实际上就面对着其他科学门类或科学学科给出的心理学思想、

---

① 葛鲁嘉.大心理学观——心理学发展的新契机与新视野[J].自然辩证法研究,1995(9):18-24.

理论、学说、概念、方法、技术、工具等。这在关于现代心理学的发展趋势中就可以看到,①在当代心理学的研究中也得到了体现。②

在哲学的研究中就蕴含心理学的内容。在科学心理学诞生之前,心理学隐身在哲学中,这就是哲学心理学的探索。在科学心理学诞生之后,哲学心理学的探讨就让位给了心理学哲学的探讨,这是一个根本性的发展和转折。哲学心理学是哲学家以思辨的方式对人的心理行为的猜测和推论,心理学哲学则是对心理学研究中的理论前提或理论预设的反思和批判。③ 任何的心理学研究都有自己的理论前提或理论预设,这些理论前提或理论预设要么明确地被研究者接受和掌握,要么隐含地被研究者确立和运用。无论是哪一种探讨,实际上都涉及对人的心理行为的说明。哲学心理学是系统化的、深入性的探索,心理学哲学也同样是理论化的、原则性的探讨。尽管在科学或实证的心理学脱离了哲学的怀抱而诞生为独立的科学门类之后,科学心理学家就极力反对一切形式的哲学探讨、哲学思辨和哲学推论,但哲学为科学心理学作出的贡献是不可磨灭的,也是不容忽视的。

物理学对科学心理学的影响,在于物理学提供了考察和探究物理客体的基本科学方式和基本科学方法。物理学是最早从哲学中分离出来的科学学科。物理学为了在自己的研究中弃除哲学的思辨,而把物理学的研究对象确定为物理现象。对物理现象的研究必须采用客观的、系统的、精确的研究方法或观察的、实验的、定量的研究方式。物理学在脱离了哲学的思辨之后,在成为实验的科学之后,就有了突飞猛进的发展和进步。而且,物理科学也成为带头的学科和科学研究的楷模。心理学在早期成为实验科学之时,就是以物理学为榜样的。甚至,科学心理学在研究中曾不惜把人的心理行为还原为物理的事实和规律。

化学对科学心理学的影响则体现在许多重要的方面。首先,化学为心理学提供了元素分析的、分解化合的、物质合成的研究内容和研究方式。特别是在科学心理学诞生的初期阶段,化学曾经极大地激发了科学心理学家的想象

① 荆其诚. 现代心理学发展趋势[M]. 北京:人民出版社,1990:32.
② 朱滢,杨治良,等. 当代心理学研究[M]. 北京:北京大学出版社,1993:69-70.
③ 葛鲁嘉,陈若莉. 论心理学哲学的探索——心理科学走向成熟的标志[J]. 自然辩证法研究,1999(8):35-40.

力和创造力,所以西方心理学中最早的派别就是元素主义的心理学。这种心理学的研究就是寻找和确定最基本的心理元素,并考察这些心理元素分解和聚合的基本规律。其次,化学对科学心理学的影响和贡献还在于对影响人的心理行为的神经传导化学递质的研究。这是在非常精细的层面上揭示了人的心理行为的实现基础和基本机制,提供了对人的心理行为的科学解说和科学阐释。

电子科学对科学心理学的影响,则在于提供了理解人的内在心理机制的外在途径和方式。由于人的心理意识的独特存在方式和独特表现性质,在心理学的研究中,人的心理意识常常被看作是黑箱。所谓的黑箱是指人的心理意识只通过研究者的感官知觉,而没有办法直接观察到。这给科学心理学早期的研究带来了极大的困惑。但是,计算机科学则以模拟的方式实现了人工智能。①② 早期人工智能的研究是运用符号的模型,就是把人的心灵的性质和活动看作是符号的加工,是符号的表征和计算。这种被称为认知主义的符号研究范式,是以计算机作为理论的隐喻或启示,是建立在人工智能与人类心理的类比基础之上的。尽管人工智能和人类心理分别是由计算机硬件和脑神经系统实现的,但是两者在机能水平上被认为具有相同的信息加工性质,人的心灵活动便没有什么神秘之处,其符号的计算过程完全可以由计算机复制或模拟出来。后来的人工智能研究采纳的是网络的模型,也就是把人的心灵的性质和活动看作是神经网络的联结。这种被称为联结主义的网络研究范式,则是以神经系统作为理论的隐喻或启示,或者是建立在神经系统与人类心理的类比的基础之上。有研究确立了在人工智能研究基础上的人工心理学(artificial psychology)研究。目前,在人工智能基础上提出人工心理理论的概念,即利用信息科学的研究方法,对人的心理活动更全面构成内容(尤其是情感、意志、性格、创造等)的人工机器实现。这种探索提出人工心理学的定义、目的、法则、研究内容、应用范围、研究方法等,试图确立人工心理学的理论结构体系。这被认为有利于人工智能的研究走向更深更高的层次。③ 该研究还细数了人工心理学基础上关于人工心理和人工情

① 朱宝荣.计算机模拟:一种探索心理机制的现代方法[J].心理科学,2003(5):891-893.
② 林崇德,等.计算机与智力心理学[M].杭州:浙江人民出版社,1996:10.
③ 王志良.人工心理学——关于更接近人脑工作模式的科学[J].北京科技大学学报,2000(5):478-481.

感的研究。人工情感(artificial emotion)的研究就是利用信息科学的手段,对人类情感过程进行的模拟、识别和理解,使机器能够产生类人的情感,并与人类自然和谐地进行人机互动。目前,对人工情感的研究主要有情感计算(affective computing)和感性工学(kanseiengineering)两个相关的领域。人工心理学的研究就是利用信息科学的手段,对人的心理活动(着重是人的情感、意志、性格、创造)进行更加全面的再一次人工机器(计算机、模型算法等)模拟。人工心理学的研究目的,就在于从心理学的广义层次上研究认知、情绪、情感、动机的人工机器实现的问题。人工心理学是一门多学科交叉的科学,其理论根源于心理学、脑科学、生理学、伦理学、语言学、神经科学、人类工学、感性工学、信息科学、人工智能、计算机科学、自动化科学等。人工心理学的应用范围非常广泛,主要涉及拟人机械、人工创造技术、感性市场开发、人性化商品设计、人工心理编程语言、情感机器人的技术支持、人类情感评价计算机系统(虚拟技术)、人类心理数据库及数学模型、人际和谐环境技术以及人机和谐多通道接口等。人工心理学的内容包括人工情感、人工意识以及认知与情绪的人工数字化技术。心理学家认为,人工智能下一个重大的突破性发展可能就是赋予计算机更多的情感智能。人工情感是在人工智能理论框架下的一个质的进步。因为从广度上讲,人工情感扩展并包容了情感智能;从深度上讲,情感智能在人类智能思维与反应中体现了一种更高层次的智能。人工情感必将为计算机的未来应用展现一种全新的方向。①

生物学对科学心理学的影响,则在于提供了关于人的心理行为基础的研究。生物科学包括遗传学、生理学、脑科学、神经科学等。在科学心理学的历史和现实的发展进程中,生物科学扮演了十分重要的、不可替代的角色。生物进化论就曾经对科学心理学的进步产生了决定性的作用。② 其中,遗传学关于遗传基因的研究,给出了人的心理行为的遗传基础。生理学的研究,特别是神经生理学的研究,给出了人的心理行为的生理基础。脑科学则是目前发展最快的大科学。生物学的研究,生理学的研究都曾一度支配

① 王志良. 人工心理与人工情感[J]. 智能系统学报,2006(1):38-43.
② 朱新秤. 进化心理学[M]. 上海:上海教育出版社,2006:1-17.

甚至替代了心理学的研究。例如,20 世纪 50 年代我国心理学的发展,就曾全盘接受苏联巴甫洛夫的高级神经活动学说。在此期间,心理学没有了自己的研究,而只是介绍和借用神经生理学的研究内容和研究方式。目前我国心理学的发展早就摆脱了对生物学科的依赖和还原,但心理学仍然非常重视生物学的研究成果对心理学发展和研究的价值和意义。

生态学对科学心理学的影响,则在于提供了共生发展的生态学方法论。针对人的发展的研究,包括针对心理发展的研究,一开始采纳的是单一发展的方法论,研究涉及的是分别的、隔绝的考察,而不是整合的、共生的考察。人的发展可能破坏环境和未来。随着环境的恶化和生态的危机,人们开始越来越重视共生的发展。生态学本身也开始研究生态心理,研究人与环境的共同发展。生态学也考察人的心理行为对环境的影响和破坏。因此,生态心理学和心理生态学就应运而生。[①] 在生态学的框架中,人的心理与他人、社会、环境、世界等,都是彼此共存的、相互依赖的、共同成长的。

社会学对科学心理学的影响,则在于对人类社会、社会群体、人际关系、社会个人的研究,也涉及社会心理的方面,也提供了对人的群体心理和社会心理的描述和解说。社会心理或群体心理不同于个体心理或个人心理,也不是个体心理的简单集合,而是有新的性质、新的特征、新的表现和新的功能。社会心理包括社会生活环境中的个体心理、小群体心理和大群体心理。社会学的研究也包含着社会文化、文化心理、文化人格等方面,也提供了对文化与心理、文化与行为、文化与人格、文化与自我等的研究成果。其实,对于社会心理学的学科来说,就有社会学中的社会心理学。这是从社会学的视角,以社会学的方式,对人的社会心理行为的研究。

三、类同心理学的价值

并不是只有心理学才关注对心理行为的研究,其他类同形态的心理学也从各个不同的学科视角,以不同的探讨方式,运用不同的技术手段,对人的心理行为进行了多维度、多视角、多方面、多层次的探索。不同学科门类中的心理学探索得出了关于人的心理行为的不同的思想学说、理论解说、影

---

① 葛鲁嘉.心理学研究的生态学方法论[J].社会科学研究,2009(2):140-144.

响方式和干预技术。这种对人的心理行为的分门别类的研究给科学心理学提出了一个重要任务,那就是怎样使科学心理学不至于分解、分散、分化、分裂和消失在其他类同学科的研究中,也使科学心理学进而去吸取、提炼、接受、消化和融会类同形态的心理学研究。其实,现在就有心理学家认为,科学心理学早晚会被类同的学科分解,而消散在其他的学科中。心理学学科的发展就不过是从一个依附性的学科,发展到一个独立性的学科,再进展到一个消失了的学科。

尽管心理学面临着其他不同学科分支的研究的挑战,甚至还面对着其他类同学科对自己的研究领域或研究对象的瓜分,但是心理学并不会失去自己在科学世界中的位置,心理学也不会被其他类同学科肢解。问题在于:心理学怎样去对待其他类同学科提供的关于人的心理行为的研究成就和成果?或者,心理学能从其他类同学科的研究中获得什么?毫无疑问,类同形态的心理学提供了对科学心理学来说非常重要的研究立场、研究视角、研究方式、研究方法、研究内容、技术手段、技术工具、技术干预、技术方案、技术应用等。但是,这些涉及人类心理行为的研究方式和研究成果,还都是各自归属于不同的学科门类,还都是各自孤立的、相互分离的,还没有在科学心理学的视野之内或还没有被纳入科学心理学的研究中。

心理学曾经有过还原论十分盛行的时期。心理学的研究被还原成了物理学的研究、生物学的研究、遗传学的研究、生理学的研究、病理学的研究等,这实际上是心理学接受其他类同学科研究的不正确的方式。在心理学的发展历史上,有许多研究者都是立足其他不同的学科去探讨人的心理行为。[①] 因此,他们是从各自不同的学科出发,去考察和研究人的心理行为。例如,弗洛伊德曾经是一个医生,他就是从生物学、生理学和医学的立场和视角去揭示人的心理行为。科学心理学完全可以去吸收和借鉴其他不同学科涉及的心理学的理论、方法和技术,但不应该以还原论的方式。还原论给了科学心理学许多相当重要的东西,但也使心理学的研究无法合理地揭示人的心理行为。正是还原论使心理学的研究总是曲解人的心理行为。

其他类同学科所提供的关系到心理行为的各种不同的理论、方法和技

---

① 郭本禹.当代心理学的新进展[M].济南:山东教育出版社,2003:359.

术,都可以有助于心理学扩展自己的研究视野,丰富自己的理论建构,提升自己的研究方法,增加自己的技术手段。在心理学的科学观上,这使科学心理学必须确立自己的大科学观。心理学的科学观涉及心理学学科的性质、边界,涉及心理学研究的理论、方法和技术的建构、运用。大心理观可以使心理学放开自己封闭的边界,去广泛吸取其他类同形态的心理学提供的研究成果,并把这些研究成果转化成自己的学术资源。任何一个学科的发展都需要自己的学术资源,心理学也同样是如此。例如,对意识与大脑的多学科研究,就汇聚了哲学、医学、人类学、脑科学、语言学、人种学、人工智能等学科的研究。[①]

在科学心理学成为独立的学科门类之后,心理学曾经极力排斥其他学科的研究,以维护自己刚刚获取的学科独立性。但是,在经历了这样的过程之后,心理学还必须作为独立的学科去吸取其他类同学科的学术养分和学术精华。心理学学科必须有能力去积聚、汇集、合并和综合一系列类同的学科中有关心理学的知识、理论、方法、技术、工具。其他类同形态的心理学提供的,还只是分散的而不是完整的知识,还只是原始的而不是现成的部分,还只是独特的而不是关联的内容。但是,只要心理学能够开放自己的门户,汇聚相关的研究,提取有益的部分,吸纳必要的资源,心理学就能够长足进步。类同形态的心理学就是心理学学术的资源,就是心理学创新的资源,就是心理学学术创新需要的资源。科学心理学的任务就是去挖掘、提取、精炼、使用和生成资源,以促进科学心理学的学术创新、理论创新、方法创新、技术创新和工具创新,这样才能够大力促进中国心理学的创新发展。可以说,中国本土心理学的进步就在于立足本土文化中的心理学资源的创新。

第五节　科学形态的心理学

第五种形态的心理学是科学形态的心理学。科学形态的心理学是按照特定的科学观的标准建构和发展起来的现代心理学。现代的科学心理学是

---

① 汪云九,杨玉芳,等.意识与大脑——多学科研究及其意义[M].北京:人民出版社,2003:44.

从哲学的母体中分离出来的,其独立发展的历史并不长。许多心理学史家认为,德国心理学家冯特在1879年建立了世界上第一个心理学实验室,这是科学心理学或实证心理学诞生的标志,至今不过一百多年的历史。当然,心理学成为一门科学,并不仅仅在于建立了心理学实验室,而在于心理学的研究方法、理论范式和技术手段方面的根本性变革。心理学作为科学是通过科学的方法、科学的理论和科学的技术来描述、说明和干预心理行为。可以肯定的是,科学的心理学是以全新的面目出现的。在这短短的发展历史中,科学心理学取得了飞速的进步,发展出许多分支学科,广泛涉及并影响到人类生活的方方面面。

但是,科学形态的心理学从诞生之日起,就有物理主义和人本主义、实证论和现象学两种不同的研究取向,就一直处于四分五裂的状态,统一是心理学长期不懈的努力。科学形态的心理学有基础研究和应用研究的分类,也有理论、方法和技术的分类,关键是心理学研究类别的顺序。科学形态的心理学的研究方式和方法有实验和内省的地位和作用之争。科学形态的心理学从一诞生就有科学化的问题,而科学化的延伸是本土化的问题。

一、心理学的内在分裂与学科统一

科学形态的心理学从诞生之日起,就不是统一的科学门类。心理学的流派众多,观点纷杂,一直处于四分五裂和内争不断之中。因此,心理学能否成为统一的科学,是心理学发展面对的重大问题。心理学的不统一体现在学科发展的许多方面。理论的不统一涉及心理学拥有互不相容的理论框架、理论假设、理论建构、理论思想、理论主张、理论学说、理论观点等。方法的不统一涉及心理学的研究采纳了各种各样的研究方法,而且方法与方法之间有相当大的差异和分歧。技术的不统一涉及心理学进入现实社会、干预心理行为、引领生活方式、提供实用手段的途径和方式的多样化。其实,心理学的不统一不在于多样化,而在于多样化形态和方式之间的相互排斥及倾轧,这使得心理学内部争斗不断。随着心理科学的进步、发展和成熟,促进心理学的统一就成为重大的问题。

任何的研究都是有立场的。研究者总是从特定的起点出发,从特定的视角入手,从特定的思考开始,所以心理学研究也是有立场的。心理学的理论、方法和技术都会由于立场的区别而千差万别。心理学的研究立场有时被描述为心理学的研究取向。这决定着关于研究对象和研究方式的理解。心理学最根本的分裂是研究取向分裂为科学主义的和人文主义的，或是实证论的和现象学的。这两种取向相互对立、相互竞争，构成了现代心理学发展和演变的独特景观。① 西方科学心理学的发展并不是统一的历程，而一直处于四分五裂的境地。最根本的分裂或最核心的不统一，就是实证与人本的分歧。② 关于研究对象的理解，实证立场的心理学持有物理主义的世界图景。关于研究方式的理解，实证立场的心理学运用实证论的研究方式。实证取向的心理学走自然科学的道路，这也是西方心理学的主流。主流心理学家力图把心理学建成自然科学的一个分支，而采纳传统自然科学得以立足的理论基础，即物理主义和实证主义。物理主义是有关世界图景的一种基本理解，实证主义则是有关知识获取的一种基本立场。这形成了主流心理学对研究对象的理解，以及对研究方式的主张。关于研究对象的理解，人文立场的心理学持有人本主义的世界图景。关于研究方式的理解，人文立场的心理学运用现象学的研究方式。人文取向的心理学走人文科学的道路，是西方心理学的非主流。非主流的心理学研究则力图使心理学摆脱自然科学的专制，使心理学的发展立足人文主义和现象学的理论基础。人文主义是有关人的基本理解，现象学则是获取有关人的知识的一种基本立场。这形成了非主流心理学对心理学研究对象的理解，以及对心理学研究方式的主张。

目前，心理学发展最重要的努力就是科学化和统一化，以使心理学成为一门统一的科学门类。心理学成为独立的科学门类之后，统一心理学就成为一个重大的学术目标。如何才能统一心理学，心理学家之间有着重大的分歧。在心理学的发展史上，出现过各种的统一尝试。其实，心理学统一的核心问题是心理学的科学观问题。正是科学观的差异导致对什么是科学心理学的不同认识和理解。心理学的科学观涉及心理学科学性质的范围和边界，心理学研究方法的可信和有效，心理学理论构造的合理和合法，心理学

---

① 葛鲁嘉.心理文化论要——中西心理学传统跨文化解析[M].大连：辽宁师范大学出版社，1995：51-65.
② 叶浩生.西方心理学研究新进展[M].北京：人民教育出版社，2003：108-116.

技术手段的适当和限度等。心理学科学观的建构关系到研究目标和研究策略的制定和实施。心理学的发展应该确立起大心理学观,或心理学的大科学观。[1] 这可以使心理学从实证主义的小科学观中解脱出来,从而容纳不同的心理学探索。所以,心理学统一的努力应是建立统一的科学观。[2]

这实际上也正是心理学的科学观从小科学观向大科学观的转换,从封闭科学观向开放科学观的转换。心理学的科学观的转换是心理学消除内在分裂和促进学科统一的核心和关键。原有的心理学的小科学观正是心理学走向分裂的内在根源,倡导的心理学的大科学观则是心理学走向统一的思想基础。

二、心理学的价值取向与价值定位

心理学成为独立科学门类之后,就力图以自然科学的研究规范来约束自己。自然科学面对的对象是自然事物。自然事物并没有价值选择的目的,也没有价值评判的限制,也没有价值定位的自觉。但是,心理科学面对的对象却完全不同。人有自己的价值生活、价值取向、价值评判和价值取舍,心理学的研究无法回避人的价值问题,而必须有价值的涉入和引导。在科学心理学的历史发展进程中,实证主义的心理学就否弃价值的问题,而把科学心理学定义为价值无涉的科学。相反,人本主义的心理学则力主心理学是价值涉入的科学,而强调不应该回避价值的问题。科学心理学的发展必须面对价值问题,并通过价值的研究来创造和引导人的现实生活。

当代心理学的研究是否有价值的定位和价值的取向,或者心理学是价值无涉的科学还是价值涉入的科学,这是心理学研究必须面对的重大问题。心理学作为一门科学的出现,受到传统自然科学的影响。心理学力求在自己的研究中确立价值无涉,避免价值涉入,这给心理学带来了巨大的进步,使心理学研究力求避免主观性和思辨性。但是,心理学在涉及人的心理行为时必然有价值的涉入。价值无涉的立场限制了心理学的影响力,甚至限制了心理学的科学性。心理学如何和怎样才能成为价值涉入的科学,就成为

---

[1]   葛鲁嘉. 大心理学观——心理学发展的新契机与新视野[J]. 自然辩证法研究,1995(9):18-24.
[2]   葛鲁嘉. 心理学的科学观与统一观[J]. 吉林大学社会科学学报,1996(3):1-6.

至关重要的问题。其实,价值无涉是指一种中立的、客观的立场。这要求研究者不能在研究中把自己的偏见、好恶、主张等强加给研究对象。相反,价值涉入就是指一种价值的导向和引领。这强调的是研究者和研究对象的一体化,突出的是人的意向性和主观性,重视的是人的自主性和主动性。心理学研究要涉及人的价值取向,就要涉及人的意向问题。而人的心理的意向性在科学心理学的研究中被回避和放弃,意向、意向性成为心理学研究中难以逾越的障碍,许多心理学家选择了无视。因此,怎样面对和解决价值的问题,是心理学未来发展的核心问题。

三、心理学的研究类别与优先顺序

心理学的研究有不同的类别或方式。对这些类别或方式有不同的区分,也有不同的排序。心理学的研究依据研究目的和评价标准可以区分为基础研究和应用研究,依据研究内容和探索方式可以区分为理论研究、方法研究和技术研究。基础研究的目的是说明和解释对象,形成知识体系。应用研究的目的是确定和解决问题,提高生活质量。基础研究的评价标准是合理性,即心理学的理论学说、研究方法和应用技术是不是合理的。应用研究的评价标准是有效性,即心理学的理论学说、研究方法和应用技术是不是有效的。心理学的理论研究、方法研究和技术研究的区分涉及不同的研究内容和探索方式。理论研究涉及的是哲学反思或前提批判的层面,以及理论构想或理论假设的层面。哲学反思探讨的是心理学研究中的理论前提,包括关于心理学研究对象的理论前提和关于心理学研究方式的理论前提。① 在理论构想或理论假设的层面探讨的则是心理学研究中的框架、假说、模型、学派、学说、理论、概念等。方法研究涉及的是心理学研究中的方式和方法,包括心理学研究的方法论与方法,涉及哲学思想方法、一般科学方法和具体研究方法三个层面。技术研究涉及的是心理学应用中的问题,包括技术设计(即技术思想的层面),也包括技术手段(即具体工具的层面)。

在心理学成为独立的科学门类之前,就有哲学家指出,人的心理意识只

---

① 葛鲁嘉,陈若莉. 论心理学哲学的探索——心理科学走向成熟的标志[J]. 自然辩证法研究,1999(8): 35-40.

有时间维度,而没有空间维度。人的心理意识只随时间的流逝而变化,此一时不同于彼一时,无法测定和量化。因此,心理学只能是内省的研究,而不能成为实验的科学。这个结论对心理学具有的含义在于,心理是独特的,不同于物理。在心理学研究中,实验的方法是有限度的。该结论也导致心理学研究中还原论的盛行,把心理行为还原为实现心理行为的基础,如物理的还原把心理行为还原为物理的实在或规律,生理的还原把心理行为还原为神经系统、遗传基因等。心理学独立之后,其研究就面临以什么为中心的问题。心理学研究中出现过以理论为中心,也出现过以方法为中心。以理论为中心突出了心理学研究的哲学思辨、理论构想、理论假设、问题中心。以方法为中心则主张方法决定理论、方法优先问题。心理学原有的优先顺序是理论、方法、技术,或是方法、理论、技术,而应有的优先顺序是技术、理论、方法。技术优先的思考包括价值定位、需求拉动、问题中心、效益为本。当然,技术是由理论支撑的,理论是由方法支撑的。

四、心理学的研究方式与研究方法

心理学的基本研究方法是实验还是内省?或者说,应该如何对待实验方法和内省方法的地位和作用?实验与内省是心理学不同的研究方式。在心理学发展和演变的历史进程中,实验的方式与内省的方式曾有过彼此的容纳和合并、相互的争执和排斥。研究者可能采取不同的方式和方法。心理学成为独立学科门类之后,就把实验确立为基本的研究方式和方法。德国心理学家冯特在莱比锡大学建立的世界上第一个心理学实验室,被看作是心理学作为科学诞生的标志。这是把实验的方式确立为科学的尺度。实验的一个最基本的特性就是客观性。这种客观性摒弃了有可能被带入心理学研究的主观的臆测或推论。在心理学的历史演变过程中,内省的方法曾被当作是最基本的方法。因为心理的存在被看成是内隐的存在,或是无法被直接观察到的观念的存在,所以只有内省才可以捕捉到观念的活动。但是,内省的一个最基本特性就是主观性。这种主观性有可能带入研究者的偏见或造成先入为主的主观臆测,所以在科学心理学诞生之后不久,这种方法就受到诸多的质疑。如果把实验的方法和内省的方法推向极端,排斥其他可能的或合理的方法,那就是实验主义和内省主义。实验主义把实验当作是不是科学的唯一尺度,这不仅大大限制了科学的范围,而且大大限制了科学的途径。内省主义则把内省当作了解和把握意识对象的唯一方式和方法,这甚至限制了心理学成为现代意义上的科学。在实验方法的运用中,最重要的问题是定量与定性的问题。对于心理学的研究,定量研究和定性研究有哪一方占主导的争议。在内省方法的运用中,最重要的问题是私有与普遍的问题。心理学成为科学门类之后,就逐渐地放弃了内省的方法。心理学家普遍认为,内省是个体私有化的,而无法达到科学研究追求的普遍确证性。

　　科学心理学研究运用的方法就是科学方法。但是,在特定科学观的限定下,所谓的科学就是实证的科学。实证科学运用的是实证的方法。心理学成为独立的科学门类之后,就力图以实证主义的科学观来衡量自己的科学性。是否运用实证方法,就成为心理学研究是否科学的根本尺度。但是,中国本土传统心理学运用的方法不是实验的方法而是体验的方法,不是实证的方法而是体证的方法。体验或体证的方法就是通过意识自觉的方式,直接确立起自身的目标,直接体验到自身的活动,直接构筑了自身的心理,所以体验或体证至少有这样两个重要特点:一是心性的自我觉知;二是心性的自我构筑。中国本土的心理学传统都强调知行合一的原则,主张内在对道的体认和外在对道的践行。这就是所谓的内圣与外王。内圣是要成为圣人,体道于自己的内心;外王是要成为王者,行道于公有的天下。这就是所谓的修性与修命。因为人心与天道内在相通,所以个体的修为就是对天道的体认。天道贯注给个体就是人的性命。对天道的体认就是修性与修命。这就是所谓的渐修与顿悟。渐修指修道的过程是逐渐的、积累的;顿悟指道不可分割,只能整体把握,只可突然觉悟。这是体道的不同途径和方式。

五、心理学的科学进程与本土改造

　　现代心理学诞生后的基本追求就是科学化,使心理学成为真正意义的科学。当代心理学的重要发展就是本土化,使心理学成为普遍适用的科学。[①] 心

---

① 葛鲁嘉.中国心理学的科学化和本土化——中国心理学发展的跨世纪主题[J].吉林大学社会科学学报,2002(2):5-15.

理学的发展经历了科学化。心理学家在早期有两个基本追求：一是使心理学成为严格意义上的实证科学；二是使心理学成为普遍适用的实证科学。为此，许多心理学家不是从研究对象的特性出发，而是简单模仿其他相对成熟的自然科学门类。心理学对自然科学化的追求，使之接受了物理主义的世界观和实证主义的方法论。这必然把人的心理类同于其他自然物和还原为物理或生理，人类的文化历史存在和心理的文化历史属性则受到排斥。这使心理学排除和超越文化为代价来追求和维护科学性，忽视了人类心理是不同于其他自然现象的，心理学不可能靠自然科学化来保证自己的科学性。西方心理学不但通过对自然科学化的追求来确立其科学地位，而且随着在世界各地的传播来确立其文化霸权。这是按照自己的科学观，在有关心灵的科学观点与非科学观点之间划定了边界，把那些植根和起源于非西方文化的心理学体系都推入了非科学，表现出对世界其他地方的心理学研究和贡献的有意忽视和缺乏兴趣。所以，在心理学的发展中，科学化就被等同于西方化，而西方化则被等同于全球化。

　　心理学的发展也经历了地域化和本土化。中国心理学的跨世纪发展就面临科学化和本土化两大主题。表面上，两者是矛盾和冲突的。科学化强调心理学作为科学是没有国界和普遍适用的，本土化则是十分多余和毫无价值的口号。本土化强调心理学的发展应消除西方心理学的霸权，而寻求和确立本土文化的根基和建立本土的心理学。这是心理学发展在地域上的转移，而与科学化无关。实际上，两者是相关和一致的。强调科学化就要推进本土化，强调本土化也就要确立科学化。中国现代科学心理学是从欧美传入的，其发展经历了西方化和本土化两个时期，每个时期又包含两个阶段。西方化时期：一是引进和模仿西方心理学的阶段；二是反思和批判西方心理学的阶段。本土化时期：一是保守的阶段，试图转换西方心理学的研究内容，把研究被试从西方人转换成中国人，把心理行为的背景从西方的文化转换成中国的文化；二是激进的阶段，开始突破西方心理学的研究方式，寻求和尝试多样化的思想理论和研究方法。

　　科学化与本土化相当于心理学的两条腿，只有两条腿走路才能够使心理学有长足的发展。科学化和本土化都取决于心理学科学观的变革。这体现在重新理解心理学的研究对象和重新确立心理学的研究方式。西方的主流心理学把人的心理理解为自然现象,这既使心理学研究更为精密和规范,也使心理学研究产生缺陷和偏向。一方面,无文化的研究弃除了人类心理的文化性质;另一方面,伪文化的研究扭曲了人类心理的文化性质。心理是自然和已成的存在,也是自觉和生成的存在。西方心理学的研究方式忽视了文化的特性,盲目追求人类心理的普遍规律性和心理科学的普遍适用性。心理学的变革应包括对研究方式的变革。科学形态的心理学是在西方文化中产生和发展起来的。但是,在西方心理学传播和发展的过程中,在其他心理学接受和模仿的过程中,反对文化侵略和文化霸权,促进文化交流与文化共享,就成为当代心理学的主题。①

　　心理学的发展经历了从前现代到现代,又从现代到后现代的历程。在不同的时代里,心理学有不同的形态偏重,有不同的发展任务。在前现代阶段,心理学隐身在哲学等其他学科门类中,其发展是借助其他学科的贡献。在现代阶段,心理学是独立的发展,必须去创立自己的理论、方法和技术。在后现代阶段,心理学不但成为重要的科学门类,而且对其他科学门类有所贡献。现代科学心理学是在西方文化中产生的。当时的西方文化具有优势地位和强势影响。因此,在西方心理学的发展和壮大、传播和扩展的过程中,一直就体现着文化侵略和文化霸权。这表现出对非西方文化中心理学传统的轻视、歧视、排挤和排斥,也表现出强迫非西方文化对西方心理学的全盘接受。目前在许多的非西方国家中,西方心理学仍具有霸主的地位,本土心理学的发展仍面临着困境。当代,交流与共享已成为文化主题。如何达成文化的交流和共享,已经是文化发展、科学发展、心理学发展的重要任务。心理学必须扩展视野,放开边界,吸纳资源,从而奠定自身发展的基础,壮大自身发展的规模,提供对科学的促进,贡献对人类的服务。

第六节　资源形态的心理学

　　第六种形态的心理学是资源形态的心理学。所谓资源形态的心理学,

① 葛鲁嘉,陈若莉. 当代心理学发展的文化学转向[J].吉林大学社会科学学报,1999(5):79－87,97.

就是把心理学的各种学术性资源的开发、累积、运用、创造等作为心理学的核心任务。心理学的研究不仅在于揭示和解释人的心理行为,而且在于为人的心理生活寻找、提取和提供心理学的资源,为心理学学科的发展和进步积累、确立和输入特定的资源。心理学的研究就是在挖掘、提取、创造、运用和生成资源。资源会成为心理学研究和发展的根本方面,也会成为人的生活和心理生活的根本方面。心理资源的稀缺、汇聚和生成,应该是心理学面对的重要现实。心理学的发展拥有自己的文化历史资源。心理学体现出了十分不同的历史发展和长期演变的学科形态。心理学所有不同的历史、现实和未来的形态,都是心理学发展可以借用的文化历史资源。心理学资源可以体现为不同的心理学历史形态,也可以体现为不同的心理学现实演变,也可以体现为不同的心理学未来发展。这包括常识形态的心理学、哲学形态的心理学、宗教形态的心理学、类同形态的心理学、科学形态的心理学和资源形态的心理学。当代科学心理学的发展不应该抛弃其他历史形态的心理学,而应该将其当作自己学术创新的文化历史资源,从而扩大自己的视野,挖掘自己的潜能,丰富自己的研究,完善自己的功能。

一、心理资源的概述

所谓心理资源,是指可以生成和促进心理学发展的基础条件。例如,心理学的发展或成长就需要有自己植根的社会文化土壤。这就是心理学的社会文化资源。心理资源既可以成为心理生活的资源,也可以成为心理科学的资源。心理学面临着如何理解、看待、保护、挖掘、提取和转用资源的问题。

科学心理学只有很短的一百多年的历史,但是心理学的探索有着久远的过去。通常认为,心理学的发展只是连续的线性更替关系,现代的科学心理学淘汰和取代了原有的传统形态的心理学。但是,实际情况并非如此。科学心理学诞生之后,其他不同形态的心理学仍然与其并存着,各自发挥着自己的功能。历史上出现过许多种形态的心理学。归结起来,有常识形态的心理学、哲学形态的心理学、宗教形态的心理学、类同形态的心理学、科学形态的心理学和资源形态的心理学。解读这六种形态的心理学,考察科学心理学与其他形态心理学之间的关系,对科学心理学的发展有着至关重要的作用。

　　人的心理生活是生成性的、创造性的，心理生活的生成与创造的过程是需要特定资源的，或者心理生活的生成和创造并不是凭空进行的。心理资源是人的心理生活的建构基础、生成养分和拓展依据。人的物质生活需要自然资源，没有自然资源就没有人的物质生活。人的心理生活则更需要文化资源、社会资源、历史资源和现实资源。作为心理行为的基础，心理资源具有自己独特的存在方式和存在形态。

　　任何一个科学学科的生成、发展、进步、拓展，都需要文化、社会、历史和现实的资源。心理学学科同样如此。心理学的研究无论是有关学科的研究对象，还是有关学科的研究方式，都与文化资源、文化氛围、文化社会、文化历史、文化传统、文化现实等有着多样而密切的关联。问题就在于，心理学应该怎样理解和对待自己必须面对的这些资源。而且重要的是，心理学应该能够从这些资源中获取自己发展所必需的支持和支撑。对于心理学的研究来说，维护自己学科的独特性和独立性，并不就是与自己面对的各种资源的隔绝和分离，并不能够放弃和否弃自己的学科资源。

　　在心理学的研究和发展中，心理学的研究者长期都把相关联的方面或有关联的资源看成是心理学学科和心理学发展的外部环境、外界条件、外在影响。这显然并不是从心理资源的提取、转换、利用等角度去看待心理学与其他相关联的方面、基础、条件、环境、氛围的关系。例如，在心理学的发展和演变过程中，心理学与文化具有十分密切的关联。但是，把文化理解成为心理学发展的外部条件，与把文化理解成为心理学发展的内在资源，是有根本区别的。这种区别可以导致对心理学发展和演变的完全不同的理解和解说。因此，资源的理解就可以看成是一种重大的研究转换。要深入理解心理学的发展和研究，就要深入理解心理学与文化具有的十分密切的关系。当代心理学的发展已经出现文化学的转向。[①] 原本把自己看成是世界心理学的西方心理学也开始对不同文化的关注。[②] 有研究分析了当代心理学文化转向的动因和方法论意义。[③] 有研究进而探讨了心理学文化转向中的方

---

① 葛鲁嘉,陈若莉.当代心理学发展的文化学转向[J].吉林大学社会科学学报,1999(5)：79-87,97.
② 叶浩生.试析现代西方心理学的文化转向[J].心理学报,2001(3)：270-275.
③ 麻彦坤.当代心理学文化转向的动因及其方法论意义[J].国外社会科学,2004(1)：2-7.

法论难题与整合的策略。① 很显然，要推动心理学的发展和进步，就要把文化放在重要的地位上，就要在文化的基础上去建设和发展心理学。

可以说，在心理学的研究中，与文化相关联的、与文化相重合的心理学分支学科和研究取向，也在快速地扩展和成长。例如，文化心理学、跨文化心理学、民族心理学、历史心理学、本土心理学，都已经成为心理学中发展最快的分支学科和研究取向。心理学与文化的关系，就是指心理学在自身的研究、发展和演变过程中，与文化背景、文化历史、文化根基、文化条件、文化现实等产生的关联。心理学与文化的关系经历了一系列的改变和发展，其中包括文化的剥离、文化的转向、文化的回归、文化的定位。心理学与文化的关系还涉及一系列多样化的研究，包括文化心理学、跨文化心理学、本土心理学、后现代心理学的研究。有研究关注的是超出了文化心理学学科本身的启示性意义和未来的趋势。② 有研究则在更广泛的意义上探讨了文化心理学的诠释之道。③ 之所以会有文化心理学的兴起，就在于西方的主流心理学面临难以化解的困境。有研究认为文化心理学的兴起与主流心理学的困境有关。④ 有研究探讨了跨文化研究方法的进化。⑤ 有研究则对文化、科学和本土心理学进行了综合分析。⑥ 有研究则对文化与心理学的相遇进行了历史的考察和理论的分析。⑦

心理学与文化的关系还涉及心理学的单一文化背景和多元文化发展。心理学与文化的关系定位显然会带来心理学的新视野、新领域、新理论、新方法、新技术和新发展。心理学在成为独立学科门类前后的阶段里，与其他的不同学科一直有着特定的关系。这种关系决定了心理学的发展和演变。

① 霍涌泉. 心理学文化转向中的方法论难题及整合策略[J]. 心理学探新,2004(1)：12-15,30.
② 田浩,葛鲁嘉. 文化心理学的启示意义及其发展趋势[J]. 心理科学,2005(5)：1269-1271.
③ 余德慧. 文化心理学的诠释之道[J]. 本土心理学研究,1996(6)：146-199.
④ 李炳全,叶浩生. 主流心理学的困境与文化心理学的兴起[J]. 国外社会科学,2005(1)：4-12.
⑤ Vijver,F. V. D. The evolution of cross-cultural research methods. In David Matsumoto(Ed.), *The Handbook of Culture and Psychology*. New York：Oxford University Press, 2001, pp. 78-92.
⑥ Kim, U. Culture, science, and indigenous psychologies：An integrated analysis. In David Matsumoto(Ed.), *The Handbook of Culture and Psychology*. New York：Oxford University Press,2001, pp. 54-58.
⑦ Adamopoulos, J. & Lonner, W. J. Culture and psychology at acrossroad：Historical perspective and theoretical analysis. In David Matsumoto (Ed.), *The Handbook of Culture and Psychology*. New York：Oxford University Press,2001, pp. 15-25.

但是,对心理学与相关学科的关系尚缺乏系统深入的考察和探索。心理学与相关学科的关系经历了历史的演变,从依附于其他学科的发展,到排斥其他学科来保证自己的学术独立性,并开始寻求与其他学科的合作关系,再到与其他学科建立共生的关系,这标志着心理学学科的成熟,也标志着心理学开始容纳所有学术的资源。这意味着心理学不仅借助其他学科来发展,而且还可以为其他学科的发展提供可用的资源。从不同学科的学术独立到不同学科的学术共生,这是一个新旧时代的重大学术转换。

二、心理资源的探索

心理学无论是对人的心理行为的研究,还是对心理学自身的反思,都需要挖掘、提取和转用自己的资源。这需要对心理资源进行全面、系统、深入的考察。如何考察心理资源,怎样揭示心理资源,怎么解说心理资源,是心理学研究和发展的十分重要的任务和工作。

对心理资源的考察会涉及考察的视角。这是指研究者的研究立场和研究根基。对于心理资源,不同的研究者可以有自己看待和理解问题的出发点和立足点,可以有自己揭示和解释问题的着眼点和着重点。包括否认、忽视和歪曲心理资源的存在,也是对待或看待心理资源的一种特定视角。考察的视角决定和给定了研究者获取的心理资源的内涵和内容。眼界的不同、视域的不同,都决定着研究者捕捉到和提取出的心理资源的差异。

对心理资源的考察还涉及考察的学科。心理资源是文化的存在、社会的存在、历史的存在、生活的存在、人性的存在。这就给不同的学科分支提供了研究的内容。这可以是多学科交叉和交汇的研究内容。由于不同的学科有不同的研究领域和研究方式,就会有对心理资源的不同揭示和解释侧重。例如,哲学、文学、社会学、人类学、历史学、政治学、文化学等对心理资源的考察,都会有不同的方面,也会有交叉的地方。

对心理资源的考察还涉及考察的内容。心理资源具有非常丰富的内涵、思想、解说、积累。分离和分解心理资源,解释心理资源的基本性质,确定心理资源的基本方面,追踪心理资源的演变发展,说明心理资源的特征特点,都是系统考察心理资源的最基本内容。定位、分析、揭示、解释、说明和借用心理资源,可以有不同的方式。这可以是哲学反思的方式,考察关于心理资源作为心理学研究的思想前提和理论设定;也可以是实证研究的方式,通过实证科学的手段来定性分析和定量考察心理资源的存在和变化;还也可以是发展研究的方式,通过历史和未来的定位和定向,来揭示和解释心理资源的演变和演化。

心理资源的考察结果可以成为人理解自身存在的重要思想内容,也可以成为发展关于人的心理研究的重要学术内容。人的心理生活的创造、建构和拓展需要资源的支撑。丰富人的心理生活,提升心理生活质量必须提供心理资源。同样,心理学的进步和发展也需要心理资源,这是心理科学必须依赖的基石和基础。

例如,蕴含在不同学科门类中的心理学探索,得出了关于人的心理行为的不同的思想学说、理论阐释、影响方式和干预技术。这种对人的心理行为的分门别类的研究,给科学心理学提出了一个重要任务,那就是怎样使科学心理学不至于分解、分裂、消失和消散在其他类同学科中,以及怎样使科学心理学去吸取、提炼、接受、消化和融会类同形态的心理学研究。如在物理学的发展过程中,光学和声学的研究成果都为心理学关于视觉和听觉的研究提供了丰富的内容。生物学特别是进化论为研究人类心理的发生和发展,为研究人类心理与遗传和环境的关系等,提供了重要的理论解释框架和细致的特定思想学说。生理学特别是神经生理学的研究成果,也对心理学发展产生过巨大的影响。精神病学的发展揭示了以异常形式表现出来的心理行为,为全面认识和了解人的心理行为提供了重要的内容。当代计算机科学特别是人工智能的研究,提供了对人类智能活动的基本认识,推动了认知心理学的发展。社会学为社会个人、人际关系、社会群体和人类社会的研究提供了关于群体心理、社会心理、文化心理、国民性格的成果。生态学对科学心理学的影响在于提供了共生发展的生态学方法论。在生态学的框架中,人的心理与他人、社会、环境、世界等是彼此共存、相互依赖、共同成长的。生态学的视角是指从共生的方面来考察、认识和理解环境、生物、社会、人类、生活、心理、行为等。在中国的文化传统中,一个非常重要的原则性主张就是天人合一。这是人与天的合一,我与物的同一,心与道的统一。

三、心理资源的存在

如果从心理资源的角度去理解和分类,心理学存在六种不同的形态。这六种不同形态的心理学都有着自身的历史、现实和未来的演变。可以把心理学的不同形态看成是历史,但更应该将其看成是资源。从历史到资源,这是心理学研究中对待自身演变的一个重大的学术进步。

常识形态的心理学是心理学的资源。常识形态的心理学可简称为常识心理学,也常被称为民俗心理学、素朴心理学等。它是普通人在日常生活中创建的心理学,是存在于普通人生活经验中的心理学。常识心理学有个体化和社会化两个存在水平。个体化的存在水平是个体在自己的生活经历和日常经验中获得的,是个人对心理行为独特的认识和理解。社会化的存在水平是不同个体在交往和互动过程中共同形成的,个体可以在社会化的过程中接受和掌握隐含于社会文化中的心理常识。常识心理学既是普通人心灵活动的指南,也是普通人理解心灵的指南。常识心理学是科学心理学发展的文化资源。

哲学形态的心理学也是心理学的资源。在实证科学的心理学诞生和独立之前,心理学寄生在哲学中,是哲学的一个探索领域。哲学心理学最重要的研究方式是思辨和猜测。正是通过思辨和猜测,哲学心理学探索了人类心理行为大部分重要的方面。当心理学成为科学门类之后,哲学心理学在哲学研究中转换成为心灵哲学的研究,在心理学研究中则转换成为心理学哲学的研究。心理学哲学转而去反思心理学研究中关于对象、方法和技术的理论前提或思想预设。

宗教形态的心理学也是心理学的资源。宗教心理学可以有两种不同的含义。一是科学的含义或是科学传统中的宗教心理学,是科学家运用科学方法对宗教心理的研究。这是科学的宗教心理学,是科学心理学的一个分支。二是宗教的含义或是宗教传统中的宗教心理学,是宗教家按照宗教的方式对人的心理行为的说明、解释和干预。这是宗教的宗教心理学,这既是宗教活动提供的传统文化资源,也是现代科学心理学的传统历史资源。宗教的宗教心理学提供了关于人的信仰心理方面的重要阐释和干预人的心理皈依的重要方式。这为科学心理学的发展和进步提供了非常丰富和重要的心理学思想理论、心理学研究方法、心理学干预技术。心理学的创新必须提取宗教的宗教心理学中的资源。

类同形态的心理学也是心理学的资源。类同形态的心理学就是指,在与心理学相类同或相接近的科学分支或科学学科当中的关于人类心理行为的相关研究及其成果。这是在与科学心理学相类同或相类似的其他科学分支中的心理学思想、理论、方法和技术。这些研究和成果也在特定的角度、方面或层次,也以特定的方式、方法或技术,揭示和阐释了人类的心理行为,并为心理科学的诞生和发展提供了十分重要的基础和内容。因此,这些相关或相近的学科门类也都与科学心理学有着非常密切的关联。并不是只有科学心理学才关注和研究心理行为,类同形态的心理学也都从各个不同的学科视角,对人的心理行为进行了多维度、多视角、多方面、多层次的探索。

科学形态的心理学也是心理学的资源。心理学作为科学是通过科学的理论、方法和技术来描述、说明和干预心理行为。科学心理学在短短的进程中取得了飞速发展,但依然面临着重大的问题。科学心理学从诞生起,就有物理主义和人本主义、实证论和现象学两种不同的研究取向,就一直处于四分五裂的状态,统一是其一直不懈的努力。该形态有基础研究和应用研究的分类,也有理论、方法和技术的分类,关键是心理学研究类别的顺序。该形态的研究方式和方法有实验和内省的地位和作用之争。该形态从诞生就有科学化的问题,科学化的延伸是本土化的问题。

资源形态的心理学也是心理学的资源。其实,正是在心理资源的探索中,才有可能去超越科学形态的心理学,而将心理学置于一个新的基础之上。资源形态的心理学应该成为心理学未来发展的新选择。这是对科学形态的心理学的极大扩展。这并不是否定和排斥了科学形态的心理学,而是资源化的处理给心理学打开了一扇丰富、扩展和转达自己的大门。这给了心理学一个新的触角,能够去汇集和聚合所有原本被分离在不同资源中的心理学养分。

四、心理资源的提取

在当代心理学的发展历程中,后现代是心理学研究者所处和面对的历史时代、历史阶段、当代风潮、当代思潮。如何理解后现代的来临,如何面对后现代的问题、如何引领后现代的发展,这是心理学发展必须经历的。在20

世纪中期,西方的发达国家开始由现代工业社会步入后工业社会或信息社会。与之相应,其文化思潮也由现代主义转向后现代主义。后现代主义思潮被看作是西方文化精神和价值取向的重大变革,并很快风靡欧美、震撼学界。科学心理学的发展显然无法脱离这一大的文化氛围。文艺复兴之后,西方社会不仅大踏步迈向现代大工业社会,而且逐步确立起理性至高无上的地位和科学统观一切的权威,并以此构造了西方的现代文明。但是,当今的后现代主义运动则是对现代文明的批判和解构,即着手摧毁理性的独断和科学的霸权,强调所有的思想和文化平等并存的发展。后现代的精神在于去中心和多元化。这无疑打破了西方心理学的独霸地位,带来了不同心理资源的互惠互利。

心理学的本土化是心理学发展过程中出现的一种思潮、定位和寻求。从提出关于本土心理学的研究开始,心理学本土化经历了不同的历程,体现了不同的目的。心理学本土化的目的在于:一是对科学心理学或正统心理学之外的其他心理学探索的关注和考察;二是对西方实证心理学的霸权地位的挑战;三是对根源于本土社会文化的心理行为和研究方式的探索;四是对本土的心理学资源的挖掘和创造;五是对心理学研究的原始性创新的追求。这是希望能够在心理学的理论、方法和技术等方面有新的创造。其中第一个目的是本土心理学最基本的目的,也是本土心理学最开始的基本含义。

全球化既是产生全球性问题的历史前提,又孕育着解决全球性问题的可能性。不同学科视野中的全球化概念是有所不同的。在经济学、政治学、文化学、社会学等不同学科看来,全球化具有不同的含义。当今的世界正在面临着日益突出的国际化趋势,国际社会的联系日益紧密,地球已经变成了"地球村"。同时,人类也面临着越来越多的全球化的经济问题、社会问题、环境问题等。这些问题已经不单单是某一国家或民族各自的问题,而成为整个人类共同的问题。在这样的背景下,心理学正经历着一场转变,即由只关心单一文化背景转向多元文化融合,由方法中心论转向问题中心论,由单一理论转向复合理论。心理学并不能回避现实问题,要使心理学的研究具有现实性,必须以研究的问题为中心。心理学应该抛开传统的理论派别之争,摒弃对抗,围绕解决现实问题展开研究。这就是心理学全球化的内涵。

在中国本土传统文化的框架中,并没有诞生出现代意义上的科学。中国的现代科学是从西方传入的。同样,中国本土文化中也没有诞生出西方现代意义上的科学心理学。中国现代的科学心理学也是从西方传入的,也带有西方文化传统的印记。在中国发展自己的科学心理学面临的一个非常重要的问题就是,中国的本土文化中有没有自己的心理学传统。如果有,那么这种本土的心理学传统具有什么性质,包含什么内容。如果有,那么应该如何去理解、解说、阐释和对待这种本土的心理学传统。可以肯定的是,中国本土的文化传统中,也有自己独特的心理学传统。那么最重要的问题就在于,中国本土的心理学传统能否成为中国科学心理学发展和创新的有益资源。因此,如何理解中国本土的心理学传统,就成为决定中国心理学未来发展的一项基础性研究任务。

中国的心理学在新世纪的发展面临着一个重要的选择和突破,那就是从对西方或对外国心理学的模仿中解脱出来,去寻找和挖掘中国本土的心理资源。新心性心理学就是一种植根本土文化资源的创新努力,试图开辟中国心理学自己的新世纪发展道路,新心性心理学对于心理学研究对象的理解和对于心理学研究方式的确立有一个基本的变化。新心性心理学涉及心理资源、心理文化、心理生活、心理环境、心理成长、心理科学,即涉及心理学的学科资源、文化基础、研究对象、环境因素、对象成长和学科内涵。心理资源论析是对心理学立足的资源的考察,心理文化论要是对西方的心理学传统和中国的心理学传统的跨文化解析,心理生活论纲是对心理学研究对象的一种新视野、新认识和新理解,心理环境论说是对心理与环境关系的一种新的思考和分析,心理成长论本是对人的心理超越了发展变化的考察和认识,心理科学论总则是对心理学的科学性质和学科发展的理解和探讨。

总之,心理学的未来发展应该把自己建设成为资源合理开发和有效利用的新型学科门类。心理学的未来形态就是资源形态的心理学。这是心理学的第六种形态,是立足心理资源的开发和利用的心理学。正是资源形态的心理学的提出,可以将心理学重新整合在一个全新的思想框架之下。这也就给了原本的心理学的多元化的发展、对立性的冲突、多样化的分裂、多向度的对立、多重性的定位等,带来了一种新的可供选择的整合。心理学的资源化的处理,使心理学能够从对立和冲突中解脱出来,进而能够从合作和共生中投入进去。

第四章　本土化的心理学资源

心理学本土化是当代心理学发展的重要转向。这是从学科化到资源化的转向,是从单一化到多元化的转向,是从边缘化到主导化的转向,是从复制性到创新性的转向,是从积累性到框架性的转向,是从地域性到全球性的转向。这也就是希望能够在心理学的理论、方法和技术等方面引出新的创造。

第一节　心理学本土化的兴起

在科学心理学的研究中,早期或前期的本土心理学概念的提出,是希望把科学心理学研究忽视的一种另类的心理学重新置于心理学研究者的视野中。有很多的心理学并不属于科学心理学的范围。科学心理学范围之外的都可以称为本土心理学,也就都可以称为非科学的心理学。

随着本土心理学研究的推进,本土化口号的提出和研究的开展已经开始转向,成为对占有主导支配地位的西方的心理学或者美国的心理学的质疑和反叛,成为其他国家和地区的心理学立足于本土文化资源和专注于本土心理行为的心理学追求。这就提出并探索了大量的原本在西方科学心理学视野中被忽视的主题、专题和课题。心理学本土化有过对各种研究课题和研究内容的多元化的尝试和探索,有过对特定的研究被试和研究对象的定向和定位,有过对各种研究方式和研究方法的创造和运用,有过对各种应用技术和实用工具的发明和推广。心理学本土化可以体现在关于心理学研究对象的改变和关于心理学研究方式的改变两个方面。更容易实现的是前者,更不易实现的是后者。心理学本土化不是简单的口号、简单的过程、轻易的追求、轻易的策略,而是需要一个长期的全面探索和深入研究的过程。

　　在心理学本土化或中国化的研究历程中,以中国文化背景中的中国人的心理行为作为研究对象和研究主题的研究,已经有了多样化的积累,也已经出版和发表了大量有一定影响的成果。这些研究成果开始成为了解中国本土的社会民众的心理行为的非常重要的学术内容和学术积累。在中国文化圈中,心理学本土化已经成为中国心理学发展的共识。几十年来,无论是关于中国人心理行为的研究,还是关于中国心理学的考察,都得到了极大的推进。

　　早在 1986 年,香港中文大学的心理学家彭迈克(Michael Harris Bond)就出版了《中国人的心理学》英文版著作。该著作汇集了关于中国人的心理行为的研究,包括中国人的社会化的方式、中国人的知觉过程、中国人的认知、中国人的人格及其改变、中国人的心理病理学、中国人的社会心理学、中国人的组织行为心理学等。[①] 这部著作后来有多个版本的中文译本。例如,其中就有顶渊文化事业有限公司 1988 年译版的《中国人心理学:走向现代文明坦途》,新华出版社 1990 年译版的《中国人的心理》,辽宁教育出版社 1997 年译版的《难以琢磨的中国人:中国人心理剖析》。

　　中国本土的心理学研究者在心理学中国化或本土化的多年追求和探索中,曾经出版了一系列相关的学术著作或学术文集,含纳了一系列重要的心理学本土化学术研究成果。这些研究成果在不同的方面、层面和侧面,尝试和推进了关于中国人心理行为和关于中国心理学的探索。

　　在《中国人的性格》一书中,研究涉及了对传统中国理想人格的分析,有从价值取向看中国国民性,从社会个人与文化的关系论中国人性格的耻感取向,论中国的家族主义与国民性格,从若干仪式行为看中国国民性的特定方面。有从儿童故事看中国人的亲子关系,有从人格发展看中国人性格,有

① Bond, M. H. (Ed.). *The Psychology of the Chinese People*. Oxford: Oxford University Press, 1986.

关于中国大学生的人生观和价值观的研究，有讨论现代化过程中农民性格的蜕变，有考察中国大学生现代化程度与心理需要的关系，有探讨中国国民性研究及方法问题。[1]

在《中国人·中国心——传统篇》一书中，第一部分内容涉及传统观念的现代意义，有研究讨论了中国古代心理思想的主要成就与贡献，有对中医心理学的探讨，有对中国古代医学心理学思想的计量研究。第二部分内容涉及传统概念的心理学研究，有研究考察了儒家思想与现代化，有关于孝道的心理学研究，有研究考察了义——中国社会的公平观，有从中国古代传统算学启蒙教育看儿童学习数学和发展思维的有关问题。第三部分内容涉及传统技艺的心理研究，其中包括气功的心理学研究，针灸的心理学研究，书法的心理学研究。[2]

在《中国人·中国心——人格与社会篇》一书中，第一部分内容涉及自我与人格的研究，有研究对中国港台的"自我"研究进行了反省与展望，有从理论与研究方向上对中国人的"自己"的讨论，有从形上与形下，从新理与心理，对中国人的"自我"与"自己"的讨论。第二部分内容涉及社会动机与冲突的研究，有对成就动机本土化的省思，有对中国社会的人际苦痛的考察和分析。第三部分内容涉及领导行为的研究，有关于家族主义及领导行为的研究，有关于中国的领导研究的考察。[3]

在《中国人·中国心——发展与教学篇》一书中，第一部分内容涉及自我与个性发展的研究。有研究考察了中国大陆儿童与青少年自我意识的发展，评述了中国大陆关于儿童、青少年个性倾向性发展的研究。第二部分内容涉及道德思虑发展的研究。有研究探析了中国大陆品德形成的实验研究及其问题，综述了社会思虑发展研究在港、台，评述和展望了少数民族品德研究，探讨了道德判断发展的泛文化研究。第三部分内容涉及学习与教学的研究。有研究考察了儿童学习汉字的心理特点与教学，有对小学生独立阅读能力培养的实验研究，有对中学数学自学辅导教学的实验研究。第四

① 李亦园,杨国枢.中国人的性格:科际综合性的探讨[M].台北:"中央研究院"民族学研究所,1992.
② 高尚仁,杨中芳.中国人·中国心——传统篇[M].台北:远流出版公司.
③ 杨中芳,高尚仁.中国人·中国心——人格与社会篇[M].台北:远流出版公司.

部分内容涉及语文心理学研究的本土化,有研究对中华语文的心理学研究进行了本土化的思考。①

在《中国人的心理与行为——理念及方法篇》一书中,有研究讨论了中国古代心理学思想的形神观,中国传统文化与中国人的性格,有从社会互动的观点考察了中国人的社会取向,有对中国人的利他行为的发展进行了理论探讨,有讨论中国人的恋权情结的,有从跨文化的观点分析面子的内涵及其在社会交往中的运作的,有讨论权威家长的领导行为的,有探讨"报"的概念及其在组织研究上的意义,有研究则讨论了如何研究中国人的人格,也有研究考察了叙说资料的意义。②

在《中国人的心理与行为——文化、教化及病理篇》一书中,有研究讨论了中国人的慈善观念,考察了宗教的社会意象,阐述了中国杰出思想家创造发展的环境因素,有通过对中美大学生的比较,探讨了内团体偏私的文化差异,有研究讨论了社会取向成就动机与个我取向成就动机是否不同,有讨论个体心理社会化的思想,有考察中国儿童的社会化的,有着眼于中国社会的体罚现象及其意涵的,有考察北京小学儿童对友谊关系的认知发展的,有诠释中国人的悲怨的,有考察灵魂附身现象的,有探讨生物心理社会模式下的身心健康指标的,有以精神分裂症为例对演进模式的精神病理研究。③

《华人本土心理学》(上册)共分了五编。第一编是本土化心理学的开拓,涉及本土化心理学的意义与发展;第二编是本土化心理学的方法论,涉及心理学本土化的方法论基础、本土化心理学的研究策略、本土化心理学的研究方法;第三编是本土化心理学的理论,涉及刘劭的人格理论及其诠释、华人社会取向的理论分析、华人关系主义的理论建构;第四编是家族取向与家人关系,涉及家族主义与泛家族主义、孝道的心理与行为、婚姻关系及其调试;第五编是脸面观、道德观及公私观念,涉及华人社会中的"脸面观"、华人的道德观与正义观、人己群己关系与公私观念。④《华人本土心理学》(下

① 杨中芳,高尚仁. 中国人·中国心——发展与教学篇[M]. 台北:远流出版公司.
② 杨国枢,余安邦. 中国人的心理与行为——理念及方法篇[M]. 台北:桂冠图书股份有限公司,1993.
③ 杨国枢,余安邦. 中国人的心理与行为——文化、教化及病理篇[M]. 台北:桂冠图书股份有限公司,1994.
④ 杨国枢,黄光国,杨中芳. 华人本土心理学(上册)[M]. 重庆:重庆大学出版社,2008.

册)共分了四编。第六编是人际关系与互动,涉及人际交往中的人情与关系、人际和谐与人际冲突、人际关系中的缘观、忍的心理与行为;第七编是价值观与心理变迁,涉及华人价值研究、成就动机与成就观念——华人文化心理的探索、心理传统性与现代性;第八编是组织心理与行为,涉及华人企业组织中的领导、华人企业组织中的忠诚、华人的工作动机与态度、华人的分配正义观;第九编是心理疗法与宗教经验,涉及本土化的心理疗法、华人的宗教经验与行为。①

《如何研究中国人:心理学本土化论文集》汇总了作者关于中国心理学本土化的研究论文。第一部分是"什么是本土化?"第二部分是"研究思考的本土化";第三部分是"研究方法的本土化";第四部分是"本土心理学发展之评价与展望"。②

《中国社会心理分析》考察和探讨的内容包括:知识精英的社会角色;企业家的财富人生;现代工人的学习与创造;农民工与角色转换;网民及其公民意识;休闲群体与消费动力,等等。研究探讨了中国社会生活中的主要的社会群体和社会阶层的社会心理。③

在《中国人行动的逻辑》中,第一部分是关于本土化、研究理路及其方法的若干思考,涉及本土化研究的程度与限度、儒家的社会建构——中国社会研究视角与方法论的探讨、语言分析——一种不容忽视的研究方法;第二部分是本土的概念性研究与探讨,涉及中国人"脸面观"的同质性与异质性、"土政策"的功能分析、中国人的价值取向;第三部分是经验性的本土研究及其问题,涉及中国人际关系网络中的平衡性问题、家族主义与工具理性、社会心理承受力与社会价值选择;第四部分是建立本土理论与框架的尝试,涉及中国人际关系模式、中国人在社会行为取向上的抉择,讨论了个人地位作为一个概念的提出和作为一种本土日常社会学分析框架的建立。④

《中国文化心理学》涉及和考察了中国文化心理学、中国人的社会化、中国

①　杨国枢,黄光国,杨中芳.华人本土心理学(下册)[M].重庆:重庆大学出版社,2008.
②　杨中芳.如何研究中国人——心理学本土化论文集[M].台北:桂冠图书股份有限公司,1997.
③　沙莲香.中国社会心理分析[M].沈阳:辽宁教育出版社,2004.
④　翟学伟.中国人行动的逻辑[M].北京:社会科学文献出版社,2001.

人的自我观、中国人的尚"和"心态、中国人的人情观、中国人的面子观、中国人的迷信心理与对策、中国人的教育心理观、中国人的管理心理观、中国人的心理卫生观、中国人的释梦心理观、中国人的心理测量观、中国人的军事心理观、中国人的文艺心理观、中国人的人格心理观、中国人的思维方式。[1]

《中国社会心理学》考察了社会心理学的百年历程,并以中国人作为对象,涉及了如下一些研究主题:中国人的社会化;中国人的角色扮演;中国人的自我与人格;中国人的社会认知;中国人的社会动机;中国人的人际关系和人际互动;中国人的群体心理。[2]

应该说,在目前的阶段,心理学的本土化已取得了很大的进展,也积累了相当丰硕的成果,并酝酿着更大的突破。但是,目前的研究中还存在着许多问题和不足,这会严重限制心理学本土化的发展,主要体现在如下五个方面:一是对中国本土的文化历史资源的理解和运用还有很明显的不足,至少还与关于研究对象或关于中国人的心理行为的理解有严重的脱节;二是研究还仅仅是把研究被试转换成为中国的被试,而没有与心理资源和研究方式整合起来进行考察和研究;三是对心理学研究方式的考察和研究还远远滞后于本土化的心理学研究需要;四是本土化的心理学研究的理论、方法和技术还缺乏必要的衔接;五是还严重地缺乏原创性的研究,特别是思想基础和理论框架的原始性创新。

第二节　心理学本土化的原则

心理学本土化中最为重要的是基本原则或评判尺度。杨国枢在关于本土心理学研究评判尺度方面,提出了本土性契合的概念。[3] 这是专门就本土契合性问题进行了论述,除了可以促使更广泛更深入地了解到关于本土化研究评判标准的观点之外,还可以促使研究进一步思考一些更深层的问题。其实,最重要的问题是,衡量心理学研究本土化的立足点在什么地方?

① 汪凤炎,郑红. 中国文化心理学[M]. 广州:暨南大学出版社,2005.
② 王小章. 中国社会心理学[M]. 杭州:浙江大学出版社,2008.
③ 杨国枢. 我们为什么要建立中国人的本土心理学?[J]. 本土心理学研究,1993(1):6-88.

一、心理学本土化的标准

这可以从评述本土性契合的思考出发。首先,按照本土性契合的标准,存在着两种程度不同的本土化研究。一种本土化研究是指对输入的西方心理学进行改造,建立适合解说本地民众生活的心理学;另一种本土化研究是指摆脱西方心理学,舍弃西化心理学,建立纯粹本土的心理学。这两种本土化研究现在共同存在,齐头并进。可以说,前一种本土化更具现实性,后一种本土化更理想化。其次,按照本土性契合的标准,也存在两种性质不同的本土心理学。一种是中国本土的传统心理学,它与中国民众的心理生活是一体的,与中国人的心理生活共同构成了中国本土传统的心理文化;另一种是中国本土的科学心理学,它是在改造西方实证心理学和超越本土传统心理学的基础上形成的。"这里最关键的问题在于,建立中国的本土心理学的努力没有与心理学科学观的变革联系起来。关于心理学的本土化研究,无论是舍弃西方心理学的本土化研究还是改造西方心理学的本土化研究,目前都没有考虑到心理学的科学观。前者着眼于本土性而不是科学性,后者着眼于研究内容的变换而不是研究方式的变换。关于本土心理学,中国本土的传统心理学和中国本土的科学心理学都没有自觉到心理学的科学观。前者是一种前科学的研究。不过,这里的前科学是指在西方心理学的小科学观的范围之外。后者是一种拘守于西方心理学的小科学观的研究。显然,心理学的研究需要一种大心理学观。大心理学观是心理学发展的新契机与新视野。心理学科学观的变革必将会有助于中国本土心理学的发展,以及与其他文化圈中的心理学的沟通和衔接。"[1]

杨国枢进一步扩展了对本土性契合的阐述,使之变得更加明确系统,但还是有必要就心理学科学观的问题作进一步讨论。应该说,心理学研究的本土契合性只是一个下位的概念,而心理学的科学观则是一个上位的概念。只有恰当地解决了心理学研究的科学性标准的问题,才有可能恰当地解决心理学研究的本土化标准的问题。

在当代心理学的发展中,实际上有科学化和本土化两个主题。从时间

---

[1] 葛鲁嘉.心理文化论要——中西心理学传统跨文化解析[M].大连:辽宁师范大学出版社,1995:251.

的历程上看,在 20 世纪初期,心理学的科学化是热门的话题,心理学家力图把心理学建设成为一门严谨的科学,使之能够在科学的家族中占有一席之地。在 20 世纪末期,心理学的本土化是热门的话题,心理学家力图把心理学改造成为一门适用的科学,使之能够在不同的文化传统中占有一席之地。从文化的分界上看,当代西方心理学着眼的是心理学的科学化,在心理学的研究中全面贯彻实证主义的精神和价值中立的立场,追求方法的精确、概念的合理、技术的有效等,把立足西方文化的科学心理学看作是跨文化普遍适用的。当代非西方心理学着眼的是心理学的本土化,在本土心理学的发展中力图摆脱西方心理学的宰制,拒绝简单地照搬和模仿西方心理学,寻求从本土文化出发来揭示本土社会文化中独特的心理行为。

在中华文化圈中,心理学的发展也有科学化和本土化两个主题。从时间的历程上看,在 19 世纪末 20 世纪初,中国从西方引入了实证科学的心理学,中国心理学家全面地接受西方心理学的科学观,据此而努力捍卫心理学的科学性。到 20 世纪后期,中国的心理学家逐渐感受到西方心理学所具有的文化霸权主义,逐渐意识到照般和模仿西方心理学的不足,因而开始投身于心理学本土化的潮流。从地域的分界上看,中国大陆与台湾和香港的心理学者关注的重心也有所不同。在中国大陆,心理学的发展经历了曲折的过程,其发展水平相对滞后,有些心理学工作者缺少严格的实证科学训练,为此,心理学界更关注心理学的科学化或规范化,即如何使心理学的研究更符合科学或更符合规范。在台湾和香港地区,心理学的发展长期追随西方的学术潮流,心理学研究的规范程度也相对较高,许多从事心理学工作的人在西方国家受过严格的实证科学训练,因此心理学界更关注的是心理学的本土化,即如何使心理学的研究摆脱西化印记,深入本土文化。

如果单就表面而言,当代心理学发展的科学化和本土化这两个主题似乎不是直接相关的,而是并行存在的,从杨国枢的论文中就能够体会到这一点。其研究明确涉及的是心理学本土化的问题,或者是本土心理学的本土性判定标准的问题,明确提出了本土契合性的概念,并围绕着这一概念给出了一套系统的论述。按照杨国枢的理解,"研究者之研究活动及研究成果与被研究者之心理行为及其生态/经济/社会/文化/历史脉络密切或高度配合、符合及调和的状态,即为本土契合性(或本土性契合)。只有具有本土契合性的研究，才能有效反映、显露、展现或重构探讨的心理行为及其脉络。"①显然，对于这一观点来说，心理学的科学性或科学观的问题并不在视野中，甚至可以说心理学的科学性或科学观的问题并不成为问题。那么，西方心理学的问题就不在于其科学性或科学观，也不在于其本土契合性，而在于其只具有本土契合性的研究成果的跨文化运用。中国本土心理学的问题不在于其科学性或科学观，也不在于其外来继承性，而在于其研究活动和研究成果是否能够具有本土契合性。

二、心理学本土化的基点

与此不同的观点是，心理学研究本土化的立足点不仅在于揭示本土的心理行为及其脉络，而且在于怎样才能揭示本土的心理行为及其脉络。这就是心理学的科学观问题，涉及的是什么样的心理学或什么样的心理学研究方式才是合理的、有效的。对于这个问题的回答，答案就不只是心理学研究的本土契合性，而还应该是心理学研究的普遍科学性。心理学的本土化直接关系到心理学的科学化，或者心理学的本土化实际就取决于心理学的科学化。这可以分解为如下三个相关联的问题：为什么西方的实证心理学没有成为具有普适性的科学？为什么心理学本土化的发展目前面临的是建立科学规范？为什么中国本土心理学的贡献还应包括发展心理学的科学研究方式？

首先来看为什么西方的实证心理学没有成为具有普适性的科学。在西方实证心理学的早期发展中，心理学家有两个基本的追求：一是使心理学成为一门严格意义的实证科学；二是使心理学成为一门普遍适用的实证科学。而且，只有实现前一个追求，才有可能实现后一个追求。但是，为了实现前者，许多心理学家并不是从心理学研究对象的特性出发，而是简单地模仿其他相对成熟的自然科学门类。研究是以物理主义的观点看待心理学的研究对象，以使用实证方法作为衡量自身科学性的标准。这导致的直接后果是，对心理学研究对象的理解过于贫乏化和简单化，机械论和还原论十分盛行。正是在这样的基础之上，实证心理学家追求心理学的普遍适用性。显然，如此的普遍适用性抽取掉了人的心理行为的许多丰富的内涵。例如，抽取掉

---

① 杨国枢.心理学研究的本土契合性及其相关问题[J].本土心理学研究，1998(8)：75-120.

了人的心理行为的文化内涵。西方的心理学家是通过排除文化或文化的差异,来保证心理学研究的普遍适用性,而不是通过追究文化或文化的差异,来达到心理学研究的普遍适用性。后者正是心理学本土化运动追求的目标。西方的实证心理学之所以没有成为具有普适性的科学,表面上看是研究内容中的某种不足或缺陷,但深究起来则是研究方式上的某种不足或缺陷,而这正是根源于西方心理学家持有的实证科学观。这一科学观隐含在具体的心理学研究的背后,支撑着具体的心理学研究的进行。这一科学观又深植于西方文化中,是现代西方文化透显出来的生存论的关怀、认识论的原则和方法论的运用。西方心理学家也在反思和修正这一科学观,特别是在后现代的背景下和后现代的思潮中。

其次来看为什么心理学本土化的发展目前面临的是建立科学规范。中国心理学的本土化研究在一个比较短的时期里,取得了相当数量、相当重要的成果。中国心理学本土化的发展大致可以区分为两个阶段。第一个阶段可以称为保守的本土化研究时期,时段大约从 20 世纪 70 年代末期到 80 年代末期。第二个阶段可以称为激进的本土化研究时期,时段大约从 20 世纪 90 年代初期到现在。在保守的本土化研究时期,中国本土的研究者主要试图扩展西方心理学的研究内容,使中国心理学转而考察中国人的心理行为,但在科学观上并未能够超越西方心理学,或者仍然是受西方心理学的研究方式的限制。这个阶段的研究是以中国人为被试,但使用的工具、方法、概念和理论还都是西方式的。在激进的本土化研究时期,中国本土的研究者开始试图扩展西方心理学的研究方式,使中国心理学开始突破西方心理学的小科学观的限制,寻求更超脱的、多样化的研究方法和理论思想。这个阶段的研究力图摆脱西方心理学,舍弃西化心理学,以建立内发性本土心理学。但是,这个阶段的研究还带有相当的盲目性。研究更多样化,但更具杂乱性。研究带有更多的尝试性,而缺少必要的规范性。那么,当前的研究没有相对一致的衡量和评价研究的标准。正如杨中芳指出的那样,研究者对于如何深化本土心理学研究感到彷徨。① 研究者各做各事,自说自话,各种研究就像失去了连线的一串落地的珠子。更重要的是,为中国心理学的本

---

① 杨中芳.试论如何深化本土心理学研究[J].本土心理学研究,1993(1):122-183.

土化研究建立或设置规范。杨国枢的本土契合性的评判标准就是这样的努力,开创一种科学观则是更高的努力。

最后来看为什么中国本土心理学的贡献还应包括推进心理学的科学研究方式。无论是在中国本土心理学研究的保守阶段还是在激进阶段,杨国枢都是倡导者和引领者。早在1975年,杨国枢就开始思考心理学研究中国化的问题,并随之推动了心理学研究中国化的潮流。1988年,杨国枢赴美国访问研究时,痛感建立中国本土心理学的迫切性,进而鼓动摆脱西方心理学和放弃西化心理学,使本土心理学研究从保守阶段转入激进阶段。杨国枢也开始着手为本土化研究建立评判标准,进而提出本土性契合的概念。1996年,葛鲁嘉曾经指出杨国枢前后期的思想变化,杨国枢也都表示了认可。但是,当提出目前的中国心理学本土化研究应确立其科学观时,杨国枢则并不认可。杨国枢的理由是,没有必要事先确立什么样的研究是科学的或不科学的,即不应该限制而应该允许各种研究的尝试。此后,葛鲁嘉进一步的研究并没有放弃对心理学科学观问题的探讨,并认为拓展和变革西方心理学的科学观,非但不是对本土心理学研究的限制,反而正是为其拓展了无限发展的空间。这也正是把确立新的科学观称为大心理学观的含义。在本土心理学研究中,重要的、基本的是提出心理文化的概念,并依据这个概念去详尽地考察和比较西方的心理学传统和中国的心理学传统。所谓心理文化是由两个方面构成的,一是特定文化中的心理行为,二是特定文化中的探索方式。中国本土有自己的文化传统和心理文化,这同样也符合本土契合性的标准。中国心理学本土化的研究把本土文化中的心理行为纳入了自己的视野,却缺乏对本土传统心理学的研究方式的关注和探索。[①] 对此,已经有了初步的改变,并打算用以改造西方心理学的研究方式,以及用以规范对本土文化中的心理行为的研究。这不仅能够充实心理学的研究内容,而且能够拓展心理学的研究方式。[②]

当然,这并不主张,为心理学本土化研究确立一个更适当的科学观与确

---

① 葛鲁嘉.心理文化论要——中西心理学传统跨文化解析[M].大连:辽宁师范大学出版社,1995:28-29,48.
② 葛鲁嘉.中国本土传统心理学的内省方式及其现代启示[J].吉林大学社会科学学报,1997(6):25-30.

立一个本土契合性的标准,是不相关的或是相矛盾的。但是,可以认为,深入探讨和重新确立心理学的科学观,要比仅仅为心理学本土化研究或为本土化研究的程度设置本土契合性的标准更广泛更深切。心理学本土化的问题只能通过心理学科学化去加以解决。杨国枢对本土契合性的探讨相当全面系统,对于理解和把握心理学本土化的研究以及深化和提高本土化的程度,都具有重要的指导意义。但是,如果仔细深究的话,就可以发现本土契合性涉及的内涵都可以从心理学科学观中引申出来。心理学的科学观是对如何构造和发展心理科学的基本设定,这可以是隐含的前提,也可以是明确的前提。或者,心理学家可以是不自觉地在运用,也可以是自觉地在运用。科学观体现为心理学家采纳的研究目标,以及为达成研究目标而采纳的研究策略。科学观决定着对心理学研究对象的理解,也决定着对心理学研究方式的确定。

三、心理学本土化的预设

从心理学的科学观中,可以引申出三个方面的基本内容:一是对心理科学研究对象的基本性质的预先设定;二是对心理科学研究方式的基本性质的预先设定;三是对研究者与研究对象关系的基本性质的预先设定。杨国枢所说的本土契合性涉及的也正是这三个方面的基本内容。

首先是对心理科学研究对象的基本性质的理论预设。心理学研究对象的性质实际决定着心理学研究活动的性质。心理学家必须从人类心理的独特本性出发,而不是凭空地或随意地从事自己的研究活动。但是,人类心理的本性并不是昭然若揭的,心理学家通常拥有的是对人类心理本性的基本预设。西方心理学的主导科学观接受了传统自然科学中物理主义和机械主义的世界图景。心理学家也把人的心理行为类同于其他的自然物,将其仅仅看成是客观性的、机械式的存在。这必然导致的结果是:心理学以对待自然物的方式来对待人的心理。这既是西方主流心理学获取科学性的途径,也是其缺乏科学性的根源。杨国枢提出的本土契合性的看法,也是立足于对人类心理本性的理解。他采用的是文化生态互动观,以及人类—环境互动论,从人与环境互动的角度来理解人的心理行为。显然,最重要的是考察心理学学科,并为心理科学制定新的发展方略。但是,这应该奠基于考察人类心理的本性,应该着手探讨人的心理生活。尽管人与环境是互动的关系,但是人之所以能够与环境结成特定的关系,就在于人类心理的特殊性质。人类的心理既是自然的存在,也是自觉的存在。这使人类心理既是客观性的存在,也是主观性的存在。这也同样使人类心理既受自然生态环境的制约,也创造带来自身发展的社会文化历史。

其次是对心理科学研究方式的基本性质的预设。心理学研究方式的性质决定了对人类心理的可能的揭示和干预。心理学家采取什么样的研究方式,就会得出有关人类心理的什么样的研究结果。无论心理学家采取什么研究方式,都会有对该研究方式的隐含或明确的预设。西方心理学的主导科学观倡导的是实证的研究方式,研究者必须原样再现人类心理。这重视和强调的是操作定义的理论概念、客观精确的实验方法和严格控制的技术手段。从表面上看,这是把研究者当成是纯净的、空白的,并割除或阻断了研究者有可能带入研究的社会文化历史的蕴意。但实际上,一方面,这种揭示和干预人类心理行为的理论、方法和技术本身就是一种特有的文化方式;另一方面,研究者仍然会以各种形式把社会文化历史的含义带入自己的研究。杨国枢提出的本土契合性的标准探讨了研究者之日常心理及行为、研究者之本土化研究活动和研究者之本土化研究成果之间的关系。这对研究活动(包括研究方法的设计、理论概念的建构和技术手段的运用等)和研究成果(包括本土化的研究发现)采取了十分宽容的态度,只要能够高度地配合、符合或吻合研究的对象,以及能够有效地反映、显露、展现或重构研究的对象,就可以采纳。其实,心理学的研究方式可以更开放。这既可以是客观的研究,也可以是与被研究对象共有的构筑活动。这种构筑活动的结果不仅可以展露人类心理,而且可以带来人类心理生活的变化和创造。

最后是对研究者与研究对象关系的基本性质的预设。这种关系的预定性质决定着心理科学研究对象的预定性质,也决定着心理科学研究活动的预定性质。西方心理学的主导科学观分离了研究对象和研究者,或者分离了研究客体和研究主体。研究客体是已定的存在,是客观的现象。研究主体则是如实描摹的镜子,是冷漠的、中立的旁观者。这样的分离是基于异己的自然物与人作为认识者的区分。但是,心理学的研究对象与研究者具有共同的性质。两者可以按照研究对象与研究者加以区分,也可以形成超越这种区分的特定联系。杨国枢所说的本土契合性则直接涉及的是研究者与被研究者之间的一种密切关联。研究者与被研究者可以处于共同的生态—经济—社会—文化—历史的脉络中，或者拥有共同的生活。被研究者的心理行为会随其脉络而有所变化，研究者也会受所处脉络的影响、制约或决定，并将其渗透到实际的研究活动和研究结果中。那么，在心理学的研究中，研究者与被研究者也可以是一体化的，这就是心灵的自我超越活动和自我创造活动。这不仅是个体化的过程，而且是个体超越自身的过程。这不仅是心灵的自我扩展，而且是心灵与心灵的共同构筑。正是在这种共创中，才呈显出科学追踪的道体。

当本土化成为中国心理学发展的明确目标之后，为本土化确立一个标准就十分必要和特别重要。但是，本土化目标的达成不仅在于本土化，而且在于科学化。中国本土心理学应该内含科学精神，也应该为发展这种科学精神作出贡献。这也正是规范化、科学化或科学观的真正意义所在。

第三节　心理学本土化的发展

在心理学本土化的潮流和进程中，本土心理学一直都面对着一系列重大问题和相应演变，体现着一系列重要进步和可能趋势。因此，心理学本土化不仅要关注过去、历史和传统，而且要关注未来、预见和趋势。这对于中国本土心理学的创建和发展来说，也同样是非常重要的。

一是本土心理学的定位与多元。心理学的本土化，就是为了建构植根于特定文化土壤中的心理学。文化既是多样性的存在，又是独特性的存在。西方心理学的研究者曾一度把西方文化中的心理学当成是唯一合理的心理学，而对其他文化传统中的心理学要么视而不见，要么极力排斥。[1][2] 但事实是，在不同的文化传统和文化历史中，确实存在着不同的本土心理学。因此，本土心理学是多样化的心理学，是多元化的心理学。正是由于不同的文

① 叶浩生. 西方心理学研究新进展[M]. 北京：人民教育出版社，2003：186.
② 郭本禹. 当代心理学的新进展[M]. 济南：山东教育出版社，2003：170.

化背景、文化环境、文化历史、文化传统、文化条件,才给本土心理学的发展带来了各种可能和形态。

二是本土心理学的隔绝与交流。心理学的本土化进程导致心理学与本土文化建立起了密切的联系。但是,不同社会文化之间的差异和区别,很容易造成不同的本土心理学之间的相互隔绝和相互分离,甚至是相互对立和相互排斥。不同的本土心理学之间的交流成为重要的任务。其实,任何的交流都要有共同的基础。寻找共同的基础,就成为本土心理学之间进行有效交流的重要任务。多元文化之间的关系实际上也决定着各种不同本土心理学之间的关系,多元文化之间的隔绝与交流也直接导致各种不同的本土心理学之间的隔绝与交流。

三是本土心理学的根基与资源。心理学本土化的一个非常重要的目的,就是建立起心理学与文化根基和社会资源之间的关联,就是为了使心理学植根于本土文化与社会的土壤。其实,心理学的研究常常处于资源短缺的状态。这并不是说心理学没有或者缺乏相应的社会文化资源,而是说心理学并没有意识到或自觉到自己的社会文化资源,并没有去挖掘和提取自己的社会文化资源。中国文化传统中蕴藏着的丰富的心理学资源,没有得到充分的挖掘和利用。心理学的发展需要资源或文化资源。西方心理学就是植根于西方的文化传统中,从本土的文化资源中获取了心理学的发展动力和研究方式。中国心理学的创新和发展也同样应植根于中国的文化传统中,从本土文化资源中获取心理学的发展动力和研究启示。

四是本土心理学的传统与更新。任何根源于本土文化的心理学发展,都有自己的历史传统。心理学的生存和演变不可能完全放弃或脱离自己的传统,或者心理学的发展和变革都是在传统的基础上进行的。但是,心理学的发展又必须是对于传统的超越,必须是基于传统的更新。例如,在中国的文化历史中就有着十分重要的心理学传统,那就是心性心理学。在中国的文化传统中,不同的思想派别有不同的心性学说,不同的心性学说发展出对人的心理的不同解说。中国心理学在 21 世纪的发展,应该是在汲取中国本土文化资源基础上的心理学创新。在传统的心性心理学基础上的心理学创新,可以将其命名为新心性心理学。新心性心理学是以探讨和揭示心理资源、心理文化、心理生活、心理环境、心理成长和心理科学为目标,是以开创和建立中国本土的心理学学派、思想、理论、方法、技术和工具为己任，是以推动和促进中国心理学的创新、创造、突破、建构、发展和繁荣为宗旨。①

五是本土心理学的分裂与融合。当代心理学从诞生之日起，就一直处于四分五裂中。心理学能否统一和怎样统一是心理学发展面对的重要课题。心理学的不统一体现在了价值定位方面，即心理学是不是价值无涉的科学。价值无涉是指中立和客观的立场，这要求研究者不能把自己的价值取向强加给研究对象。价值涉入则是指价值的导向和定位，这强调研究者与研究对象的一体化，突出人的意向性和主观性，重视人的自主性和主动性。心理学的不统一也体现在了理论、方法和技术方面。心理学理论的不统一在于心理学拥有不相容的理论框架、假设、建构、思想、主张、学说、观点、概念等。心理学方法的不统一在于心理学容纳了多样化的研究方法，而方法之间有着巨大的差异和分歧。心理学技术的不统一则在于心理学进入现实社会、引领生活方式、干预心理行为、提供实用手段的途径和方式的多样化。心理学的不统一并不在于多样化，而在于多样化的形态和方式之间相互排斥与倾轧。随着心理学的进步、发展和成熟，促进心理学统一就成为重大的问题和目标。心理学有过各种统一的尝试，这包括知识论的统一、价值论的统一和知识与价值的统一。心理学统一的关键是建立共有的科学观。正是不同的科学观导致或形成不同的心理学。心理学科学观涉及心理科学的边界和容纳性，理论构造的合理和合法性，研究方法的可信和有效性，技术手段的限度和适当性。

第四节　心理学本土化的创新

心理学需要创新，本土心理学更需要创新。任何一个学科的发展，都是建立在学科的不断创新的基础之上，都是依赖于学科研究者的创新精神、创新意识和创新研究。在心理学的研究中，有心理学的理论、方法和技术的划分。尽

---

① 葛鲁嘉. 新心性心理学的理论建构——中国本土心理学理论创新的一种新世纪的选择[J]. 吉林大学社会科学学报，2005(5)：140－149.

管方法和技术在心理学研究中是非常重要的方面,但是理论具有定向、导引、规范的作用。在心理学的思想探索和理论研究中,心理学的基本理论是核心的部分。因此,心理学的创新或原始性创新就应该集中在基本理论创新的方面。

理论心理学成为心理学的学科分支,既是心理科学发展历程的需要,也是心理学科不断完善的标志。理论心理学的兴起表明,心理学已开始拥有自己的理论框架,已开始寻求自己的理论根基,已开始致力自己的学科统一,已开始确立自己的学科地位。建构理论心理学的内容体系,就应该汇聚心理学学术研究的理论资源,迎合心理学学术发展的历史潮流,扶持高素质的理论心理学家,开展更深入的理论研究,推动更活跃的理论创新,确立本土理论心理学的发展道路,建构本土理论心理学的基本框架。

心理学作为一门学科,一直都有自己的理论学说、理论建构、理论发展。但是,把心理学的理论探索汇聚在理论心理学的学科门类之下,并支撑心理学的学术体系,这是心理学学科成熟的重要标志。作为一门新兴的心理学分支学科,理论心理学是从非经验的角度,以理论思维的方法,对心理学研究中的基本问题进行探索。这些问题不仅包括心理现象发生、发展的一般规律,而且包括心理学自身的学科问题,如心理学的学科性质,心理学与其他学科的关系,心理学的方法论问题,包括研究方法的指导思想、理论的评价标准、方法与对象的关系,等等。前者构成了理论心理学的实体理论,即关于意识和心理的特性以及各种具体的心理现象和心理过程的理论;后者则构成了心理学中的元理论,即通常所说的基本理论。基本理论是心理学理论与方法的指导思想和指导原则。建构理论心理学体系,应同时包括实体理论和元理论两部分。

在心理学的众多学科分支当中,理论心理学研究具有的最基本最直接的功能,是对当代心理科学发展的引导和促进的作用。这可以包括四个基本而重要的方面:一是构建心理学的理论基础,强化心理学的基础研究;二是促进心理学的理论创新,搭建心理学的创新平台;三是推动心理学的学科统一,提供心理学的统一前提;四是强化心理学的应用研究,实现心理学的社会价值。[①]

① 葛鲁嘉.理论心理学研究的理论功能[J].山西师大学报(社会科学版),2005(4):1-5.

　　中国本土心理学的基本理论的创新是需要自己的文化、历史、学术、思想、理论等资源的。或者,中国本土心理学的基本理论的创新应该有自己的深厚根基,应该是在本土的文化传统中生长出来的。在延续自己的文化传统中进行基本理论的创新,才是中国本土心理学的根本之道。在中国心理学的发展道路中,其基本理论基本上都是复制和抄袭西方的心理学,也曾经有过对苏联的心理学的全盘照搬和接受,也曾经有过按照意识形态的要求对心理学的批判和改造。从历史的创痛和悲剧中脱离出来,中国本土的心理学需要走自己的道路,需要在自己的道路上迈向国际化。因此,翻译、引进、介绍、复制和照搬,都不是合理化的心理学发展道路,而只有学术创新才会带来中国本土心理学的发展。在心理学的创新中,基本理论的创新是最根本的、最重要的,甚至决定着心理学的研究方法创新和技术工具创新。

　　中国本土文化中的心理学传统就是心性论,这实际上是一种古老的哲学。这种心性论包含了一种独特的心理学传统,这也可以称为心性心理学,但这仅仅是传统意义上的古老的心理学。中国本土心理学在新世纪的发展并不是要回复到原有的老路上去,而是在汲取中国本土文化资源基础上的创新,所以将其命名为"新心性心理学"。

　　新心性心理学应该是一种全新而独特的心理学探索,应该是一种立足传统又超越传统的学术追求,应该是一种学术的创新和创造的活动。对于中国当代心理学的发展来说,引进、翻译、介绍、解释、评价、引申等,都不是中国当代心理学的根本任务。只有在传统资源基础上的创新和突破,才是中国本土心理学的必由之路。新心性心理学的基本内涵和基本主张包括如下五个方面。

　　第一,新心性心理学对心理学学科的理解有一个基本变化。心理学从成为独立的学科门类开始,就一直是按照西方文化中的科学观来约束自己,把只有符合这一科学观的心理学研究看作是唯一合理的心理学。[①] 如果按照这样的标准,那么在中国本土的文化中就没有心理学,或者中国的文化创造中并没有自己的心理学传统。新心性心理学则力图变革心理学原有的实证主义的科学观,即打破原有的小科学观而确立一个大科学观,即破除原有

① 葛鲁嘉.大心理学观——心理学发展的新契机与新视野[J].自然辩证法研究,1995(9):18-23.

的封闭的科学观而确立一个开放的科学观。心理学的大科学观，就是心理学的开放的科学观，就是要开放心理学的边界，使心理学的发展能够吸纳更广泛的资源，从而为心理学的创新性发展确立新的规范。

第二，新心性心理学使心理学的研究次序有一个基本变化。心理学原有的研究次序是基础研究和应用研究，也就是先有基础研究，然后才有应用研究；或者，在研究方法、理论建构、技术干预这三个方面的次序上，是先有研究方法，然后才有理论建构，最后才有技术干预。这就是传统的心理学研究的次序。新心性心理学则反转了上述次序，先有应用研究，然后才有基础研究；或者是先有技术干预，然后才有理论建构，最后才是方法检验。这种新的研究次序显示，新心性心理学强调的是创造和创生，是人的心理的创造和创生。人的心理是创造性生成的过程，这种创造也是"无中生有"的历程。心理学的技术、理论和方法是按照人的心理行为的创造性生成的性质来确定的。

第三，新心性心理学对心理学研究对象的理解有一个基本变化。在心理学成为独立的学科门类之后，就把心理学的研究对象确立为心理现象。无论是把心理现象理解成意识，还是理解成行为，心理现象的含义都是相同的。这种含义就在于，心理现象是由心理学研究者的感官捕捉到的、把握到的。这至少是建立在如下两个前提假设基础之上的：一是研究对象与研究者的绝对分离，研究对象是与研究者无关的存在，或者是独立于研究者的存在；二是研究者感官经验的真实性、确证性和无疑性。这就是说，只有能够被心理学研究者感官把握到的，才能够成为心理学的研究对象。在心理学的发展历史中，就出现过行为主义学派把人的心理意识排除出心理学的研究对象，而把人的行为当作心理学的研究对象。其中的原因就是，人的意识无法被研究者的感官捕捉到，而只有人的行为才能够被研究者的感官捕捉到。但是，人的心理有一个基本的性质，那就是觉。无论是觉知、觉察、觉悟、觉解，还是感觉、知觉、警觉、自觉，都体现了人的心理的这一最基本的性质。觉是心理学的研究中最难以把握的。觉是只有时间的维度，而没有空间的维度。或者，觉不占有空间，只会随着时间而流变。所以，在心理学诞生为独立的学科门类之前，德国哲学家康德就曾经断言，心理学不可能成为实证的科学，就因为人的心理不占有空间，只是随着时间而流逝或变化，无法被研究者的感知完整地把握到。新心性心理学则将心理学的研究对象理解为心理生活,心理生活的核心特征就是创生性,是创造性生成的活动和过程。这也是觉的最根本的性质。

第四,新心性心理学对心理学研究方式的确立将有一个根本变化。这包括重新确立心理学的研究立场,重新构造心理学的研究纲领,重新思考心理学的概念理论,重新组合心理学的研究方法,重新打造心理学的技术手段。这是对心理学进行全新改造的一种大胆尝试。任何的学术研究都应该有自己的学术根基、学术资源、学术传统、学术空间和学术目标。新心性心理学也同样是如此。在中国心理学的本土化历程中,最艰难的过程就是能够在心理学的研究方式上促成重大的变革。当然,这不是要否定原有的研究方式和研究传统,也不是要否定原有的研究积累和研究历史。这实际上就是要寻求新的可能、新的视野、新的尝试、新的创造。这是对心理学研究方式的一种扩展,去重新定位心理学的学科位置和学科追求,去重新确定心理学的学科性质和学科身份。

第五,新心性心理学对心理学研究目标有新的思考和新的设定。心理学的学科存在和学术研究,不仅是关于研究对象的描述和说明,而且是关于人类心理和心理科学的全面的建构、创建、生成的活动。新心性心理学的理论建构是要生成新的心理生活,新的心理学科,新的发展道路,新的创造平台。那么,心理学的学术目标、学科目标、研究目标、发展目标,都应该在一个新的基础上重新构想。这就是在整体思路和框架上,为本土心理学设计和设想一个更适合中国的成长目标和前行路径。把心理学的研究目标确定为创造性的或创新性的活动,会给心理学的研究或探索提出一个更高的要求。这会使中国心理学的发展去追求创新性、创造性,去追求原始性的创新、原始性的创造。

第五节　本土心理学的资源化

科学心理学诞生和独立之后,许多心理学家就认为,科学形态的心理学已经和必然与其他形态的心理学划清了界线,其他形态的心理学都已经成为历史的垃圾,只有现代意义上的科学形态的心理学成为唯一合理的心理学。其实,这是一种谬误。各种不同形态的心理学不仅有其独特的历史意义和价值,而且有其重要的现实意义和价值,并且有其独特的未来意义和价值。现代的科学心理学实际上并没有简单地清除和埋葬了其他形态的心理学。各种不同形态的心理学实际上都是心理学的资源,这些资源仍然存在着,并在特定领域里发挥着各自的作用。只要有效地开发和利用这些不同形态的心理学,就会推动和促进科学心理学的发展与进步。

不同形态的心理学对当代心理学发展的实际意义和基本价值主要体现在四个方面。一是提供了考察和透视人的心理行为的非常独特的角度、视域、视界和眼光。这为全面深入地理解人的心理行为带来了可能。任何一种心理学传统都是在特定的方面或层面去理解人的心理,尽管带有片面性,但却具有独特性。不同的心理学形态给出的都是关于人的心理行为和关于心理学探索的系统化的解说和理解。这无疑会在许多不同的层面或侧面去启发或启示科学心理学的探索。二是提供了说明和解释人的心理行为的非常独特的概念、理论、思想和学说。不同形态的心理学都形成了一系列独特的基本概念、理论解说和思想框架。其中有着说明人的心理行为的多样的内涵和意义。这些内涵和意义都是在人类长期的生活实践、理论解说、研究探索和思想推论中累积和积淀起来的。而且,这以各种不同的方式进入到关于人的心理行为和关于心理学探索的理解中。这些概念、理论、思想和学说就成为心理学发展的重要理论资源。三是提供了了解和揭示人的心理行为的非常独特的方式和方法。如中国文化传统中的儒家、道家和佛家都提供了特有的心灵内省的方式和方法,或者都提供了体证、体验和体悟的方式和方法。这不仅是心灵认识自身的方式和方法,而且是心灵改变和提升自身的方式和方法。心理学的研究需要自己的方式和方法,并通过这些方式和方法来认识和改变自己的研究对象。四是提供了影响和干预人的心理行为的非常独特的技术、工具、手段和技能。任何一种心理学的传统或形态,都有其改变或提升人的心灵的技术、工具、手段和技能。这也为人类掌控自己的心理和行为提供了可能。尽管这些独特或不同的技术、工具、手段和技能有着非常复杂的产生理由和存在根据,但是都有可能实现着对人的心理行为的影响和改变。

从上述来看,心理学的发展其实拥有非常丰富和深厚的文化历史资源、思想理论资源和学术创新资源。丢弃、放弃、抛弃和舍弃这些资源,是心理学自身发展的一种不幸。任何的心理学创新,都不是简单地空想,而应该广泛地获取重要的资源,也应该更多地吸收可能的营养。这是心理学创新的必由之路。中国心理学的发展不仅缺少创新,而且缺少创新的根基,缺少对创新根基的认识、理解和把握,缺少对创新资源的挖掘、提炼和再造。这就是探讨心理学各种形态的基本价值和实际意义。

确定了什么是心理资源,就可以进一步去确定心理资源有哪些种类。怎样去区分这些不同种类的心理资源,怎样去界定心理学的不同形态,怎样去解说特定心理学形态的基本内容,这都是可以通过心理资源的分类来了解和理解的问题。心理资源包含着不同形态的心理学,即常识形态的心理学、哲学形态的心理学、宗教形态的心理学、类同形态的心理学、科学形态的心理学和资源形态的心理学。

心理资源是心理学传统中的历史积淀,也是心理学发展中的现实状况,也是心理学未来中的可能走向。心理资源本身是多样化的存在,是多元化的形态。问题就在于,怎样对心理资源进行分类考察和探索。这就会涉及对心理资源进行分类的尺度和标准。对心理资源类别的区分和界定,是清晰明确地认定和提取心理资源的最基本前提。可以说,心理资源的分类是一个很难确定尺度和标准的任务。到底可以按照什么来区分和界定心理资源,可以把哪些心理学的历史探索或历史传统看作是心理资源,传统资源是以什么方式产生和存在的,等等,这都是对心理资源进行分类的尺度和标准的问题。

研究者可以是按照人的生活领域、思想领域、学术领域来对心理资源进行界定和分类。其实,在不同的生活领域、思想领域、学术领域,产生和延续了不同的心理学历史形态、现实形态和未来形态。对心理资源的探索,实际上可以界定为对心理学的历史、现实和未来形态的考察和探索。

人的生活、日常生活、社会生活和心理生活,都会积累、积聚和积蓄重要的心理学资源。在现实生活中,人对于自己的、自身的、他人的、群体的和社会的心理行为,都会有着自己的解说和解释。这种解说和解释会遵守特定的原则,会运用特定的概念,会形成特定的理论。生活的形态、日常生活的形态,会蕴含着丰富和重要的心理学资源。尽管日常生活并不是学术本身,但是学术探索可以在日常生活中获取特定的学术性资源。心理学的研究和发展,也要面对着日常生活的资源。这种资源的挖掘和获取是心理学发展非常重要的环节。

无论是在常人的生活中,还是在学者的探索中,都会有思想活动、思想累积、思想传统和思想继承。这就是人的活动的思想领域。任何思想,包括学术思想,都是人类的历史财富。思想会以理念或观念的方式构成人类生活和人类社会的支撑。其中就包含、包括和包容着有关人的心理行为和有关心理学探索的各种思想。思想领域,心理学思想领域,都是心理学研究和发展不能够且不应该忽视和忽略的。思想资源、心理学思想资源,不仅是历史的过程、理念的过去、传统的延续,而且是发展的基础、创新的来源、学术的积累。

学术活动、学术创造、学术传统都属于学术的领域。心理学是学术的探索和学术的创造,有自己的学术传统和学术传承。学术资源、心理学学术资源,也是心理学学科进步的重要学术基础。可以按照心理学的学术领域来划分心理学的资源。在不同的心理学学术探索中,会遗存着重要的学术传统。这不仅是心理学的历史过去,而且是心理学的现实资源,预示着心理学的未来发展。

对心理学的资源进行分类,就是把心理学学科放置在特定的历史、现实和未来的基础上,进行更系统更深入地梳理和考察。了解心理学及其发展和基础,挖掘和提取心理学的资源,是非常重要的学术性工作,也是非常重要的学术性事业。

在心理学的研究中,关于心理资源的考察应该成为重要的内容,应该引起心理学研究者高度的重视。当然,如何考察心理资源是首先要确定的问题。心理资源的考察涉及考察的视角、考察的学科、考察的内容、考察的方式和考察的结果,这是关系到心理资源研究的方法论问题。

第五章 全球化的心理学资源

当代社会文化的发展,当代科学技术的发展,当代心理科学的发展,都已经和正在经历着全球化的浪潮。全球化有着特定的含义。关于心理学全球化,涉及的是心理学全球化的出路、影响、研究和资源。无论是哪个方面经历的全球化,包括心理学发展和进步经历的全球化,都同样会带来重要的资源。

第一节 心理学全球化的潮流

在许多研究看来,全球化既是产生全球性问题的历史前提,又孕育着解决全球性问题的可能性。首先,世界范围的人类总体相关性的强化,有可能培养一种全球视野和全球意识,使人们超越狭隘的地域、民族、国家、个人的利益,而达成某种合作或者共识;其次,人类普遍交往活动的不断深入和拓展,作为人们的实践层面上的博弈关系的展开,也有可能形成一种相互制约的机制,从而建立起建设性的对话关系,以最大限度地弱化人与自然、人与社会、人与自我之间的冲突。就此而言,可以有非常充分的理由保持谨慎的乐观。①

有研究对不同学科视野中的全球化概念进行了考评。在经济学、政治学、文化学、社会学等不同学科看来,全球化具有不同的含义。首先是经济学视野中的全球化。经济学可能是使用全球化一词最多的一门学科,在许

---

① 何中华.关于全球化的文化反思[J].山东社会科学,2001(1): 50-53.

多经济学家看来,全球化似乎就是指经济全球化、世界经济一体化,这或许与经济全球化是当今全球化中最突出的特征有关。其次是政治学视野中的全球化。政治学中,尤其是国际政治学中,所使用的全球化概念是从相互依存概念演化而来的。人们生活在一个相互依存的时代,世界政治的性质在发生着变化。再次是文化学视野中的全球化。文化学视野中的全球化概念是同关于世界文化、全球文明的争论紧密相关的,并在 20 世纪 80 年代后期作为一个批评概念而出现。在文化学家看来,全球化就是指在世界范围内起作用的文化的生长与加速发展的复杂的整体过程,特别是世界整体意识和全球文明的形成过程。全球文化不是世界各国文化的大杂烩,而是正在趋向并逐渐形成世界统一化的国际文化或者全球文明。最后是社会学视野中的全球化。由于学科本身具有的整体性、综合性特征,社会学在对待全球化概念的界定上总是试图从政治、经济、文化等多种角度来全面整合全球化概念表达的真实内涵,并用这个词来形容工业化、都市化在全球普及后带来的各种社会同构现象。①

　　有研究指出,当今世界的发展正在面对或面临着日益突出的国际化趋势,国际社会的联系日益紧密,地球已经成了"地球村",同时也面临着越来越多的全球化的经济问题、社会问题、环境问题等。② 这些问题已经不单单是某一个国家或民族各自的问题,而是整个人类面对的共同问题。全球化是人类社会遭遇到的一个共同趋势、共同背景、共同演变。在这样的趋势、背景和演变下,心理学正经历着一个重大的历史性转变,即由只关心单一文化背景转向多元文化的融合,由方法中心论转向问题中心论,由单一理论转向复合理论。心理学并不能回避现实问题,要使心理学的研究具有现实性,必须以研究的问题为中心。抛开传统的理论派别之争,摒弃对抗,一切围绕解决现实问题展开,这就是心理学全球化的基本内涵。

　　人类的生存与幸福已经越来越紧密地同全球性的经济、政治、社会和环境问题联系在了一起。没有哪个国家能在自我封闭中健康地发展。几乎所有的事件都已经被纳入到全球的范围,全球的事件就是本土的事件。单一

①　文军.西方多学科视野中的全球化概念考评[J].国外社会科学,2001(3):43-50.
②　周宁.心理学的全球化趋势[J].西北师大学报(社会科学版),2000(4):18-22.

的文化,单一的理论和单一的方法已不足以解决越来越多的国际化问题。全球心理学应该具有四个特点:一是关注全球社会化的进程。全球性的事件正在成为世界范围的社会影响,并造成了新的社会进程,这种社会化是全球性的。这对人的心理行为以及社会化的成长进程产生了不可估量的影响。这需要心理学来关注。二是打破种族与文化的偏见。各种不同的民族文化都是平等的,而且现代社会呈现出多民族、多文化的特点,没有哪一种文化是所谓的主流文化。传统的西方文化已经没有任何理由成为世界的主导。整个世界趋向多元化,心理学也应走综合研究的道路。三是创造和发展本土心理学。每一种文化都有其独特的心理生活,所以有必要去关注本土文化的影响。本土心理学的研究是整个心理学发展不可缺少的,但是本土心理学并不是心理学研究的最终目的。心理学要取得学科上的统一性,必须超越本土心理学。四是以问题为中心的探索。这是全球心理学的本质特征。现代社会已经不再是一极化的世界,社会生活的各个方面都呈现出多样化的特点。心理学的理论建设也是如此。心理学应该告别以研究方法为界限的单一理论体系时代。人类的心理生活不是一幅简单的画面,任何单一的理论想全面解释这幅画面都是不可能的。以问题为中心,就必须打破理论界限、学科界限。只要能解决问题,采取何种理论、何种方法都可以。全球心理学应该走复合理论的道路,这种理论不以研究方法为界限,只有这样的理论,才能适应国际性的问题。这采用的是多学科与跨学科的定位,具有复合性,没有明确的学科边界。

心理学的全球化意味着,心理学的探索和研究不再是局部的、本地的、单一的和狭隘的,而是全局的、普适的、多元的和宽广的。心理学的探索和研究会涉及和汇合到一个更大更广的进程中。这决定了心理学的探索和研究会在更广更宽的范围中产生影响和效益。

第二节　心理学全球化的出路

全球化是一种起源于资本主义市场经济活动的世界性运动。自从地理大发现以后西方列强进行大规模的殖民掠夺和殖民贸易开始,全球化进程便得以启动并日益加速。至新千年伊始,全球化浪潮已是汹涌澎湃,席卷地球上的每一个国家、地区和民族,预示着人类社会已经开始进入真正而全面的全球化新时代。

全球化既是一个经济范畴又是一个社会范畴,主要是指各种资源和要素在全球范围内的高速流动、高效配置和高度利用,人类活动及其成果与效应在全球范围内的全面互动、整合与协同。全球化作为一种人类现代化发展运动,包括两个相反相成的互动过程:一是局域的全球化,即世界各个局部区域主体(国家、地区、民族等)竞相参与全球活动、输出全球(所需)资源、产生全球影响的过程;二是全球的局域化,即全球的经济、政治、文化等变化会影响到每个局部区域,任何一个国家、地区和民族都不可能置身于世界的影响之外。

经济与文化是相互依托和支持、相互表征和对应的。随着生产要素的全球配置、国际资本的全球流动和世界市场的统一形成,不同国家和地区的各种类型的文化之间必然在全球范围内发生交流、碰撞和融合。不同文化的交汇与碰撞会加剧文化的新陈代谢与优胜劣汰,引发某些狭隘民族主义思潮和文化霸权主义行为,但却不可能造成文化的整齐划一和同质化,其结果必然是在对立中走向统一,经过冲突达到整合,实现多元化的和谐共处和生态平衡。①

有研究认为,多元文化心理观是全球化语境下心理学观的选择。心理学的分裂与统一纷争由来已久。事实上,以心理学观为视角,心理学统一与分裂的论战从根源上讲,其实就是心理学观之间的论争。当代全球化语境下,支配和引领心理学发展的应该是多元文化心理观。多元文化心理观不是要彻底否定现在的心理观,而是以文化框架作为审视心理学的深度视角,扩展现有的心理学观的边界,从而为心理学带来更为宽广和更具深度的研究视野。

多元文化心理观是在全球化语境下心理学分裂与统一论争中作出的一种当然选择。这体现出一种包容的文化心态和多元的整合观点。将"多元文化"这一术语置于"心理观"前面,是对心理学当前的多元文化特征与时代

---

① 王忠武. 试论全球化的基本内涵及其表现[J]. 东方论坛(青岛大学学报),2001(1):71-73.

精神总体的概括和认识,也是对现有心理学观的理性反思、认同与思维界域的进一步拓展,其核心精神就是主张放开眼界,欢迎和接纳一切能够推动并促进心理学建设和发展的活动方式,尤其注重心理学的现实化研究方式,注重文化框架的搭建,考察人与文化之间关联的意义。①

心理学全球化的历程有可能导致一个重要走向,那就是心理学的研究不可能在封闭的状态下进行,也不可能只是对局部的生活和区域的文化产生影响。心理学本土化的研究必然要面对着一个更宏大的范围,也必然要被整合到一个更大的框架中。心理学本土化只有与心理学全球化相匹配、相合流,才能够具有更大的价值和更广的影响。这也就意味着,心理学的本土化实际上有两对重要的关系,一个是心理学本土化与心理学科学化的关系,一个是心理学本土化与心理学全球化的关系。这两对关系并不是等同的。

第三节 心理学全球化的影响

有研究把多元文化心理观看成是全球化语境下心理学观的选择。② 心理学作为一种文化形式,其发展的全球化态势已成大势所趋。心理学作为奠基于文化根基之上的人类特殊活动形式,在文化全球化语境下,心理学活动深受其赖以存在和发展的文化传统的制约,从价值到风格,从内容到文化,从方法到哲学思潮,从习俗到理论演化,都深深地打上了文化烙印。很难说哪一个心理学形式比另一个更科学,更先进,更符合人类心理特征。不同的心理学研究都是在各自文化传统内,为着不同的心理生活需要,形成和构筑更加彰显文化传统,更能理解和解释人们心理生活的心理学。

即便在全球化语境下,当代社会依然进入到了多元文化社会。多元文化论强调文化的多样性与价值的平等性,认为所有文化群体和各种类型的文化价值观都可以在平等基础上对话和沟通。心理学观作为在各自不同文

①②   吕晓峰,孟维杰.多元文化心理观:全球化语境下心理学观的选择[J].山东师范大学学报(人文社会科学版),2010(3).

化背景下形成的对心理学有不同解读的文化理念和文化精神,其实也是文化语境的产物。不同的文化背景会产生不同的心理学观,心理学实证科学观如此,其他的心理学观亦是如此。不同文化背景之间的纠结与碰撞,直接导致并推动了各种心理学观之间的论争和质疑,心理学观之间的论辩也推动了心理学实现不同角度的理解。

在全球化语境下,多元文化心理观为心理学发展无疑提供了更宽泛更包容的理解,这种心理观支配和引领了心理学统一与分裂论战的走向,并为未来的心理学的整合提供了思想和观念上的基础与可能。

有研究在考察心理学全球化的趋势时,探讨了心理学全球化的影响。[①]全球化心理学反对某一文化中的心理学的优势地位或霸权主义的强权做法,除非其目的在于为描述、理解、表达和预测由变化着的全球性事件和影响引起的相应心理表现提供一种明确观点。这也反对由任何强权施加的不平等,倡导心理学研究的多样性。

全球化心理学研究的课题或主题是全球性的,主要包括:贫穷与国家发展、移民及难民、暴力与攻击、国际和平、种族战争与压迫和城市化等方面有关的心理问题及本土心理学研究等。全球化心理学同时还倡导心理学者参与国际性的组织或活动,如世界卫生组织、国际社会科学委员会等。在方法论方面,全球化心理学以后现代主义哲学,如女权主义理论、社会建构论、新理性主义和解释学等为基础。尽管这些哲学思潮、流派或理论之间有区别,但也有基本的相同之处,即都强调研究者本人的观点和解释的重要性。

全球化心理学的基本特征:一是以多元文化理念为思想基础。可以认为,多元文化理念是全球化心理学的基础和特征。二是以本土心理学为中介。本土心理学反对主流心理学的去文化的研究范式,主张将人类行为和心理过程置于一定的文化背景中进行解释和分析。其目标之一是从处于一定文化背景中的人的观点出发,探究有关行为模式和心理表现,立足文化特异性资源,研究的课题必须是富有意义和语境化的,强调心理学的文化契合性和以问题为中心。三是蕴含着强烈的整合意向。全球化本身就包含着整合性和普遍性。从历史辩证法的角度来看,整合性和普遍性的前提是对多

---

① 郑荣双.心理学全球化的趋势[J].心理科学进展,2003(4):469-474.

样性、特殊性和个别性的承认和接纳。依历史辩证法的逻辑,心理学的多样性应走向辩证的整合,即有差别的统一;具有特殊性的本土心理学应该包含和能够体现普遍性。全球化心理学为心理学的整合统一和普遍适用,提供了一种新的可能的道路。

心理学的全球化会在心理学的研究目标、研究对象、研究方式、研究工具等方面带来巨大的变化。这使得心理学研究必须关注不同研究之间的互通和互动,从而形成心理学研究的理论、方法和技术的普适性和共生性。

心理学全球化的影响就在于,心理学的研究不再是封闭的,不仅不再是被封闭在心理学的实验室中,不再是被封闭在特定的国度中,而且不再是被封闭在单一文化的环境中。心理学的研究、应用、传播和推展,都需要全球化的视野和进程。

第四节 心理学全球化的研究

全球化和本土化常被看成是对应的两极。黄光国对心理学本土化中全球化与本土化之间的关系进行了考察。① 研究指出,大多数本土心理学者都认为,发展本土心理学并不是最终目的,最终目的是希望能够借此发展出亚洲心理学、全球心理学或普世心理学。甚至杨国枢本人也主张,发展本土心理学的最终目的,是要建立人类心理学或全球心理学。为了要达成这种普世主义的理想,提出了许多种不同的研究策略,包括共有性客位研究法,主位、客位及理论化三重区分法,以及内发本土化和外衍本土化循环交替使用的跨本土法。杨国枢后来也提出跨文化本土心理学的研究策略,认为这是迈向全球心理学的大道。

从本土心理学过渡到亚洲心理学、全球心理学、普世心理学或人类心理学,蕴含着一种哲学的转换,本土心理学者不仅要考虑自己使用的方法,而且必须在自己运用的本体论、认识论、方法论上作彻底转变,方能克奏其功。一般而言,跨文化心理学有绝对主义、普世主义和相对主义三种哲学默认。

① 黄光国.全球化与本土化:论心理学本土化的意涵[J].阴山学刊,2010(1):5-17.

这三种哲学默认蕴含了三种对应的研究取向——强加式客位研究取向、共有性客位研究取向和主位研究取向。西方化心理学或美国化心理学通常是基于绝对主义的哲学默认,不管文化之间的差异,采取强加式客位的研究策略,将西方心理学者发展出来的理论和研究工具强加在非西方人身上。本土心理学则是基于相对主义的默认,他们采取这种主位的研究策略,使用当地发展出来的测量工具,希望能够建构出适用于本土社会的实质理论。然而,本土心理学者将其奋斗目标转向发展全球心理学、普世心理学或人类心理学,他们的哲学默认已经由绝对主义转向了普世主义,他们必须用完全不同的方法来追求一种截然不同的知识。

发展全球心理学或普世心理学其实是赋予本土心理学者一项学术使命,要求他们不仅建构能够用来说明某一特定社会中人们心理行为的实质理论,而且要建构出可以适用于不同文化的形式理论。这样的目标无法以实证主义的归纳法来达成,但却可以借由后实证主义的多元典范研究取向来达成。非西方国家的本土心理学者必须放弃实证主义的归纳法,采用完全不同的本体论、认识论、方法论,他们的心态也必须由反殖民主义调整为后殖民主义。他们不能将其研究视域局限在本土文化的范围之内,而必须针对自己研究的专题,吸纳西方和人类文明累积下来的相关研究成果,作为自己学术创造的资源。

黄光国还从全球化与本土化的视角论述了心理学本土化的意涵。本土心理学者必须掌握住非西方社会现代化的趋势和方向,将反殖民主义的心态调整成后殖民主义,彻底吸纳西方的科学哲学和学术判准,采用多元典范的研究取向,建构出既能反映人类共同心灵,又能兼顾当地民众心态的本土心理学理论。在哲学反思、理论建构和实证研究三个层次上作出突破。表面上看,心理学本土化与心理学全球化是相互背离的两极。心理学本土化研究在推进的同时,心理学全球化也在推进。其实,完全可以从心理学的本土化来理解心理学的全球化,也可以从心理学的全球化来理解心理学的本土化。

心理学全球化寻求的是普遍性的相互沟通、相互关联、相互影响和相互促进。心理学的任何发展和进步,心理学的任何发明和创造,都有可能产生世界范围内的变化和改换。心理学的研究必然导致的是普遍性的影响。这很有可能就是要么被根本性地放弃,要么被广泛性地接纳。

全球化也就意味着心理学的研究能够被差异化地加以接受。这也就是只有具有独特性的心理学的研究,只有属于真正本土的心理学探索,才能够被传播开来,才能够被更广泛地加以接受。因此,心理学的全球化与心理学的本土化是彼此具有张力的、对应的两极。

第五节　心理学全球化的资源

有研究主张,应该在全球化与本土化之间建构一种多元文化的现代心理学观。① 全球化已成为当今世界发展的一大趋势,其中就包括心理学的发展。建立在西方单一文化基础上的科学心理学的全球化,实质上是西方尤其是美国心理学的全球化,这种全球化在促进心理学繁荣的同时,也使心理学的发展陷入了误区。近年来,本土心理学的兴起对此起到了某种纠偏的作用。心理学应在对全球化和本土化反思的基础上,建立一种多元文化的现代心理学观。全球化有两种不同的存在形态:作为理论意义上的全球化和作为事实意义上的全球化。从理论上讲,全球化应该是一种理性的全球化,即不同的国家、地区和民族在文化平等的基础上进行平等交流与对话,以促进不同文化的发展与更新,并最终促进全球文化的交融与合作。

实际上,心理学的全球化过程是西方或美国的本土心理学在全世界逐步推广和发展的过程。这一全球化的推展在促进心理学的独立和科学化方面,乃至在引领全世界心理学的发展和繁荣化方面,的确作出了巨大的贡献,但是其中的弊端也是显而易见的。除了由于受种族中心主义和西方单一文化局限性的影响,使现代心理学的发展陷入一种误区外,这还削弱了非主流文化尤其是第三世界国家心理学的话语权,使其在不同程度患上了"失语症"。第三世界国家在引进和借鉴西方心理学的过程中,应该对种种问题保持充分的警惕与反思,并在此基础上挖掘和发展本民族的本土心理学。

----

① 陈英敏,邹丕振.在全球化与本土化之间:建构一种多元文化的现代心理学观[J].山东师范大学学报(人文社会科学版),2005(3):132-135.

对处于文化弱势的国家而言,心理学的全球化可能是一个陷阱,但更可能是一次机遇。所谓的机遇是指,一方面,全球化作为一种事实,对社会生活的各个领域产生了不同的冲击、影响和相应的不同反应,这无疑为心理学研究提出了许多新的研究课题;另一方面,全球化又是一种观念、一种意识、一种方法,这可以成为人们认识问题的工具和参照,而且构成了当代条件下不同视阈进行对话与合作的一个基本前提。在此意义上,第三世界国家的心理学者应该在多元文化的背景下,重新审视本民族文化并赋予其新的历史意义,从而促进本土心理学的发展和最终促进全球心理学的繁荣。

其实,表面上看来,全球化与本土化是相互对应的两极。因此,心理学的全球化与心理学的本土化也就是对应的两极。心理学的全球化是为了张扬心理学的本土化,心理学的本土化是为了走向心理学的全球化。但是,准确地说来,心理学的本土化是与心理学的科学化相对应的关系。西方心理学在科学化的追求和进程中出了很多的问题,这包括对文化的忽视、对文化的扭曲、对文化的排斥,从而凸显了在非西方的不同文化背景、文化环境、文化氛围、文化根源的基础之上发展起来的心理学的价值和地位。心理学的本土化实际上是对心理学的科学化进程中存在的问题的解决。

但是,心理学的全球化可以成为心理学本土化的一个导向。这种导向可以通过心理资源的角度来理解。心理学全球化可以使心理学的探索和研究按照心理资源的存在和方式去获得价值和影响。同样,心理学的本土化也可以成为心理学全球化的呼应。这种呼应可以通过心理资源的形态来达到。

心理学走向全球化,最重要最根本的就是,心理学能够成为得到广泛传播和运用的资源。这也就导致心理学的资源化是心理学全球化传播的前提和根本。成为全球化的资源,心理学才有可能参与到全球化的进程中去。其实,正是全球化的进程,才使得真正本土意义上的心理学有了世界性的或普世性的价值。或者,只有本土意义上的心理学才有可能获得全球化的价值。

心理学全球化的资源实际上意味着,资源形态的心理学产生的效应的扩大化。这种心理资源效应的扩大化,表明了任何特定本土文化的、任何特定文化传统的、任何特定心理文化的心理学探索和研究,完全可以通过资源的形态而获得全球化的效应。这种全球化也许并不仅是范围和边界上的扩展或扩大,而且是功能和效应上的延伸或延续。

心理学全球化的资源实际上也意味着,心理学能够从更大更广的范围去获得自己需要的文化、传统、思想、学说、理论、观点、方法、技术、工具等。不同的心理学探索因文化之间的分离、生活之间的隔绝、社会之间的封闭、思想之间的敌视而产生的距离、对立、排斥等,就可以得到化解。这也就促成了心理学探索和研究在更广泛的空间互动。

心理学全球化的资源实际上也意味着,全球化的追求和世界性的视野,会使得心理学或本土心理学之间的相互理解和彼此沟通,成为心理学探索中的重要任务。心理学的本土化在导致心理学研究多样化的同时,也常常会导致心理学探索和研究之间的不可通约。心理学研究的结果就会形成许多学术性的孤岛。怎样才能够进入这些不同或封闭的心理学学术孤岛,也就成为重大的学术任务。心理学全球化的资源就成为连接、衔接或嫁接心理学这些不同本土化研究成果或研究结果的途径。

第六章　文化学的心理学资源

心理学的产生、发展和演变实际上都是在文化传统中接续的,也都是在文化环境中开展的,是在文化场域中进行的。心理学不仅面对着文化的存在、文化的历史、文化的条件、文化的演变、文化的制约,而且心理学学科本身就从属于文化的存在,处身于文化的历史,体现为文化的条件,亲历着文化的演变,承受着文化的制约。将文化的存在理解成为文化学的资源,将心理文化的存在理解成为文化学的心理学资源,就能够在一个更宽广的范围去考察和理解心理学。

第一节　心理学的文化历史资源

中国是一个历史悠久的文明古国,有着博大精深的文化传统,但是在现代文明的进程中一度落在了后边。在中国本土传统文化的框架中并没有诞生出现代意义上的科学,中国的现代科学是从西方传入的。同样,中国本土文化中也没有诞生出西方现代意义上的科学心理学,中国现代的科学心理学也是从西方传入的,带有西方文化传统的印记。

中国在发展自己的科学心理学时,面临的一个非常重要的问题就是,中国的本土文化中有没有自己的心理学传统。如果有,那么这种本土的心理学传统具有什么性质,包含什么内容,存在什么价值。如果有,那么应该如何去理解、解说、阐释和对待这种本土的心理学传统。可以肯定的是,中国本土的文化传统中具有自己独特的心理学传统。最重要的问题在于,中国本土的心理学传统能否成为中国科学心理学发展和创新的有益资源。因此,如何理解中国本土的心理学传统,就成为决定中国心理学未来发展的一项基础性发展性的研究任务。① 到目前为止,在对中国本土传统心理学的研究中,出现过一些十分不同的见解和观点。总结起来,共有如下五种不同的理解。

第一种是心理学的文化历史资源的土壤说。这实际上是将心理学的文化历史资源看成是心理学植根和生长的文化历史土壤。这成为一种非常重要的理解心理学的文化历史资源的隐喻。该隐喻能够支配关于中国本土心理学资源的研究和探索。文化的创造、文化的历史、文化的传统和文化的发展,都是在文化土壤中生发出来的。心理文化的创造、心理文化的历史、心理文化的传统和心理文化的发展,都是在心理文化土壤中生发出来的。

第二种是心理学的文化历史资源的氛围说。这实际上是将心理学的文化历史资源看成是心理学存在和运作的文化历史氛围。氛围会产生特定的约束,形成特定的结果,导致基本的涵养,造就基本的风气。在人的社会生活中,在人的心理生活中,文化历史氛围构成了对人的心理行为的最基本的引导。文化历史氛围实际上构成的是有关心理学学科的价值定向、价值引导、价值评判、价值创造的活动。

第三种是心理学的文化历史资源的环境说。文化历史环境是人所面对的环境构成中最根本最重要的环境条件。这些环境条件会制约心理学的学科探索、学术研究、学科发展和学术创造。心理学的学科生存的环境可以是多元化的或多样化的。无论是硬环境还是软环境,无论是物质环境还是思想环境,无论是自然环境还是生活环境,文化历史环境在其中都占有非常重要的位置或地位。文化历史环境更多地属于软环境、思想环境和意义环境。

第四种是心理学的文化历史资源的思想说。这强调的是,心理学是一种特定的思想理论,是一种设定的思想解说,是一种独特的思想形态,是一种独创的思想文化。在人类文化的构成中,心理学应该占有一席之地。无论是在思想的创造中,是在思想的传统中,还是在思想的传承中,心理学都是非常重要的人类文化思想。

① 葛鲁嘉. 中国心理学的科学化和本土化——中国心理学发展的跨世纪主题[J]. 吉林大学社会科学学报,2002(2):5-15.

第五种是心理学的文化历史资源的传统说。心理学是一门科学学科的门类,也是文化创造的产物,也构成了文化历史的传统。这体现在心理学创造了特定的心理生活方式、心理解说方式和心理干预方式。这通过文化的方式存在,通过文化的形态延续。因此,心理学也是一种文化传统和传统资源。这种传统有自己的传承方式、延续过程和继承更新,也有自己的实际影响、重要作用和现实功能。

第二节　中国本土的心理学资源

中国本土文化中存在着自己的心理学资源,但是在心理学的研究中,关于中国本土的心理学资源存在各种不同的理解和解说。这些不同的理解和解说会导致对中国本土心理学资源的不同对待和运用。因此,这在本土心理学的研究中就会得出完全不同的结果。这体现在中国心理学思想史的研究中,也体现在中国本土心理学的探索中,也体现在关于西方心理学的理解和认识中,也体现在中西心理学传统的比较研究中。

一、在西方心理学框架下的理解

在中国发展自己的心理科学的过程中,走的是一条十分曲折的发展道路。如果去除 20 世纪 50 年代初期的心理学"苏联化"过程,去除"文化大革命"时期的心理学政治化过程,就其根本方面和主流发展来说,中国现代的心理学一直都是在引进和模仿西方的科学心理学。可以说,中国现代的科学心理学就是外来的、传入的、引进的。伴随着这个进程,尽管有一些学者曾经试图去发掘、提取和阐释中国历史上的、本土文化中的和理论传统中的心理学思想,但是持有的框架、衡量的标准、评价的尺度、提取的内容、解释的原则,仍然是西方科学心理学提供的。西方的实证心理学对人的心理行为的探讨,有着自己的历史、文化和传统。实际上,这些研究者就是在按照西方科学心理学的筛子去筛淘中国本土文化传统中的心理学内容。正是按照西方科学心理学的标准或尺度来看,关于中国本土传统心理学的研究至少得出如下三个相关的结论。

一是认为在中国文化传统中并没有诞生出现代意义上的心理学,所以也就谈不上什么中国的心理学传统。或者,在中国文化传统中,只有一些孤立的、零碎的和片段的心理学猜测和心理学思想,而并没有出现现代意义上的心理科学。或者,在中国文化传统中,就根本没有或并不存在什么心理学。例如,在高觉敷主编的《中国心理学史》一书中就提到,在西方的科学心理学传入中国之前,中国根本就没有什么心理学,有的只是某种关于人的心理的思想猜测。[①]

二是认为在中国文化传统中存在和具有的是一些思辨猜测的、主观臆断的心理学思想。这些心理学的思辨猜测缺乏科学的依据和科学的证明,此类心理学思想只具有历史的意义,而不具备现实的意义;只具有哲学的意义,而不具备科学的意义。在这样的主张和观点看来,中国古代的思想家提供的心理学猜测,至多不过是安乐椅中的玄想,根本就是无法确证的或无法证实的推论。这些所谓的心理学思想应该被科学心理学抛弃和取代。

三是认为在中国文化传统中,那些可以提取出来的心理学思想,能够按照西方科学心理学的尺度进行确定、分类和梳理。在对中国本土传统心理学思想的研究中可以看到,从中国古代思想家的心理学思想中分离出来的,是所谓的普通心理学思想、教育心理学思想、社会心理学思想、生理心理学思想、发展心理学思想、管理心理学思想等等。因此,充斥在中国心理学思想史研究中的做法常常是贴标签式的方法,得出的都是一些十分费解的、特别奇怪的结果。

可以肯定,在中国本土文化传统中,并没有产生出西方意义上的科学心理学,也不应该按照西方心理学的知识体系和理论框架来理解中国本土文化中的心理学。[②] 中国本土文化中产生和内含的心理学是一种异于西方心理学的另类的心理学,这也是一种独特的心理学传统。

二、从中国本土文化出发的理解

如果完全放弃西方科学心理学的框架,而从中国本土文化传统出发去

---

① 高觉敷.中国心理学史[M].北京:人民教育出版社,1985:1-3.
② 葛鲁嘉,陈若莉.当代心理学发展的文化学转向[J].吉林大学社会科学学报,1999(5):79-87,97.

理解,如果重新确立一个更合理更适用的参考系,那就可以得出完全不同的研究内容、研究结果和研究结论。① 其实,中国本土的文化传统中也有一套自己独特的心理学。这实际上也是自成体系的心理学,而不仅是一些零碎、片段的心理学思想。在特定的文化传统中是不是有系统的心理学思想和理论,可以按照三个标准来衡量:有没有一套独特的心理学术语、概念和理论,可以用来描述、说明和解释人的心理行为;有没有一套独特的心理学研究方式和研究方法,可以用来考察和揭示人的心理行为;有没有干预人的心理行为的手段和技术,可以用来影响和改变人的心理行为。按照这样三个标准来衡量,中国的文化历史或文化传统中也同样具有系统的心理学。这种心理学传统有自己的理论建树、探索方式和干预技术,只不过这种心理学不是西方文化中的所谓科学心理学意义上的。

中国本土文化传统中的心理学有自己独特的理论概念和理论解说,不过这套概念和解说并不同于西方科学心理学所提供的。例如,中国思想家所说的心、心性、心理,所说的行、践行、实行,所说的知、觉知、知道,所说的情、心情、性情,所说的意、意见、意识,所说的思考、思想、思索,所说的体察、体验、体会,所说的人格、性格、人品、品性,所说的道理、道德、道义、道统,等等,都有自己独特的含义。对这些独特心理学术语的探讨,可以为中国心理学的发展提供十分重要的学术资源。如果把中国本土的心理学术语和概念与西方外来的心理学术语和概念进行比较,就可以得出对心理学的新的理解。

中国文化传统中的心理学也有自己独特的验证理论假说的方式和方法,而不仅仅就是思辨和猜测。在中国的本土文化当中并没有产生出西方科学意义上的实证方法或实验方法,但是中国古代的思想家提出了知行合一的原则,也就是践行或实践的原则。任何的理论解说或理论说明,包括心理学的理论解说和理论说明,其合理性要看能否在生活实践中获得预期的结果,或者行动实现的是否就是理论的推论。这形成的是另外一套验证理论的途径。如果把西方科学心理学的研究方法与中国传统心理学的验证方法相对比,那就是实验与体验的对应、实证与体证的对应。体验的方法或体

① 葛鲁嘉. 大心理学观——心理学发展的新契机与新视野[J]. 自然辩证法研究,1995(9):18-24.

证的方法就是中国本土心理学独特的方式和方法。

中国文化传统中的心理学还有自己独特的干预心理行为的手段和技术，并形成了对人的心理生活的引导、扩展和提升，这使人的心理有了横向扩展和纵向提升的可能。心理的横向扩展在于能够包容更多的内涵，包容天地，包容他人，包容社会，包容自己等。心理的纵向提升在于能够提高心灵的境界。这是一种纵向比较的心性心理学。人与人不是等值的，而是有心灵境界的高下之分。境界最高尚的就是圣人。因此，中国本土的心性心理学是境界等差的学说，是境界高下的学说，是境界升降的学说。心理的差异实际上就成了德行的差异、品德的差异、人品的差异、为人的差异、境界的差异。反思和反省就成为了重要的手段和技术。

三、片段破碎和语录摘引的理解

正因为是按照西方的科学心理学作为尺度和标准，所以在抽取和摘引中国古代思想家的心理学思想的过程中，得出的就是一些破碎片段和摘引语录。这等于是打碎了一个完整的东西，而又把一些碎片按照不同的方式进行了重新组合。所以，在中国古代心理学思想的研究中，最常见的就是摘引中国古代思想家的语录，然后对其进行从古代汉语到现代汉语的翻译和解释，最后将其归类到现代科学心理学的类别系统中。

对中国本土心理学传统的这种片段破碎和语录摘引的理解，使人们看到的是中国古代思想家仅仅是以非常肤浅的形式，或者仅仅是以非常幼稚的话语，表达出来的某种前科学形态的心理学猜想。如果按照西方科学心理学的标准，这些萌芽形态的心理学思想只具有历史遗迹的意义，而没有现代科学的价值。这仅仅表明了中国文化历史中有过某些关于人的心理行为的猜想或猜测。这满足的是某些人十分幼稚的文化虚荣心。对中国本土心理学传统的研究就成了考古发掘和博物展览，就成了历史清理和装订造册。

在这种方式下，中国古代心理学思想史的研究程序，就是着重翻阅中国古代的历史典籍，从古代典籍中去寻找古代思想家说明和解释人的心理行为的话语段落，然后把古代的文言文翻译成现代的白话文，然后再按照现代的科学心理学去理解其中的所谓心理学的含义，然后再去评价这些含义对科学心理学的意义和价值，甚至就仅仅是为了证明中国古代心理学猜想是在西方科学心理学之前,是比西方心理学思想家更高明更伟大的发现。

　　这种关于中国古代心理学思想史的研究方式和方法,就常常演变成了非常肤浅的文字游戏、语言游戏、智力游戏、思想游戏、猜想游戏、组装游戏。更严重的问题还在于,这种类型的研究已经变成了一种研究习惯、研究方式、研究思路、研究态度、研究定势。这使得对中国本土心理学思想的研究变成了翻译的活动、猜想的活动、解释的活动。

四、完整系统和深入全面的理解

　　如果放弃片段破碎和语录摘引的理解,而采纳完整系统、深入全面的理解,那就可以看到,在中国本土的文化传统中也存在一种十分独特的心理学。尽管这种心理学不是西方意义上的科学心理学,但也是一种非常系统的心理学探索。中国古代思想家提供的心理学可以称为心性学说。如果进一步引申,这种心性学说就是心性心理学,就是一种独特的心理学传统,就是中国本土文化对心理学事业的独特贡献。

　　中国文化中非常宝贵、非常重要的思想理论贡献就是心性学说。在中国文化传统中,不同的思想派别有不同的心性学说,不同的心性学说发展出对人的心理的不同解说。儒家的心性学说是由孔子和孟子创立的。儒家学说的重心在于社会,或者在于个体与社会的关系。儒家学说强调仁道。仁道不是外在于人的存在,而是存在于个体的内心。个体的心灵活动应该是扩展心灵的活动,是超越一己之心来体认内心仁道的过程,是践行内心仁道来行道于天下的经历。只有觉悟到仁道并按仁道行事,才可以成为圣人。这就是“内圣外王”的历程。道家的心性学说是由老子和庄子创立的。道家学说的重心在于自然,或者在于个体与自然的关系。道家强调天道。天道也不是外在于人的存在,而是潜在于个体的内心。个体也可以通过扩展自己的心灵而体认天道的存在,并循天道而达于自然而然的境界。佛家的心性学说是由释迦牟尼创立的,是从印度传入中国的。佛家学说的重心在于人心,或者在于个体与心灵的关系。佛家强调心道。心道相对于个体而言是潜在的,是人的本心,个体可以通过扩展自己的心灵而与本心相体认。

　　心理学的研究有着自己的研究方法,科学心理学运用的方法就是科学的研究方法。但是,在特定科学观的限定下,所谓的科学就是实证的科学。

实证的科学运用实证的方法。心理学在成为独立的科学门类之后,就力图以实证主义的科学观来衡量自己的科学性。是否运用了实证方法,就成为心理学研究是否科学的一个根本尺度。但是,中国文化中的传统心理学运用的方法不是实证的方法,而是体证的方法。体证的方法,就是通过意识自觉的方式,直接体验到自身的心理,并直接构筑了自身的心理。所以,体证至少有两个重要的特点:一个是心性的自我觉知;一个是心性的自我构筑。① 首先是"内圣"与"外王"。中国本土的心理学传统都强调知行合一的原则,都主张内在对道的体认和外在对道的践行。这就是中国文化强调的所谓内圣外王的基本含义。内修要成为圣人,体道于自己的内心。外为要成为王者,行道于公有的天下。其次是修性与修命。正因为人心与天道是内在相通的,所以个体的修为实际上就是对天道的体认。天道贯注给个体,就是人的性命。对于天道的体认就是修性与修命。再次是渐修与顿悟。个体的修为或体悟有渐修与顿悟的不同主张和途径。渐修主张修道的过程是逐渐的,是一点一滴积累而成的。顿悟则认为道是不可分割的,只能被整体把握,被突然觉悟到。这是体道的不同途径和方式。

五、限于传统和解释传统的理解

从认为中国本土文化中根本没有自己的心理学或心理学传统,到认为中国本土文化中有自己独特的心理学或心理学传统,这是一个根本性的进步和变化。这可以导致对中国本土心理学的完全不同的探索和研究,也是中国本土心理学发展的新开端和新道路。

但是,并非着眼于传统和立足于传统就是心理学发展的新历程。任何的历史传统,包括心理学的历史传统,都可以成为发展的资源,也可以成为背负的包袱。其实,对于心理学本土的历史传统或思想传统,不同的学者有着非常不同的理解和认识,有着非常不同的立场和态度。从认为中国本土文化中有自己独特的心理学传统,到从心理学的学术研究出发去挖掘、梳理和阐释中国本土的传统心理学,却常常存在完全不同甚至根本相背的理解

---

① 葛鲁嘉.中国本土传统心理学的内省方式及其现代启示[J].吉林大学社会科学学报,1997(6):25-30,94.

和解说。对于许多心理学研究者来说,心理学的历史传统不过是心理学的过去,是心理学被超越的陈迹。对于心理学的研究来说,历史可以回顾,却不能回去。仅仅限于传统和解释传统,是中国心理学思想史研究或中国心理学史研究的重大的局限性。可以说,中国心理学思想史的研究就常常是限于传统和解释传统。这在相当长的时段中支配着中国心理学思想史的研究,而且就体现在了关于中国古代心理学思想的研究中,关于中国古代心理学思想史研究的原则和预设中,以及关于中国古代心理学思想研究的方式和方法中。①②③ 无论是回到传统还是遵循传统,这都是一种自我封闭的心理学史或中国心理学思想史的研究。这在很大程度上不是推进了中国心理学的发展,而是大大限制了中国心理学的发展。

限于传统和解释传统就是回到传统和遵循传统。在心理学的研究中,承认中国传统文化中也有自己独特的心理学,这是一种进步。但是,如果仅仅是限于传统和解释传统,那也是一种倒退。挖掘和光大本土的传统心理学,并不是要贬低和放弃现代的科学心理学,并不是要证明和确定现代科学心理学的学术贡献早在中国文化历史中就已经完成了。其实,对中国本土心理学传统的研究和探索,就是要立足本土的文化,就是要借用本土传统的心理学资源。对于中国本土心理学传统的挖掘,不是为了展示,而是为了创新。任何学科的发展都需要资源,心理学的发展也是如此。中国本土文化和传统中的心理学对中国心理学的发展来说,就是一种十分有益的学术资源。

当然,任何的资源都是需要利用和转化的。对中国心理学的发展来说,本土文化的资源也是需要筛选和提炼的。重新去发现古典文献,仔细去阅读古典文献,认真去解释古典文献,详尽去分析古典文献,这都不是心理学研究的最终目的。其实,对中国本土传统心理学进行研究的最终目的,就是要奠定创新的基础,确立创新的立场,启动创新的程序,获得创新的结果。这就必须突破限于传统和解释传统的理解,而必须确定立足发展和力求创

① 杨鑫辉.诠释与转换——论中国古代心理学思想史研究方法的新发展[J].南京师大学报(社会科学版),2002(4):95-101.
② 杨鑫辉.中国心理学史论研究[J].江西师范大学学报,2001(4):18-22.
③ 燕国材.关于中国古代心理学思想研究的几个问题[J].心理科学,2002(4):385-390,508.

新的理解。

六、立足发展和力求创新的理解

中国本土文化传统中独特的心理学就是心性学说,这种心性学说也可以称为心性心理学。这是中国本土的心理学资源。在心性心理学资源基础上的新发展可以命名为新心性心理学。应该说,中国本土文化中的心性心理学仅仅是传统意义上古老形态的心理学。中国心理学在 21 世纪的发展,不是要回复到原有的老路上去,而是在汲取中国本土文化资源基础上的创新,其成果可命名为"新心性心理学"。新心性心理学是立足中国本土文化的心性学说,但又是一种全新而独特的心理学的探索和创造。新心性心理学的探索主要包括六个部分的基本内容,分别涉及心理学的可用资源、文化基础、研究对象、环境背景、对象成长、学科反思。第一部分是心理资源论析,是对可以生成和促进心理学发展的基础条件的考察。第二部分是心理文化论要,是对西方的心理学传统和中国的心理学传统的跨文化解析。第三部分是心理生活论纲,是对心理学研究对象的一种新的理解和新的视野。第四部分是心理环境论说,是对心理与环境关系的一种新的思考和分析。第五部分是心理成长论本,是对超越心理发展的人的心理提升和扩展的探索。第六部分是心理科学论总,是对心理科学本身的学术反思、学术突破和学术建构。

心理资源论析是对心理学的历史、现实和未来的形态的探索,也就是对可以生成和促进心理学发展的基础条件的考察。心理资源既可以成为心理生活的资源,也可以成为心理科学的资源。心理学面临着如何理解、看待、保护、挖掘、提取和转用资源的问题。心理学的发展有着自己的文化历史的资源。心理学有着十分不同的历史发展和长期演变的形态。所有不同的心理学形态都是心理学发展可以借用的文化历史资源。心理学资源可以体现为不同的心理学历史形态,也可以体现为不同的心理学现实演变,也可以体现为不同的心理学未来发展。这包括常识形态的心理学、哲学形态的心理学、宗教形态的心理学、类同形态的心理学、科学形态的心理学和资源形态的心理学。当代心理学的发展应该把不同形态的心理学当作自己学术创新的文化历史资源,从而扩大自己的视野,挖掘自己的潜能,丰富自己的研究,完善自己的功能。

　　心理文化论要是对中西心理学传统的跨文化解析,也就是从跨文化的角度对生长于不同文化根基和相应于不同心理生活的中西心理学传统进行比较和分析,探讨两者之间沟通的可能性和心理学发展的新道路。[①] 起源于西方文化的科学心理学,立足实证的研究方法和客观的知识体系,提供了对心理现象的合理的理论解释和有效的技术干预,但这仅仅揭示了人类心灵和精神生活的一个部分或侧面。起源于中国文化的本土心理学也是自成体系的心理学探索,其揭示了有意义的内心生活和给出了自我超越的精神发展道路。西方的心理学传统是中国现代科学心理学的直接来源,目前正在经历本土化的历程和改造。中国本土的心理学传统在西方文化中的流传,也使西方的科学心理学得到启示和受到影响。促进两者的沟通,将有助于形成新的心理学科学观,并推动心理学的新发展。确立心理文化的概念,在于重新审视西方心理学的文化适用性,并推进对其进行改造;在于重新审视中国本土的心理学传统,并推进对其进行挖掘。这有利于正确对待从西方引入的心理学,开创中国自己的心理学发展道路。

　　心理生活论纲是理解心理学研究对象的新视野,也就是试图从中国心理文化的传统入手,重新理解和认识心理学的研究对象。原有的西方式的科学心理学,是从研究者感官印证的角度出发,把心理学的研究对象确立为心理现象。这就是把人的心理类同于物理的存在,而忽视了人的心理的一个非常重要的特性。那就是人的心理是自觉的,心理的活动能够自觉到自身。这种心理的自觉不仅是自我的觉知和意识,而且是自我的建构和创造。这就不是把人的心理理解为心理现象,而是理解为心理生活。心理生活不是已成的存在,而是生成的存在。心理生活在人的生活中是处于核心的地位,所以就应该和必须成为心理科学关注的中心。但是,心理科学诞生之后,为了使之成为所谓真正意义上的科学,许多心理学研究者力求使心理学向当时相对成熟的自然科学靠拢。这就使得心理学把心理现象定位为心理学的研究对象,而放弃或忽略了心理生活的意义和价值。其中一个非常重要的原因是,人们已经习惯了按西方心理学设立的标准来衡量和建设心理

---

① 葛鲁嘉.心理文化论要——中西心理学传统跨文化解析[M].大连:辽宁师范大学出版社,1995.

学。一旦放大了视野,特别是从中国本土文化的视角出发,就会认识和理解到有关心理学研究对象的完全不同的内容范围。因此,心理生活应该在心理科学中占有重要的位置,成为当代科学心理学发展的核心性内容。

心理环境论说是对心理与环境关系的新思考,也就是试图从人类心理的视角重新理解环境。对于心理学研究来说,如何理解环境,决定了如何理解人的心理行为和生存发展。物理环境对人来说仅仅是外在的、间接的,而只有心理环境才是内在的、直接的。人的心理行为不是孤立的、封闭的存在。在心理学的发展历史中,心理学家却很少系统深入地考察和分析过环境。这也许是因为,心理学直接面对的是人的心理行为,环境并不是心理学应该关注的内容。随着心理学的成熟和发展,随着对人的心理行为的了解和理解的深入和细化,心理学的研究领域也在扩展和放大,对环境的理解和解释也就必然要发生变化。因此,有必要对环境进行重新的思考。一个重要的心理学概念是心理环境。心理环境是人的心理觉知和觉解的环境,是人赋予了意义和价值的环境。这已经超出了物理意义上的、生物意义上的、社会意义上的、文化意义上的环境。心理环境对人的影响是最切近的、最直接的。人可以在心理上分离出自己所处的环境,并针对这样的环境调整或调节自己的心理行为。所以,心理觉解到的环境是人建构出来的环境。融入了人的创造,就使得心理环境的含义超出了物理和生物环境的界限。人对心理环境的创造体现在心性主导的创造性构想,这可以突破物理的、生物的、社会的、文化的环境;同时也体现为心性支配的创造性活动,这可以改变物理的、生物的、社会的、文化的环境。

心理成长论本是超越心理发展的心理学主张,也就是试图重新理解人的心理发展和演变。在传统的心理学研究中,关于人的心理发展的研究是属于发展心理学分支研究的对象和内容。发展心理学关于心理发展的理解还存在着重要的缺失和不足。例如,人的心理发展通常被看成是个体的心理发展,而与种族的心理发展是相脱节的。人的心理发展也通常被看成是与人的生理发育相伴随的过程,并随着生理机能的衰退而停滞和衰退。人的心理发展也通常被看成仅仅是心理的历程,而与社会、文化、历史、环境等相脱节。心理成长的概念则试图超越心理发展的概念含义,是把人的心理成长看成是人的种族延续的历程,是个体心理的提升和扩展,是包容了人的个体生活、社会生活和文化生活的心理生活,是人的心理生活质量的提高过程。这包括心理成长的创造性过程,包括个体的心理成长、群体的心理成长、种族的心理成长、人类的心理成长。

心理科学论总是通过对心理学的一系列重大和核心问题的探讨,来推动心理学学科的进步、心理学学术的发展、心理学理论的创新、立足本土的心理学的理论创新、立足本土的心理学的理论突破。概观、通观、综观和总观心理学学科、心理学演变、心理学研究、心理学理论、心理学方法和心理学技术,是把握心理学学科的一个重要的方式和途径。对于心理学的发展和壮大来说,如何有对心理学学科的统合的理解和解说是至关重要的。这可以带来关于如何推进心理学的学术进步、如何扩展心理学的学术空间、如何引领心理学的学术未来、如何确立心理学的本土根基、如何激发心理学的学术创新等一系列方面最重要的学术突破。

第三节 心理资源的挖掘与提取

相对于人类生活来说,与自然资源的存在一样,心理资源也需要进行挖掘与提取。这里提供的是心理学的历史资源、文化资源、思想资源、学术资源、学科资源、本土资源,这些资源对于心理学的发展和壮大都是至关重要的。

一、心理学的历史资源

有研究考察了心理学具有的关涉心理科学发展和促进人类社会发展的双重意义。[①] 研究指出,心理学史不仅是心理学一门学科的历史,而且是整个人类社会历史发展的缩影。心理的文化历史性和社会建构性逐渐成为了心理学关注和讨论的焦点之一。社会建构论作为一种新的方法论取向,正在从不同的侧面向社会心理学、文化心理学、心理治疗学、认知心理学、人格心理学等领域广泛渗透。新方法论的核心特征就是强调心理的社会文化建

---

① 杨莉萍,叶浩生.心理学史的双重意义[J].内蒙古师范大学学报(哲学社会科学版),2007(4):58-61.

构性。新方法论认为,个体为了被社会承认和接受,需要通过各种途径学习,不断地将那些指导和确定思想行为的社会文化模型,内化为自己的心理模型。与此同时,语言作为文化的载体和体现,对人的思想、行为起着结构性的作用。

20世纪80年代后期,西方社会心理学领域中出现了一个新的学科分支,称为历史的社会心理学研究,致力于探索心理发生的语言、哲学、社会、历史、文化的根源,其研究成果为当前正在发生的心理学方法论变革提供了重要的思想与理论根据。该研究认为,由于社会文化总是处在不断变化和发展的过程中,人的心理作为社会文化的投射,便具有历史性。

以多元文化价值理念为宗旨的新的方法论,将心理学的研究范围扩大到了由个体内在心理结构和外部社会条件相互联系构成的完整的生态系统,其中重点关注人的心理与外在社会现实之间如何实现相互建构的过程与机制。在某个特定的历史时期内,人的心理与社会的政治、经济、文化等隶属于同一社会历史发展系统,两者始终处于相互联系与不断作用的过程中,其发展具有同步性和谐变性。

不仅人的心理是历史的,而且各种心理学理论同样具有历史性。当代文化心理学的发展、心理学的本土化运动、意义心理学、话语分析、叙事研究等,都是基于对心理和心理学的文化历史性的认识。这些新的研究模式希望借助文化、语言、意义特别是时代精神的媒介理解和解释人的心理,代表了当代心理学发展的最新动向。因此,心理学史作为对心理学学科形成与发展的历史记录及其研究,不只是一部心理学的学科史,也是人类社会历史发展的一个缩影。

尽管上述研究认识到,心理学发展历史具有关于心理科学和关于社会发展的双重价值,但是,心理学的历史发展实际上可以成为重要的心理学历史资源。这种历史资源无论是对于心理行为的理解还是对于心理科学的解说,无论是对于人类心理的成长还是对于人类社会的发展,都具有非常重要的意义或价值。心理学的历史资源属于心理行为和心理科学双重拥有的心理资源和学术资源。

二、心理学的文化资源

任何学科的生成、发展、进步和拓展都需要文化的资源,心理学的生成、发展、进步和拓展同样如此。

1. 心理学与文化关系的内涵

心理学的发展和研究与文化有着十分密切的关系。无论是关于心理学的发展还是关于心理学的研究,研究者对心理学与文化之间关系的理解千差万别。科学地理解心理学与文化的关系,是决定心理学的发展和研究的重要方面。心理学与文化的关系是指心理学在自身的研究、发展和演变过程中与文化背景、文化历史、文化根基、文化资源、文化现实等产生的关联。应该说,心理学学科、心理学研究、心理学发展,都是植根于文化的土壤之中。但是,不同的心理学研究者关于心理学与文化的关系的理解和认识是十分不同的。甚至在很长的历史时段中,很多的心理学家并没有意识到文化对于心理学研究和发展的重要意义和价值。

尽管实证科学的心理学是在心理学实验室中诞生的,但是心理学学科本身的历史发展和演变却是在特定的文化生态环境中进行的。对于心理学的研究来说,无论是研究对象还是研究方式都有着文化的体现,或者都有着文化的性质、文化的特征。可以说,如果没有对心理学与文化的关系的合理理解,就会使心理学的研究和发展具有很大的盲目性。其实,当心理学的发展依附于自然科学的传统,而忽视自己的社会科学和文化科学的传统时,心理学关于对象的理解和关于学科的理解都曾经是无文化的,因而也就是扭曲的。

有研究把跨文化心理学、文化心理学和本土心理学看作是涉及心理学与文化关系的三种不同的心理学研究,是有关文化与心理学关系的三种主要的研究模式。跨文化心理学的研究对象是不同文化群体的心理行为比较,文化心理学研究文化对人的心理行为的影响,本土心理学研究本土背景中与文化相关的、从文化派生出来的心理行为。这三种重要的研究模式从不同角度阐明了文化与心理学的关系。[①]

对人的心理行为的研究可以涉及两极,一极是自然生物的,一极是社会人文的。因此,在心理学的分支当中,就有从属于这两极的学科分支。从属

---

① 乐国安,纪海英. 文化与心理学关系的三种研究模式及其发展趋势[J]. 西南大学学报(社会科学版),2007(3):1-5.

于自然生物的心理学分支学科有生物心理学、生理心理学、神经心理学,等等;从属于社会人文的心理学分支学科有社会心理学、跨文化心理学、文化心理学,等等。

尽管科学心理学把心理行为作为其研究对象,但是科学心理学的早期目标却仅在于把近代自然科学的成功研究方式移植到心理学中,而并没有考虑到心理学研究对象的独特性质。这导致的一个直接后果,就是按照近代自然科学的方式来理解和对待人的心理行为,或者是按照对待自然物的方式来对待人的心理行为。心理学的研究因此而忽略和无视人的心理行为的文化特性,也因此而忽略和无视心理科学的文化属性。① 心理学当代的目标应该有一个重要的转折,那就是从研究对象的独特性质出发去开创心理科学的独特研究方式,而不是以放弃人的心理行为的某些性质和特点去贯彻自然科学的研究方式。人类的心理与自然的物理既有关联又有区别。最根本的关联在于,人类心理也是自然的存在,也是自然发生和变化的历程。最根本的区别在于,人类心理具有自觉的性质,这种自觉的心理历程也是文化创生的历程。正是人类心理的特殊性质,导致人类心理的多样性和复杂性,也导致心理学研究在理解人类心理时的困难、局限、分歧、争执、对立和冲突。

在心理学科学化的进程当中,西方主流心理学的研究倾向于把人的心理理解为自然的现象,或者是具有与自然现象类同的性质。这一方面促进了心理学成为独立的科学门类和使心理学越来越精密化,另一方面也使心理学的研究存在一定的缺陷。缺陷主要体现在两个方面。一是无文化的研究,或者是弃除了人类心理的文化性质。如心理学早期的实验研究中,运用的刺激是物理的刺激而不是文化的刺激,着眼的反应是生理心理的反应而不是文化心理的反应。二是伪文化的研究,或者是扭曲了人类心理的文化性质。如心理学的一些研究中,仅仅把文化看作是一种外部的刺激因素,或者假定了人类心理具有的共同机制,文化的内容只是其千变万化的表面现象。这也是在心理学研究中还原论十分盛行的一个重要原因,也就是把复杂多样的人类心理还原到生理甚至物理的基础上。

---

① 孟维杰,葛鲁嘉.论心理学文化品性[J].心理科学,2008(1):253-255,248.

对心理学研究对象的理解应该和必须发生一个重要的改变或转折。那就不仅把心理理解为自然的、已成的存在,而且把心理理解为自觉的、生成的存在。如此看来,人拥有的心理就不仅是能够由研究者观察到的现象,而且是拥有心理的人自觉生成的生活。人的心理生活是通过心理的自主活动构筑的,也是人的心理自觉体验到的。这强调了人与其他自然物的不同,人的心灵具有自觉的性质,而其他的自然物则不具备这样的性质。其他的自然物只能成为研究者认识和改造的对象,而不能成为自己认识和改造的对象。心理生活是常人自主生成和自觉体验到的,这不仅可以成为研究者认识和改造的对象,而且可以成为生活者自己认识和改造的对象。心理生活的生成历程实际上就是文化的生成历程,所以心理生活具有文化的性质,或者文化不过是心理生活的体现。当然,对于人类的个体来说,作为人类生活产物的文化可以成为背景或环境。但是,无论是就人类整体而言还是就人类个体而言,脱离了心理生活的文化只能具有自然物理的属性,脱离了人类文化的心理也只能具有自然物理的属性。

正是近代自然科学的研究方式使心理学迈进了科学阵营的门槛,但这也使心理学的研究受到很多局限。这种局限不在于是否揭示了心理学的研究对象与其他自然科学门类的研究对象的共同之处,而恰恰在于无法揭示其间的不同之处。心理学研究中的自然科学方式主要表现在三个方面:追求心理学研究的客观性;依赖研究者感官经验的普遍性;确立实证方法的中心地位。

从第一个方面来看,追求心理学研究的客观性强调,研究者与研究对象是分离的,追求客观性是为了消除研究者的主观性臆想或主观性附会,是为了从对象出发而完全真实地说明对象。这对于自然科学的研究来说无疑是成功的,但在心理学研究中引起出人意料的后果。那就是,在否弃研究者的主观性的同时,也否弃了研究对象的主观性,或者在强调研究对象的客观性的同时,而否弃了研究对象的主观性。物理学中有过反幽灵论的运动,生物学中有过反活力论的运动,心理学中也相应地有过反目的论或反心灵论的运动。这就使得心理学研究对客观性的追求变成了对研究对象的客观化,而客观化甚至导致对研究对象的物化。

从第二个方面来看,依赖研究者感官经验的普遍性强调,面对与己分离的研究对象,或者作为与己分离的研究对象的旁观者,研究者对于研究对象的认识应始于自己的感官经验。研究的科学性就是建立在研究者感官经验的普遍性上。一个研究者通过感官把握到的现象,另一个研究者通过相同的感官把握到的也会是相同的现象。这对于自然科学的研究来说无疑是成功的,但在心理学研究中引起出人意料的后果。那就是,人的心理也是内在的自觉活动,这通过外在观察者的感官是无法或很难直接把握到的,或者依赖于研究者感官经验的普遍性,使心理学无法把握到人的心理的完整面貌。

从第三个方面来看,确立实证方法的中心地位强调,为了保证研究者感官经验的可靠性和可信性,只有通过实证的方法来确立心理学的科学性质。心理学的研究运用实证方法是心理学的一个重大进步,但是运用实证方法和以实证方法为中心具有不同的含义。发展和完善实证方法是十分必要的,而以实证方法为中心涉及把实证方法摆放到什么位置的问题,即摆放到支配性的地位。在心理学中,以实证方法为中心导致研究不是从对象本身出发,而是从实证方法出发。实证方法不是附属于对人的心理的揭示,而是对人的心理的揭示附属于实证方法。在心理学研究中,对实证方法的关注超出对研究对象的关注。

正是上述的三个方面构成了心理学的小科学观。这使心理学跨入了实证科学的阵营,但也使心理学的研究忽视了人类心理的文化特性,也使心理学家忽视了心理学研究的文化特性。心理学常常盲目地追求有关人类心理的普遍规律性,以及有关心理科学的普遍适用性。

2. 心理学与文化关系的演变

从哲学的怀抱中脱离出来之后,西方心理学直接继承了西方近代自然科学的科学观,或者直接运用了西方近代自然科学的研究方式。这直接决定了心理学家采纳的研究目标,也直接决定了心理学家为达到目标而采纳的研究策略。此时的心理学不是通过人的心理的独特性质引申出心理学的研究方式,而是通过贯彻引进的自然科学研究方式来对待人的心理。心理学的研究方式要面临着变革,这也是心理学现行科学观的变革。这种变革就体现在上述的三个方面。

第一个方面是使心理学研究从对客观性的追求延伸到对真实性的追求。这就是心理学的研究不仅要追求客观性,而且要追求真实性。人类心理的性质不在于其是客观性的存在还是主观性的存在,而在于其是真实性的存在。原有的研究仅仅把物化或客观化看作是真实的,其实这是对人类心理的真实性的歪曲。从心理学研究对象的角度来看,心理的主观性或自觉性也都是真实性的存在,也都是真实性的活动。

第二个方面是使心理学研究从对实证(感官)经验的普遍性的依赖,延伸到对体证(内省)经验的普遍性的探求。① 人类心理的基本性质在于其自觉性,这涉及两个重要的问题。一是从研究对象的角度,心理的自觉活动是研究者的感官经验无法直接把握到的。二是从研究者与研究对象不加分离的角度,心理都是自觉的活动。问题是这种自觉活动能否把握到心理的性质和规律。心理的内省经验具有私有化的特征,换句话说,心理的内省自觉具有分离性和独特性,所以关键在于探求和达到内省经验的普遍性。

第三个方面是使心理学研究从以方法为中心转向以对象为中心。实证心理学曾经有过以研究方法来取舍对象,甚至以研究方法去歪曲对象,因此心理学的研究必须以对象为中心。以对象为中心涉及心理学的研究必须如实地揭示人类心理的原貌,以及从对象的独特性质引申出心理学的独特研究方式。方法是为揭示对象服务的。心理学研究的科学性不在于是否运用了客观化的研究方法,而在于是否合理地确立了心理学的研究对象与研究者之间关系的性质,以及是否符合在此基础上确立起来的研究规范。

上述三个方面的转变,最终都体现为要重新理解和确立心理学的研究对象与研究者之间的关系。心理学现有的研究都是建立在研究对象与研究者的分离的基础之上。这对于研究非心灵的对象来说是必要的、充分的,但对于以心灵为对象的研究来说可能就是不完备的或有缺陷的。心理学的研究能否进一步建立在研究对象与研究者不分离的基础之上? 以心灵为对象的研究无疑对科学的发展提出了挑战。中国本土的心理学传统可以为此提供重要的启示。当然,这样的工作是非常艰巨的。这也是心理学本土化必须面临的任务,是当代心理学研究的文化学转向的核心部分。

① 葛鲁嘉.体证和体验的方法对心理学研究的价值[J].华南师范大学学报(社会科学版),2006(4):116-121.

当代心理学发展的文化学转向不是要否弃现有的心理学研究,而是对现有的心理学研究的不合理延伸的限制,或是对现有心理学研究的合理部分的延伸。心理学研究中的研究对象与研究者的关系应该得到改变。要限制绝对的分离,要推动相对的分离。相对的分离是指彼此统一基础上的分离。彼此的统一是指心理学的研究对象与研究者共有的价值追求和共同的创造生成。这就是心理学的文化学要义。心理学曾经靠摆脱、放弃、回避或越过文化的存在来发展自己,但心理学现在必须靠容纳、揭示、探讨或体现文化的存在来发展自己。心理学早期是排斥文化的存在来保证自己对所有文化的普遍适用性,而心理学目前则是包容文化的存在来保证自己对所有文化的普遍适用性。这是一个历史性的变化,这也是心理学发展的重要转向。① 有研究则将其看成是西方心理学的一个研究转向。② 心理学的文化转向也被看成是心理学发展的新契机。③ 当然,有研究认为,关于心理学文化转向的研究还存在方法论的困境。④ 有研究则是从方法论的意义上探讨了当前心理学的文化转向的动因。⑤

有研究考察了心理学文化转向中的方法论难题及整合策略。⑥ 有研究认为心理学发展的新思维应从文化转向到跨文化对话。⑦ 这都是对心理学的当代文化转向进行了多方位多侧面的考察和探讨。心理学与文化的关系经历了大起大落的转换。这也导致了心理学本身的重要转变。这不仅丰富了心理学的研究,也深化了心理学的探索。

3. 心理学与文化关系的性质

涉及心理学与文化的关系,就会涉及一些重要的心理学分支学科,这些分支学科都把文化的存在、文化的取向、文化的背景、文化的内容、文化的历史等纳入了心理学的研究。这成为心理学研究中重要的发展和热点。通过了解这些心理学的分支学科,以及这些分支学科的研究方式和研究内容,就

① 葛鲁嘉,陈若莉.当代心理学发展的文化学转向[J].吉林大学社会科学学报,1999(5):79-87.
② 叶浩生.试析现代西方心理学的文化转向[J].心理学报,2001(3):270-275.
③ 麻彦坤.文化转向:心理学发展的新契机[J].南京师大学报(社会科学版),2003(3):100-106.
④ 霍涌泉,李林.当前心理学文化转向研究中的方法论困境[J].四川师范大学学报(社会科学版),2005(2):49-54.
⑤ 麻彦坤.当代心理学文化转向的动因及其方法论意义[J].国外社会科学,2004(1):2-7.
⑥ 霍涌泉.心理学文化转向中的方法论难题及整合策略[J].心理学探新,2004(1):12-15,30.
⑦ 孟维杰.从文化转向到跨文化对话:心理学发展新思维[J].南通大学学报(教育科学版),2006(2):47-50.

可以更深入地理解心理学与文化的关系的性质。其实,正是心理学研究的扩展和推进,使得心理学能够更合理地对待和处理自己与文化的关系。近些年来,这些心理学的分支学科都有了非常迅猛的发展和十分快速的进步。而且,在心理学的发展和演变过程中,这些与文化有着密切关联的分支学科,也都开始在发挥着越来越重要的作用。在心理学的大量分支学科中,涉及或关联到文化的学科包括有许多,其中有文化心理学、跨文化心理学、本土心理学、多元文化论心理学等。所有这些不同的研究分支、研究潮流、研究取向,都是关联和关系到文化的重要的心理学考察和探索。

文化心理学是通过文化来考察和研究人的心理行为的心理学分支学科。① 近些年来,文化心理学有较为迅猛的发展,正在受到人们越来越多的关注。② 有研究试图为文化心理学寻找到解释学或诠释学的基础。③ 文化心理学的兴起和流行,与主流心理学面对的困境有关。④ 文化心理学有着学科自身的演变和发展的线索。⑤ 当然,在文化心理学的研究中也存在方法论的困境,有研究则给出了文化心理学方法论的出路。⑥ 关于文化心理学的发展历史的考察,也涉及文化心理学研究的三种不同取向。⑦

按照余安邦的考察,文化心理学实际上经历了三个重要的发展时期或阶段。在不同的时期里,文化心理学的知识论立场、方法论主张、研究进路特色和研究方法特征都有重要的变化。20世纪70年代之前,是文化心理学发展的第一个时期。在这个时期,文化心理学的研究目标是在追求共同和普遍的心理机制。当时的文化心理学假定了人类有统一的心理机制,从而致力于从不同文化中去追寻这一本有的中枢运作机制的结构和功能。研究通常采用跨文化的理论概念和研究工具,来验证人类心理的中枢运作机制的普遍特性。20世纪70年代到80年代中期,是文化心理学发展的第二个时期。在这个时期,文化心理学开始关注人类心理的社会文化的脉络。当时的文化心理学转而重视人的心理行为与文化母体的联系,特别是从社会

---

① 李炳全,叶浩生.文化心理学的基本内涵辨析[J].心理科学,2004(1):62-65.
② 田浩,葛鲁嘉.文化心理学的启示意义及其发展趋势[J].心理科学,2005(5):1269-1271.
③ 余德慧.文化心理学的诠释之道[J].本土心理学研究,1996(6):146-199.
④ 李炳全,叶浩生.主流心理学的困境与文化心理学的兴起[J].国外社会科学,2005(1):4-12.
⑤ 田浩.文化心理学的发展线索[J].内蒙古师范大学学报(哲学社会科学版),2005(6):92-95.
⑥ 田浩.文化心理学的方法论困境与出路[J].心理学探新,2005(4):7-10,30.
⑦ 王明飞.文化心理学发展历史及其三种研究取向[J].科教文汇,2006(6):146-147.

文化的脉络去考察和说明人的心理行为。这就不是从假定的共有心理机制出发,而是从特定的社会文化出发。这一方面是指有什么样的社会文化,就有什么样的心理行为模式,另一方面是指运用特定文化的观点和概念来探讨和说明人的心理行为的性质、活动和变化。20世纪80年代中期之后,是文化心理学发展的第三个时期。在这个时期,文化心理学强调人的主观建构、象征行动和社会实践的文化意涵。文化不再是外在地决定人的心理行为的存在,而是内在于人的觉知、理解和行动的存在。社会文化的环境和资源的存在和作用,取决于人们捕捉和运用的历程和方式。正是人建构了社会文化的世界,人也正是如此而建构了自己特定的心理行为的方式。此时的文化心理学开始更多地从解释学的观点切入,通过解释学来建立文化心理学的知识。① 有研究认为文化心理学是心理学在方法论上的突破。②

跨文化心理学是通过文化的变量来研究人的心理行为异同的一门心理学分支学科。③ 这是研究和比较不同文化群体中的被试,以检验现有心理学知识和理论的普遍性,其根本目的是建立普遍适用的心理学或人类的心理学。跨文化心理学涉及人的心理行为的文化特性,但目前的研究立场和研究方式仍然存在着较大的争议。大部分的跨文化心理学研究都是以西方心理学为基调,采纳的是西方心理学的理念、框架、课题、理论和方法等。通过此类的研究得出的普遍适用的心理学或全人类的心理学,只能是西方心理学支配的心理学。

目前的跨文化心理学研究取得了许多重大的进展,但是在方法论上存在着重大的困难与障碍。这在很大程度上决定了跨文化心理学研究的合理性。例如,跨文化心理学有两种不同的研究策略,即主位的(emic)研究和客位的(etic)研究。按照通常的理解,主位的研究是指从本土的文化或某一文化的内部出发来研究人的心理行为,而不涉及在其他文化中的适用性问题。客位的研究则是指超出特定的文化,从外部来研究不同文化中的人的心理行为。大部分的跨文化心理学研究采取了客位的研究策略。但是,这样的

① 余安邦.文化心理学的历史发展与研究进路[J].本土心理学研究,1996(6):2-52.
② 李炳全.论文化心理学在心理学方法论上的突破[J].自然辩证法通讯,2005(4):40-45.
③ 郭英.跨文化心理学研究的历史、现状与趋势[J].四川师范大学学报(社会科学版),1997(4):90-95.

研究策略常常以西方的文化为基础或以西方的心理学为基调。杨国枢后来曾仔细地分析过主位的研究取向与客位的研究取向的内在含义。[①] 他认为这两个研究取向有三个对比的差异：一是研究的现象或是该文化特有的，或是该文化非特有的；二是在观察、分析和理解现象时，研究者或是采取自己的观点，或是采取被研究者的观点；三是在研究设计方面，或是采取跨文化的研究方式，或是采取单文化的研究方式。杨国枢认为，原有的跨文化心理学研究主要采取的是以研究者的观点探讨非特有现象的跨文化研究。在这样的研究方式中，来自某一文化的心理学者，通常是西方的学者，特别是美国的学者，将其发展或持有的一套心理行为概念先运用于本国人的研究，再运用于他国人的研究，然后就得出的结果进行跨文化比较。当然，这种研究方式后来受到许多学者的批评，一些跨文化心理学者也正在寻求更好的研究方式，如客位和主位组合的研究策略、跨文化本土研究策略等。有研究关于跨文化的探讨就把人类行为放置在文化视野中进行了考察。[②] 关于跨文化心理学的研究和应用，也是从文化背景、文化历史、文化思路、文化线索、文化应用等不同的层面或侧面，进行了全面深入的考察和理解。这就给了跨文化心理学新视野、新动力和新解说。[③] 可以说，跨文化的研究方法本身也正在进步或进化。[④] 有研究则对文化心理学和跨文化心理学进行了比较与整合。[⑤]

　　本土心理学的研究和潮流兴起于对西方心理学的唯一合理性和普遍适用性的质疑和挑战。[⑥] 这体现在三个重要的努力方向上：一是反思和批判占主流和主导地位的西方心理学；二是挖掘和整理本土的传统心理学资源；三是创立和建设本土的科学心理学。心理学本土化是一个世界性的潮流，

① 杨国枢. 心理学研究的本土契合性及其相关问题[J]. 本土心理学研究. 1998(8)：75－120.
② 万明钢. 文化视野中的人类行为：跨文化心理学导论[M]. 兰州：甘肃文化出版社：1996.
③ Berry, J. W., Poortinga, Y. H., Segall, M. H. et al. *Cross-Cultural Psychology: Research and Applications*. New York：Cambridge University Press，1992.
④ Vijver, F. V. D. The evolution of cross-cultural research methods. In David Matsumoto(Ed.), *The Handbook of Culture and Psychology*. New York：Oxford University Press，2001, pp. 78－92.
⑤ 李炳全. 文化心理学与跨文化心理学的比较与整合[J]. 心理科学进展，2006(2)：315－320.
⑥ Kim, U. Culture, science, and indigenous psychologies：An integrated analysis. In David Matsumoto(Ed.), *The Handbook of Culture and Psychology*. New York：Oxford University Press，2001, pp. 54－58.

中国心理学的本土化是其中的重要努力。中国心理学的本土化研究在一个比较短的时期里,取得了相当数量、相当重要的成果。中国心理学本土化有着自己的发展历程。①②

在早期,中国本土的心理学者主要反思和批判西方心理学在研究内容上的偏狭,检讨和重估西化的中国心理学对解释中国人心理的缺陷,开辟和推动本土化的心理学具体研究。但是,这仍然是一个保守的时期,其主要特征在于仅仅试图扩展西方心理学的研究内容,使中国心理学转而考察中国人的心理行为。这在科学观上并未能够超越西方心理学,或者仍然受西方心理学的研究方式限制。这个阶段的研究是以中国人作为被试,但使用的工具、方法、概念和理论还是西方式的。

在后期,中国本土的心理学者主要反思和批判西方心理学在研究方式上的局限,力图摆脱西方心理学和舍弃西化心理学,尝试建立真正本土的心理学。这进入一个激进的时期,其主要特征在于开始试图扩展西方心理学的研究方式,使中国心理学开始突破西方心理学的小科学观的限制,寻求更超脱的、多样化的研究方法和理论思想。但是,这个阶段的研究还带有相当的盲目性。研究更多样化,但更具杂乱性。研究带有更多的尝试性,而缺少必要的规范性。当前的研究没有相对一致的衡量和评价研究的标准。

心理学的发展曾经建立在单一文化的背景或基础之上。多元文化论持有者认为,传统西方心理学是建立在一元文化的基础上,只能适合西方白人主流文化。主张文化的多元性是强调把心理行为的研究同多元文化的现实结合起来。③ 就世界范围来讲,在不同的国家和地区,有着不同的文化传统。如东方国家的集体主义文化传统强调群体的一致性、个人的献身精神、群体成员之间的相互依赖等。如西方国家的个体主义文化传统强调个人的独立、个人的目标、个人的选择和个人的自由等。就一个国家来说,由于存在不同的种族,因而也存在不同的文化。美国这样的移民国家,文化的多元性

① 葛鲁嘉. 中国心理学的科学化和本土化——中国心理学发展的跨世纪主题[J]. 吉林大学社会科学学报,2002(2):5-15.
② 葛鲁嘉. 心理学中国化的学术演进与目标[J]. 陕西师范大学学报(哲学社会科学版),2007(4):118-123.
③ 叶浩生. 多元文化论与跨文化心理学的发展[J]. 心理科学进展,2004(1),144-151.

就十分明显,存在着白人文化、黑人文化、亚裔人文化、同性恋文化、异性恋文化等多种文化,是典型的多元文化国家。在多元文化的国家里,如果仅以一种文化作为研究的范例,其研究结论就无法解释其他群体的行为。所以,多元文化论反对心理学中的普遍主义观点。传统的心理学研究排斥了文化的存在,其研究发现和成果被认为是可以忽略文化因素而普遍通用的。当然,有很多的研究者对普遍主义的假设存有质疑,但由于文化因素在实验研究中很难加以控制,也就采纳了普遍主义的假设。这在社会心理学的研究中十分严重,尽管文化对群体行为有十分重要的影响,但实验的社会心理学家仍热衷于在实验室中研究社会行为,以得到一个普遍主义的研究结论。从反对心理学的普遍主义出发,多元文化论对西方心理学中的民族中心主义提出了强烈批评。①

心理学的发展面对的是多元文化的资源和多元文化的发展。② 心理学中的多元文化论运动强调文化的多样性,认为传统的西方心理学仅仅建立在白人主流文化的基础上。多元文化论反对心理学中的普遍主义,认为一种文化下的心理学研究不能无选择地应用到另一种文化中,心理学的研究应该同多元文化的现实结合起来。③ 有研究从历史和理论的层面探讨了心理学与文化的相遇。④ 多元文化论运动被称为继行为主义、精神分析和人本主义心理学之后心理学的"第四力量"。不过,这一运动目前还面临着许多问题。

4. 心理学与文化关系的意义

其一,可以提供心理学研究的新视野。考察和探讨心理学与文化的关系,可以更好地理解心理学与文化的实际关联性,可以更好地理解心理学与文化的关系演变和发展走向,可以为心理学的考察和研究提供新的视野。在心理学的研究中,对文化的忽略和排斥,对文化的曲解和误解,都大大限

---

① 叶浩生. 西方心理学中多元文化论运动的意义与问题[J]. 山东师大学报(人文社会科学版),2001(5):11-15.
② 叶浩生. 关于西方心理学中的多元文化论思潮[J]. 心理科学,2001(6):680-682.
③ 高媛媛,高峰强. 试析心理学中的多元文化论对后现代心理学的贡献[J]. 山东师范大学学报(人文社会科学版),2007(6):96-99.
④ Adamopoulos, J. & Lonner, W. J. Culture and psychology at acrossroad: Historical perspective and theoretical analysis. In David Matsumoto (Ed.), *The Handbook of Culture and Psychology*. New York: Oxford University Press, 2001, pp. 15-25.

制了心理学研究者的眼界和视野。这使心理学的研究很难更完整深入地把握人的心理行为,很难更系统全面地理解人的心理行为。合理地说明和解释人的心理行为的文化属性和文化表达,深入地考察和理解心理学研究的文化性质和文化根基,都可以大大有助于心理学的学科建设和学科发展。

其二,可以提供心理学研究的新领域。考察和探讨心理学与文化的关系,可以更有利于开辟和拓展心理学研究的新领域。在早些年,心理学与生物科学的联姻,促进了大量的心理学分支学科的生成和进展。在近些年,心理学与文化科学的接近,也使与文化有关的心理学研究领域和研究分支都有了扩大和增加。这包括后现代心理学的研究热潮、本土心理学的研究推进、多元文化论的研究纲领。这一系列的研究推进都极大地扩展了心理学的研究领域。这还包括文化心理学分支学科的迅猛发展、跨文化心理学分支学科的快速成熟、社会心理学分支学科的极大扩张。这都使得心理学学科得到了很好的发展和壮大。

其三,可以催生心理学探索的新理论。心理学厘清自己与文化的关联性和依赖性,确立自己的文化基础和文化资源,为心理学的理论建构和理论创新提供了资源和养分,提供了灵感和想象的空间和平台,提供了理论应用的途径和方式。长期以来,心理学由于缺乏关于文化的探讨和探索,而忽略和放弃了许多重要的文化滋养。这不仅使心理学的理论建设非常薄弱,也使心理学参与文化创建的功能受到了严重限制。心理学本身失去了与文化的密切关联,失去了关于心理学与文化的关系的理论探索,使得心理学的发展也就失去了很多的机会和平台。心理学学科发展壮大的重要标志,就在于其理论学说的建构和创造。心理学理论学说的提出和推展,就在于获取更大更好的平台和资源。挖掘心理学的文化资源,是心理学理论新生的一个重要前提。在中国本土的心性论资源基础上的新心性心理学,是中国本土心理学跨越世纪的新选择。[①] 新心性心理学也应该在本土文化的基础上去进行新的理论建构。[②]

其四,可以催生心理学探索的新方法。对于心理学与文化关系的探讨,

---

① 葛鲁嘉. 新心性心理学的理论建构——中国本土心理学理论创新的一种新世纪的选择[J]. 吉林大学社会科学学报,2005(5):142-151.
② 葛鲁嘉. 新心性心理学宣言——中国本土心理学原创性理论建构[M]. 北京:人民出版社,2008.

可以去革新心理学研究的方法论,可以去衍生心理学研究的新方法,可以把心理学的研究方式和研究方法放置在新的研究框架和研究范式中。对于心理学的研究来说,其研究方法的确立和更新曾经在很大程度上借鉴了自然科学的研究。这给心理学的研究带来了精确性,但是也有对人的心理行为的曲解。那么,如何把社会科学和文化科学的研究方法引入到心理学的研究中来,如何更好地确定心理学研究方式和方法的文化属性、文化优势和文化缺失,这决定了心理学研究方法的丰富化和多样化。

其五,可以催生心理学探索的新技术。心理学的技术应用包括心理学技术手段和技术工具的发明和创造,也包括心理学技术手段和技术工具的使用和推广。这都要涉及心理学应用的文化背景、文化条件、文化环境。心理学技术应用的文化适用性决定了心理学的社会影响和生活地位。怎样使心理学的技术应用更有效实用,对心理学与文化的关系的探讨起着重要的作用。

其六,可以促进心理学探索的新发展。心理学学科曾经在自然科学的基础上得到了快速推进和发展,也曾经在社会科学的基础上得到了快速推进和发展,现在,心理学学科还应该在文化科学的基础上得到快速推进和发展。这必将使心理学的研究更加贴近人的生活和人的发展,也必将使心理学担负更重的社会责任和社会使命。

三、心理学的思想资源

心理学的探索、建构和发展都是学术的活动,都可以体现为学术思想的创造、发展和传承。其实,在心理学的发展中,心理学家可能更加重视心理学的理论、方法和技术,而很可能轻视或无视心理学的思想。但是,心理学的发展实际上也可以体现为心理学思想的演变。其实,心理学思想史与心理学学科史并不是一个含义。而且,心理学思想史也并不就是在科学心理学诞生之前的思想家关于人的心理行为的猜测和思辨的历史。这就好像是科学心理学诞生之后,就终结了心理学思想史的进程。心理学思想是心理学思想家提供的。

心理学思想是关于心理行为的理解和思考,也是关于心理学科的理解和思考。在人类思想史的演进历程中,心理学思想史是非常重要的组成部分。思想家们提供了在自己的特定思想基础上关于人的心理行为的解说、解释和解析,也提供了在自己的特定研究基础上关于心理学科的思考、思索和思想。

思想的起源、演变、发展和历史,都会成为后来的研究可供借鉴的资源,可供运用的资源,可供创新的资源。心理学思想的起源、演变、发展和历史,就是后来的心理学研究的可供借鉴的资源、可供运用的资源、可供创新的资源。

心理学的思想资源是心理学的学术积累、学术演进和学术成长的非常重要的内容。其实,在心理学史的研究中,曾经就出现过把心理学的历史发展区分为心理学思想史和心理学科学史。这实际上是把科学心理学的诞生作为重要的分水岭,在此之前的就是心理学思想史,在此之后的就是心理学科学史。这似乎是表明,心理学思想是非科学的思辨和猜测。应该说,这种理解是不合理的。心理学作为一门学科或科学,也仍然有自己的思想创造和思想历程。甚至可以说,心理学的思想创造和思想历程反而是心理学发展最重要的创造和历程。

心理学思想史的研究也常常把心理学思想的历史演变仅仅当作是学术追踪的内容。这也就是一种当代的对历史的还原,所谓还历史以本来的面目。思想史的研究也就是思想演变的历史呈现。这种研究目的最根本的缺失是,没有把心理学思想的演变和发展当作是心理学的资源,当作是心理学的思想资源。因此,必须重新定位心理学思想史的研究,必须重新认识心理学思想的价值,必须重新理解心理学思想的内涵。把心理学思想的形成和发展看作是心理学的思想资源,这是一个根本性的变化。

思想史的研究、心理学思想史的研究,不是一种对历史和传统的展示和炫耀,不是一种对心理学思想历史和思想传统的展示和炫耀,而应该是一种对历史资源和思想资源的挖掘和提取。这更应该是一种推进资源转化和利用的活动。但是,这在心理学思想史的研究中却是最薄弱的一环。

心理学的考察、研究和探索,都是需要思想的活动,都是需要思想家的学问。应该说,在心理学的历史演变和发展过程中,出现过许多的心理学大思想家。在心理学成为实证的科学门类之后,实证心理学家开始对思想的活动有了偏见和回避。心理学思想也被与心理学思辨划上了等号。思辨的心理学被称为"安乐椅中的心理学",是一种猜测、推论和臆断。对思辨的躲避和排斥,演变成为对思想的躲避和排斥,心理学的研究变成了一种技术活动和技术操作。这导致的最直接的后果就是心理学思想家的日渐减少,心理学思想力的日渐衰退,心理学思想性的日渐弱化。心理学学科发展也就开始缺乏思想的创造和创造的思想。一个没有思想的学科是一个没有前途的学科。一个没有思想积累的学科也就是一个没有未来的学科。心理学学科发展应该关注思想,关注思想的内涵,关注思想的创造,关注思想的积累,关注思想的资源。心理学的思想是需要心理学的思想资源的。获取思想的资源是推动思想的创造的最根本的活动。

思想的资源是历史沉积的过程,是历史沉积的结果。其实,在人类的发展历程中,人关于自身心理的探索和考察从来就没有停止过。探索和考察的结果则有着不同的历史命运。有的被继续发扬和光大了,有的被历史的尘埃掩埋了,有的被岁月的冲刷磨灭了,有的被转化和转换了。其实,思想的资源是可以进行挖掘和提取的。心理资源实际上就可以通过思想资源体现出来。心理学的思想资源的挖掘会给心理学的发展带来重要的思想财富。

追踪现代科学心理学的发展可以有十个线索:文化的线索、国别的线索、时间的线索、组织的线索、人物的线索、事件的线索、器物的线索、思想的线索、学说的线索、学科的线索。这是理解和把握现代科学心理学产生、演变和发展的重要内容。其中就包括思想的线索。重视思想的线索就是关注思想的资源。现代科学心理学的真正内核是其心理学思想的形成和传播,这是现代科学心理学的实际灵魂。心理学学科的发展,最重要的体现就是心理学思想的发展。心理学的思想可以包含两个方面的内容:一是对心理学研究对象的理解和认识;二是对心理学学科构成的理解和认识。心理学在自己的历史发展中,对心理学研究对象的认识发生了一系列的变化。心理学成为独立的学科门类之后,最早是把意识当作心理学的研究对象,所以这个时期的心理学也常常被称为意识心理学。因为意识是研究者的感官把握不到的,而能够通过内省把握到,所以内省就成为心理学的研究方法。行为主义的诞生被认为是心理学发展中的一场革命。行为主义把意识排除在心理学的研究对象之外,而把可以直接观察到的行为确立为心理学研究的对象。认知心理学的产生被认为是心理学发展中的又一场革命。认知心理学又重新把人的内在认知过程确立为心理学的研究对象。心理学在自己的历史发展中,对心理学学科构成的认识也发生了一系列变化。例如,有的心理学家就把心理学当作纯粹的自然科学来看待。这使得心理学曾经一度去全面模仿自然科学的研究方式和思考方式。[①]

思想史的传统资源、心理学的思想资源,都是对心理学的传统、心理学的历史、心理学的演进、心理学的理论等进行重新认识的框架。这也给出了将心理学的思想性的存在进行交汇和整合的重要平台。心理学不仅有自己的知识性存在、方法性存在、工具性存在,而且有自己的思想性存在、思想性传统、思想性启示。

四、心理学的学术资源

心理学学科的发展和演变会形成一种独特的学术传统。学术传统形成的就是特定的学术资源。学术活动、心理学的学术活动,会涉及学术思想的创造、学术研究的推进、学说理论的建构、研究方法的定位、干预技术的发明等的活动。这些特定的学术活动都会与心理学的学术资源有着特定的关联。分解、了解和理解心理学的学科基础和学术根基,就是十分重要的学术研究目标和研究内容。学术资源、心理学学术资源是有待挖掘的、有待提取的。

学术资源的含义也许需要进行严格的界定。界定了学术资源才能界定心理学的学术资源。有研究在涉及中国的文化传统时,就区分了知识资源和学术资源,认为这是生活与学术的区分。有学者在研究中指出,中国的文化传统正在从知识传统沦落为学术传统。这也就是说,文化的重建工作并不是要光大传统作为学术资源的意义,而是要赋予传统知识资源的地位。在该研究看来,所谓的传统仅仅是后人赋予的,并不是对传统的了解。构成传统的最重要的是所拥有的一些经典,并具体反映在读书人的知识来源上。基于此,可以换一个角度思考 20 世纪中国传统的失落,以及失落的究竟是什么?"五四"一代关于传统的立场,主要体现在不把传统作为政治制度合法性的知识资源,传统也因此呈现由知识资源向学术资源的过渡。自"五四"

---

① 葛鲁嘉.追踪现代科学心理学发展的十个线索[J].心理科学,2004(1):159-160.

以来,文化传统由各种经典向抽象化的象征符号过渡,意味着对传统文化的认知受到知识分子文化养成和历史境况的影响,从中可见中国知识分子无论是批判传统还是弘扬传统,都不断在重新界定传统,并用新的象征符号表达。同时,"经典"的学术资源化,也表明传统作为知识资源的失落构成20世纪中国文化命运的实质写照。①

　　其实,尽管上述的研究表明的是希望恢复中国文化传统作为知识资源的地位和作用,而不是将其限定在研究者的书斋中。这是从生活和现实出发的对中国本土文化传统的考虑和认定。但是,把中国的文化传统当成学术的资源依然是不容忽视的。特别是在当代科学迅猛发展和学科加速分化的情景中。学术的进步和壮大,会使学术知识更快更好地进入社会日常生活。

　　学术资源包括学术制度、学术传统、学术思想、学术创造,等等。在这些非常广泛的学术资源中,最核心最重要的就是学术思想的资源。这正与前面所述的思想资源是相通的。挖掘作为学术资源的学术思想,是思想史研究的内容。心理学思想史的研究就应该是对心理学的学术资源的提取、挖掘和阐释,就应该超脱关于学科发展历史史实和历史资料的研究和积累。

　　拥有学术传统的学科才会拥有学科的学术资源。心理学学科也是如此。心理学的研究重视自己的对象、方法和技术,这是心理学研究非常重要的方面,但同样重要的还应该重视自己的根基、思想和资源。这是心理学学术突破和学科成长的最为核心的方面。

五、心理学的学科资源

　　心理学在成为独立的学科门类前后,与其他学科一直有着特定的关系。这种关系决定了心理学的发展和演变。但是,对心理学与相关学科的关系尚缺乏系统深入的探索。心理学与相关学科的关系经历了历史的演变,从心理学依附于其他学科的发展,到心理学排斥其他学科来保证自己的学术独立性,到心理学开始寻求与其他学科合作的关系,到心理学与其他学科应该建立共

---

① 章清.传统:由"知识资源"到"学术资源"——简析20世纪中国文化传统的失落及其成因[J].中国社会科学,2004(4):191-204,209.

生的关系。这标志着心理学学科的成熟,也标志着心理学开始容纳所有的学术资源。这意味着心理学不仅借助其他学科的发展,而且意味着心理学可以为其他学科的发展提供可以借用的资源。从不同学科的学术独立到不同学科的学术共生,这是一个重大的学术转换。

1. 关系的演变

探讨心理学与其他相关学科的关系,是涉及心理学的演变和发展的重大问题。经过了历史的长期演变,心理学与其他相关学科的关系有了当代的重新定位。这会在极大程度上加快推进心理学的发展,也为其他学科的发展提供学术资源。心理学与其他相关学科的关系经历了从依附到分离、从排斥到合作、从独生到共生等一系列的转换。

心理学学科在自身的演变和发展过程中,与其他学科门类有着千丝万缕的联系,形成了十分独特的关系。心理学本身就存在着各种形态。[①] 在心理学独立之后,其他的许多学科也以自己独特的方式在涉及和考察人的心理行为,并且为科学心理学提供了丰富的科学内容。[②]

心理学与其他相关学科的关系不是固定不变的,而是随着时代的发展和学科的进步不断发生变化的。所以,探讨心理学与其他学科的关系,首先必须探讨这种关系的历史演变。

心理学与其他相关学科关系的演变所具有的第一个非常重要、非常关键的转折点,就是心理学作为独立的学科门类的出现。或者,在心理学成为独立的学科门类之前,心理学与其他学科门类是一种特定的关系。这就是心理学依附于其他学科的关系,心理学是以其他学科的形态和方式存在和发展。心理学对人的心理行为的探索和研究,是按照其他学科的形态和方式来进行的。

在心理学成为独立的实证科学门类之后,心理学与其他学科的关系才发生了根本性的改变。此时,心理学才开始有了独立的身份、独立的发展、独立的创造。在心理学独立之后的初期阶段,为了获得自己的独立身份,心理学也有过对其他学科的排斥或拒斥。心理学与其他学科的关系变成了排

---

① 葛鲁嘉. 心理学的五种历史形态及其考评[J]. 吉林师范大学学报(人文社会科学版),2004(2): 20 - 23.
② 葛鲁嘉. 类同形态的心理学总评[J]. 西北师大学报(社会科学版),2005(3): 95 - 98.

斥的关系。这无疑促进了心理学的自我推动和自主发展,但是也给心理学带来了许多不利的影响。这种不利的影响就体现在心理学的发展缺少甚至缺失了重要的学术资源。

心理学与其他相关学科关系的演变所具有的第二个非常重要、非常关键的转折点,就是心理学作为成熟的学科门类的出现。或者,心理学在成为成熟的学科门类之前,与其他学科具有的是借用的关系,心理学需要借用其他学科的研究来促进揭示和解释人的心理行为。在心理学成为成熟的学科门类之后,心理学与其他学科门类的关系就转变成为共生的关系。共生的关系就是一荣俱荣、一损俱损的关系。其他学科的进步和繁荣,会带来心理学的进步和繁荣,反之也是如此。

有研究认为,心理学的发展已经从独白的时代迈入对话的时代。在新世纪、新时代,对话已经成为中心话语。心理学研究必须面对时代话语的转换,改变自己的研究范式,从独白走向对话。对话是心理学发展的方向,也是心理学重新树立在社会文化和心理生活中的权威和地位的必经之路。[①] 其实,心理学的对话时代,包括心理学与其他学科的对话,也包括心理学从其他学科获取发展的资源。心理学的演变和发展,心理学的建构和创新,原有的心理学的科学观已经明显不再适应心理学的需要。心理学在目前需要去构建开放的心理学观,或确立心理学的大科学观,[②]心理学的研究也需要去扩展自己的方法论,[③]从而真正容纳来自不同科学学科的、关联到心理行为的研究资源。这已经超出了借用和借鉴,而是体现了共生和共荣。这是最为根本的关系的演变。

2. 依附的关系

心理学在自身的学科发展历程中,曾经有过对其他相关学科的依附。心理学与其他学科之间的最初关系就是依附的关系。这种依附关系是心理学在独立之前的一种依赖关系。在心理学从不成熟走向成熟的道路上,这种依附的关系开始表现出来的是从属的关系,后来表现出来的是还原的

---

① 周宁. 独白的心理学与对话的心理学——心理学的两种话语形态[M]. 昆明:云南大学出版社. 2005.
② 葛鲁嘉. 大心理学观——心理学发展的新契机与新视野[J]. 自然辩证法研究,1995(9):18-24.
③ 葛鲁嘉. 对心理学方法论的扩展性探索[J]. 南京师范大学报(社会科学版),2005(1):84-89.

关系。

在特定的从属关系的阶段，心理学还没有自己的独立的实证科学的形态，而是隐身在其他学科的范围中。心理学成为独立的实证学科门类的时间非常短，仅有一百多年的学科发展的历史。但是，心理学作为人类对自身的心理行为的探索，却有着非常漫长的历史过程和历史演变。在早期漫长的发展历史中，心理学实际上就曾一直栖身在哲学探索和哲学学科中。在人类文明的发展史上，哲学是一门最古老的学问。哲学一开始是无所不包的，或者包罗万象的。在哲学的追问当中，哲学家也非常关注人类的心理问题，并不断地在探讨人类心理的基本性质、主要构成和活动方式，所以哲学心理学就是最早出现和延续最久的心理学的历史形态之一。① 哲学心理学是哲学家通过思辨的方式对人的心理行为的说明、阐述和解释。这种思辨的方式带有推测、推论和推断的性质。哲学心理学是一种最古老形态的心理学。这种心理学在历史上存在相当长的时间，是历史上对人的心理行为的最具主导性的解说和解释，所以心理学在相当长的历史时期中都是从属于哲学的。

在特定的还原关系的阶段，心理学研究中盛行还原论的研究方式。还原主义曾经在心理学的研究原则、理论解说和方法运用中占据着支配性的地位。其实，物理学看待世界的方式提供了物理世界的谱系。在这个物理世界的谱系中，有物理的存在、化学的存在、生物的存在、社会的存在、精神的存在。物理学也提供了理解物理世界的还原主义立场。依据这个立场，处于根基的部分对于其他层面具有决定性的作用，或者对其他层面的说明和解释可以还原到基础层面的性质和规律。这导致在心理学研究中十分盛行对心理的物化的研究，或者按照解释物理存在的方式来解释心理存在。这成为心理学发展中的一个痼疾。

还原论在心理学研究中的盛行，在很大程度上是因为心理学还缺乏自己的独立研究，而对其他的基础性学科有着严重的依赖性。对于心理学的研究来说，直接借用其他相对成熟学科的研究来解说人的心理行为，正是通

---

① 葛鲁嘉.哲学形态的心理学考评——心理学的五种历史形态考察之二[J].河北师范大学学报（教育科学版），2005(4)：76-79.

过还原论的方式来进行的。这使得心理学的研究长期依赖于其他学科的研究方式和研究成果。例如,心理学的研究就曾经长期地依附于生物学和生理学的研究。[①] 生物还原论曾经长期滞留在心理学的研究中,也就是把人的心理行为的性质、特征、活动机制、变化规律都还原为遗传的特性、生理的特性、生物物理的特性、生物化学的特性,等等。

3. 排斥的关系

心理学在成为独立的学科门类之后,一度非常急于获取和确立自己作为一门独立科学的身份。在这个过程中,心理学也曾经有过对与自己密切相关的学科分支的排斥和回避。当然,这可以给心理学带来自立,但也可以给心理学带来孤立。在对其他科学门类的回避和排斥中,心理学丢失了许多原本可以借用的资源。心理学的独立不应该是心理学的孤立,而应该是形成与其他相关学科的新的关系。

如果从心理学独立的意义上说,心理学与其他学科的分离是非常正常的。心理学建立自己的学科边界,划定自己的研究范围,定位自己的对象内容,这都是一个独立的学科门类必需的发展历程和进步道路。但是,分离与排斥是有着根本区别的。分离是指独立或自立的进程或过程,心理学与其他学科门类的分离是指心理学能够成为独立的学科门类,能够有独立自主的研究。排斥则是指割裂和拒绝的进程或过程,心理学对其他学科门类的排斥是指心理学关闭了与其他相关学科进行沟通的门户,割断了自己与丰富的学科发展资源的关联。这样,心理学的研究就成为了孤芳自赏。

例如,独立之后的心理学曾经有过对哲学研究的排斥。在心理学成为独立的学科门类之前,心理学曾经从属于哲学,这就是哲学心理学的探索。心理学成为独立的学科门类之后,以实证科学或实验科学自居,心理学与哲学曾经有过很长一段时期的彼此分离和相互排斥。对于心理学学科来说,为了维护自己的独立学科的地位,而在相当长的时间里极力排斥哲学,把自己与哲学严格区分开来,否定自己与哲学有任何的关联,甚至在当今的心理学发展中,仍然有许多的心理学家持有这样的态度。这实际上是心理学家忽略了,哲学的反思就是心理学明确自身研究的理论前提的十分必要的学

---

① 叶浩生. 有关西方心理学中生物学化思潮的质疑与思考[J]. 心理科学,2006(3):520-525.

术研究和学术历程。① 例如,心理科学与分析哲学就具有特定的关联与互动。② 实际上,理论心理学的研究就包含哲学反思的层面。③

心理学对其他相关学科的排斥可以体现在拒绝吸取其他学科提供的理论借鉴,包括必要的理论框架、理论概念、理论建构和理论学说。心理学对其他相关学科的排斥也可以体现在拒绝借鉴其他学科运用的研究方式和研究方法,这包括具体的研究方法和数理方法。心理学对其他相关学科的排斥还可以体现在拒绝采纳其他学科行之有效的应用技术和应用手段。这种排斥的关系,不仅使心理学的研究视野受到极大限制,而且使心理学的研究内容、研究方式和研究应用都受到了极大制约。心理学的研究范围和研究深度都变得更窄更浅了。所以,对于心理学的发展来说,最重要的是怎样使心理学的研究从对其他学科的排斥转向与其他学科的合作。

4. 合作的关系

由于心理学本身研究对象的独特性质,心理学学科是跨学科或多学科合作的研究领域。在心理学中有着大量的分支学科,这些分支学科与众多的学科领域有着交叉的关系,有着共同关注和彼此重叠的研究领域。在心理学的众多不同分支学科和研究取向的研究中,有的分支或取向侧重与自然科学分支的关联,有的分支或取向侧重与人文学科分支的关联,而有的分支或取向则侧重与社会科学分支的关联。所以,现代科学心理学在自身的发展历程中,既有自然科学的传统,也有社会科学的传统,还有人文科学的传统。④ 因此,心理学与一系列重要的自然学科、社会科学和人文科学的不同学科分支的研究领域,实际上都形成了特定的联系。实证的科学心理学诞生之后,也曾经把自然科学中的物理学当成是自己效仿的榜样。⑤ 心理学研究也寻求过与人文科学的学科,与社会科学的学科之间的衔接。其中就包括与历史学的结合,⑥也包括与社会学之间的关联。⑦ 此外,心理学与其

① 葛鲁嘉,陈若莉. 论心理学哲学的探索——心理科学走向成熟的标志[J]. 自然辩证法研究,1999(8):33-38.
② 孟维杰. 关联与互动:20世纪的科学心理学与分析哲学[J]. 心理学探新,2007(3):7-10.
③ 葛鲁嘉. 理论心理学研究的理论功能[J]. 山西师大学报(社会科学版),2005(4):1-5.
④ 孟维杰. 现代心理学自然科学品性探析[J]. 南京师大学报(社会科学版),2007(5):86-90.
⑤ 郭永玉. 论物理学作为心理学的榜样[J]. 教育研究与实验,2002(4):41-43.
⑥ 郑剑虹. 历史学与心理学的结合[J]. 社会科学,1997(5):68-71.
⑦ 徐冰. 心理学与社会学之间的诠释学进路[J]. 中国农业大学学报(社会科学版),2007(3):167-176.

他学科的合作也体现在与横断科学的密切联系中。在现代科学的发展进程中,横断科学是在概括和综合多门学科的基础上形成的一类学科,是从众多学科的研究对象中抽出某一特定的共同方面作为研究的内容,其研究横贯多个甚至一切领域,对具体学科往往能起到方法论的作用。信息论、控制论和系统论就是传统的横断科学,耗散论、协同论和突变论则是新兴的横断科学。这些横断科学都与心理学的研究有着密切的联系。心理学与之形成的是合作的关系。

信息论的研究涉及信息的接收、编码、变换、存储和传送。受信息论的启发,一些心理学家也开始把人看成是接收、加工和传送信息的装置。信息加工的认知心理学是以信息加工作为理论框架,把人的认知看成是信息加工的系统,所以认知心理学也被称为信息加工心理学。正是运用信息加工的观点,认知心理学试图揭示人的内在心理机制,将其看成是信息的获取、储存、复制、改变、提取、运用和传递等的加工过程。认知心理学的研究涉及人的感知、注意、记忆、心象、思维、语言等。人的认知作为信息加工的系统,能够通过认知来表征现实世界或外部对象,能够通过认知的操作和计算来变换其表征的现实世界或外部对象。心理的表征和计算是所有认知活动或智能活动的基础。认知心理学的研究目的就在于揭示和说明心理的表征和计算。人的心灵或认知无论在结构上还是在资源上都是有限的。心灵作为信息加工系统依赖于神经基础,但却不必归结于神经系统。因此,同样的信息加工过程可以在物理系统或生物系统等完全不同的基础上实现出来。脑科学的研究、认知神经科学的研究都为心理学研究的深入提供了必要的前提和基础。[1] 关于意识与大脑的研究和探索,实际上就属于和需要多学科的合作与参与。不同学科的合作和参与,为意识与大脑的科学解说,提供了更宽广的视域。[2] 这已经成为当代心理学研究进程和进展中的非常重要方面。[3]

控制论涉及调节、操纵、管理、指挥、监督等方面。控制论研究一切控制系统(包括生命系统、社会系统)的信息传输和信息处理的特点和规律,研究

① 商卫星.脑科学与心理学研究[J].医学与哲学(人文社会医学版),2007(1):5-10.
② 汪云九,杨玉芳,等.意识与大脑——多学科研究及其意义[M].北京:人民出版社:2003.
③ 郭本禹.当代心理学的新进展[M].济南:山东教育出版社.2003:359-382.

用不同的控制方式达到不同的控制目的。心理控制论是运用控制论的原理和方法研究人的心理的科学,是心理学与控制论相互渗透而形成的学科。这是 20 世纪 70 年代发展起来的研究门类。心理控制论认为,人总是居于一定的系统中,成为一定系统中的子系统,并与其他子系统构成一定的控制关系。人的行为是在人的心理支配下进行的,人的行为并不是天然适应于一定系统的功能要求,而需要加以调整和控制。通常,心理控制论包括如下的基本研究内容:同系统相适应的人的心理状态(认同性、积极性、相容性、适应性),系统中人的心理控制(指令控制、诱导控制、威胁控制、监督控制、自我控制等)。心理控制论的诞生,为传统的心理学研究提供了新的途径和方法,而且在人的各种活动领域中都有重要的实际意义。

系统论的研究表明,系统是由若干要素以一定结构形式联结构成的、具有某种功能的有机整体,包括要素、结构、功能。整体性、关联性、时序性、等级结构性、动态平衡性是系统共同的基本特征,其核心思想是整体观念。系统不是各个部分的机械组合或简单相加,系统的整体功能是各要素在孤立状态下没有的新质(整体大于部分之和)。研究系统的目的在于调整系统结构,协调各要素关系,使系统更加优化。从系统理论来看,人处于物理系统、生物系统和社会系统的交叉点上。物理系统是人的自然属性的基础,生物系统是人的生物属性的基础,社会系统是人的社会属性的基础。人的心理是一个多层次、多水平、多维度的复杂系统。

耗散结构论的观点认为,一个处于非平衡态的开放系统,通过不断从外界环境中获取物质和能量而带进"负熵流",可以从原来无序状态转变为有序状态,使系统形成具有某种功能的新的层次结构,这种非平衡态下的有序结构就叫做耗散结构。一个开放型的耗散结构系统(如人体系统、经济系统等)从外界环境吸收物质和能量,而带进"负熵流"的功能特性,可称为系统的耗散性。耗散结构论是关于系统自组织的理论,自组织就是进化。耗散结构论认为,生物体是非平衡有序的结构系统,系统的形成和延续只能在系统不断与环境进行物质、能量、信息交换的条件下进行。普利高津认为,非平衡有序结构的特点是,一方面是有序,一方面是耗散,系统是在物质和能量的不断耗散中形成和维持。人的心理也是一个自组织的有序系统,心理发展和心理活动要通过不断同外界环境进行物质、能量和信息的交换实现。

目前,耗散结构论也影响到现代心理学。① 例如,皮亚杰的发生认识论、列昂节夫的活动理论、费斯廷格的认知不协调理论、斯腾伯格的智力三元理论等,其基本精神都与耗散结构论一致。

协同论是应用广泛的现代系统理论,并在自然科学与社会科学之间架起了一座桥梁。协同论认为,一个系统从无序向有序转化,不在于是否处于平衡状态,也不在于偏离平衡有多远,而在于开放系统内各子系统之间的非线性相干作用。这种相干作用将引起物质、能量等资源在各部分的重新搭配,即产生涨落现象,从而改变系统的内部结构以及各要素间的相互依存关系。一个由大量子系统组成的复杂系统,在一定条件下,其子系统之间通过非线性相干作用就能产生协同现象和相干效应,该系统在宏观上就能形成具有一定功能的自组织结构,出现新的时空有序状态。协同学是关于系统内部复杂自组织行为的理论。协同是形成自组织结构的内在根据。协同学的原理符合人的心理系统的特性。心理系统虽然受环境影响,与环境相互作用,但决定心理系统发展和变化的还是心理系统自身的变量。

突变论涉及不连续的现象。突变论研究的过程本身是连续的,但连续的原因造成了不连续的结果,这种现象称为突变。突变论力图揭示造成这种不连续性的一般机制。突变的本质是系统从一种稳定状态经过失稳向另一种稳定状态的跃迁,是自然界和生物界进化的内在动力之一。自然界中有许多与不连续性有关的现象。这种不连续性既可以体现在时间上,如细胞分裂,也可以体现在空间上,如物体的边界或两种生物组织之间的界面。这种不连续性使人们在用连续性的数学方法处理问题时面临巨大数量的状态变量的难题,而突变论却可以解决这一难题。当处理复杂系统时,只要观察到某些突变特征,就可以选择合适的状态变量和控制变量并用突变模型来拟合观察结果。突变论既可以运用于自然科学,也可以运用于心理科学。例如,在研究攻击行为、决策心理、心理顿悟方面,突变论都显现出自己的优势。

当代的科学发展,又有相变论、混沌论和超循环论等所谓"新新三论"的出现。新的研究进展带来了新的学科的探索,也带来了对心理学研究的新的研究启示。心理学可以从中获得新思想、新方法和新技术。相变论主要

---

① 李仲涟.耗散结构论与心理学[J].湖南师范大学社会科学学报,1989(5):36-41.

研究平衡结构的形成与演化,混沌论主要研究确定性系统的内在随机性,超循环论主要研究在生命系统演化行为基础上的自组织理论。"新新三论"对心理学研究具有的价值和意义,或者心理学与"新新三论"的可以形成的关系,还值得进一步考察和探讨。①②

心理科学的一系列重大的进步和跃变,都与横断科学的出现有着密不可分的关系。很显然,心理学从中有着巨大的获益。这为认识和把握极为复杂多变的心理行为提供了各种可能性和可行性。

5. 共生的关系

20 世纪 90 年代初期,在认知科学的研究中出现了一种新的研究取向。新取向的倡导者将其称为共生主义研究取向(enactive approach),并认为这一取向超越了认知主义和联结主义,是其连贯的发展。瓦雷拉(Francisco J. Varela)等人于 1991 年出版的《具体化的心灵:认知科学与人类经验》一书,可以看作是共生主义研究取向的一部代表作。③ 认知主义的隐喻是计算机,联结主义的隐喻是神经系统,而共生主义的隐喻是人的生活经验。共生观点强调,认知并不是先定的心灵对先定的世界的表征,而是在人从事的各种活动历史的基础上心灵和世界的共同生成。立足共生的观点,瓦雷拉等人认为,尽管近年来对心灵的科学研究进展很快,但是很少从日常的生活经验来理解人的认知。这导致的是脱离日常生活经验的科学抽象,结果使心灵科学落入客观主义和主观主义的巢穴。实际上,这也就是把心灵与作为对象的世界分离开了,假定了内在心灵的基础和外在世界的基础,所以也可以称为基础主义。如果把认知主义、联结主义、共生主义看作认知心理学或认知科学的三个连续阶段,那么基础主义随着上述理论框架的变化而逐渐地衰退和崩解了。

认知心理学乃至认知科学要采取共生主义的研究取向,就必须包容人类的经验。瓦雷拉等人认为,佛教对心灵觉悟的探索和实践是对人的直接经验极为深入的分析和考察,这不仅强调人的无我的心灵状态,而且强调空

---

① 李薇,徐联仓. 混沌现象及其在生理心理系统中的意义(一)[J]. 心理学报,1987(3):307-311.
② 李薇,徐联仓. 混沌现象及其在生理心理系统中的意义(二)[J]. 心理学报,1987(4):394-398.
③ Varela, F. J., Thompson, E., & Rosch, E. *The Embodied Mind: Cognitive Science and Human Experience*. Cambridge, MA: The MIT Press, 1991.

有的世界。因此,有必要在科学中的心灵与经验中的心灵之间建立一座桥梁,在西方的认知科学与东方的佛教心理学之间进行对话。这有助于克服西方思想中占优势的主客分离和基础主义的观点。瓦雷拉等人将引入佛学传统看作是西方文化历史中的第二次文艺复兴。总之,可以看到,认知心理学的研究范式的演化正在从一开始立足抽象的、人为的认知系统,转向立足生动的、具体的人的心灵活动。

生态学的出现不仅是一个新的学科的诞生,而且是一种新的思考方式的形成。这种思考方式突破了传统分离的、孤立的、隔绝的思考,建立了当代联结的、共生的、和谐的思考。这种思考方式不仅带来了对事物的理解上的变化,而且带来了研究者的眼界和胸怀的扩展。生态的核心含义是指共生。共生不仅是指共同生存或共同依赖的生存,而且是指共同发展或共同促进的发展。生态学的含义不仅是指生物学意义上的,而且包含文化学、社会学和心理学的意义。生态学的含义在一开始的时候,更多是在生物学意义上的理解,只是随着生态学的进步和发展,其意义才开始扩展到其他学科领域,才开始进入到人类生活的各个方面。正因为有了生态的含义,才使得科学的研究和思考有了更宽广的域界。

生态学的方法论提供的是整体观、系统观、综合观、层次观、进化观、同生观、共生观、互惠观、普惠观等一些重要的思路、思想、思考。这可以改变原有心理学研究中盛行的思想方法和研究方式。整体观是通过整体来理解部分,或者把部分放到整体中加以理解。系统观是把系统的整体特性放在优先的位置上。综合观是相对于分析观而言的,是把构成的部分或组成的部分统合或统筹地加以理解。层次观是把构成的部分看作是或者分解成不同水平的、不同层次的、不同阶梯的、不同构成的存在。进化观是从发展的方面、接续发展的方面、上升发展的方面、复杂化发展的方面、多样化发展的方面等,去理解事物的进程、进展、优化和优胜。同生观是把生命或生物的生长和发展看作是相互支撑的、互为条件的、互为因果的、互为前提的。共生观是把发展看作是彼此促进的、协同发展的、共同生长的。互惠观是把自身的发展看作是对他方发展的促进,同时又反过来促进自身的发展和进步。普惠观则把个体成员的成长和发展看作是对整体的不可或缺的条件,在一个整体中,个体的变化和发展都具有整体效应。

共生论和生态学都给理解心理学与其他学科的关系提供了重要的方法论。心理学与其他学科的关系是共生的关系,心理学与其他学科的研究都可以置于生态学的框架。

六、心理学的本土资源

中国本土心理学的发展和演变应该立足本土的资源,应该提取本土的资源,应该利用本土的资源。在本土文化的基础上来建构特定的心理学,也是近些年来许多学者努力的方向。在中国本土文化的基础上来建构中国本土的心理学,也是当前中国心理学研究者追求的目标。回到中国本土文化,挖掘中国本土文化中的心理学资源,这已经成为许多中国心理学研究者的自觉行动。不同的研究者着眼点不同,关注的内容也就不同,思考的方向也就不同。

有研究指出,"心"或"心理"等词语在汉语中有相当长的历史,对这些词语的理解反映了中国人关于"心理"的认识和理解。中文的"心"往往不是指一种身体器官而是指人的思想、意念、情感、性情等,故"心理学"这三个汉字有极大的包容性。任何学科都摆脱不了社会文化的作用,中国心理学亦曾受到意识形态、科学主义和大众常识等方面的影响。近年来,中国学者对心理学自身的问题进行了反思。从某种意义上说,中国人对"心理"和"心理学"的理解或许有助于心理学的整合,并与其他国家的心理学一道发展出真正的人类心理学。①

中国的文化传统中有自己的独特的心理学传统,这也是独立存在的、自成系统的心理学探索。在中国的心理学传统中也有着特定的、大量的心理学术语。最重要的是,提供对本土的心理学概念的考察和分析,并能够从中找到核心的内涵和价值。②

有研究考察了中国文化与心理学,在该研究看来,"东西方心理学"作为心理学的一个术语,其基本内涵是要把东方的哲学与心理学思想传统,包括中国的儒学、道家、禅宗以及印度佛教和印度哲学、伊斯兰的宗教和哲学思

---

① 钟年.中文语境下的"心理"和"心理学"[J].心理学报,2008(6):748-756.
② 葛鲁嘉.中国本土传统心理学术语的新解释和新用途[J].山东师范大学学报(人文社会科学版),2004(3):3-8.

想、日本的神道和禅宗等,与西方的心理学理论及实践结合起来。由于"东西方心理学"这一概念主要是西方心理学家提出来的,所以强调对东方思想传统的学习与理解。[①]

中国本土的学者也探讨了《易经》与中国文化心理学,并认为,中国文化中包含丰富的心理学思想和独特的心理学体系,那么这种中国文化的心理学意义也自然会透过《易经》来传达其内涵。该研究以《易经》为基础,分"易经中的心字""易传中的心意""易象中的心理"等几个方面,阐述了《易经》中包含的"中国文化心理学"。同时,该研究也比较和分析了《易经》对西方心理学思想产生的影响,尤其是《易经》与分析心理学建立的关系。例如,汉字"心"的心理学意义可以是在心身、心理和心灵三种不同的层次上,表述不同的心理学意义,但以"心"为整体,却又包容一种整体性的心理学思想体系。比如,在汉字或汉语中,思维、情感和意志都是以心为主体,同时也都包含"心"的整合性意义。这也正如"思"字的象征,既包容心与脑,也包容意识和潜意识。[②]

应该说,中国文化、中国哲学和中国传统中的心理学是非常值得挖掘的。这不仅是文化、哲学和传统中的心理学思想,而且是特定的心理学形态和心理学资源。问题的关键在于找寻中国本土心理学的核心理论。这就是心性学说或心性心理学。在此基础上的发展就是中国心理学的当代创新。

有研究曾试图把中国的新儒学看作是中国的人文主义心理学。但是,这种研究仍然没有很好地说明西方的人本主义心理学与中国的人本主义心理学的联系和区别。在该研究看来,与西方心理学以科学主义为主体的由下至上的研究思路不同,中国传统心理学探究走的是由上至下的研究路线,即从心理及精神层面最高端入手,强调心理的道德与理性层面,故其实质是人文主义的。现代新儒学作为人文主义心理学研究典范,具有心理学研究"另一种声音"的独特价值与意义。现代新儒学研究背景及思路的展开,呈现出以传统心理学思想为深厚根基的中国近代心理学的独特个性与自信。这是现代新儒学对中国心理学的最大贡献。中国心理学发展由于其特殊的

① 高岚,申荷永. 中国文化与心理学[J]. 学术研究,2008(8):36-41.
② 申荷永,高岚.《易经》与中国文化心理学[J]. 心理学报,2000(3):348-352.

历史条件,在进入近代时期开始明显地区分为两条路线:一条是直接从西方引进的科学主义心理学,如果说这一路线是外铄的结果,那么另一条则是自生的人文主义心理学。近代时期不仅是中国科学心理学的确立与形成期,而且是中国人文主义心理学在与外来文化的对撞、并融中对自身特质的首次自觉、反省与确证,而现代新儒学无疑是担当这一重任的主角。西方心理学中的科学主义和人文主义主要是源自心理学学科的双重属性,而且人文主义更多是科学主义的附属与补充。中国近代心理学的科学主义和人文主义,从根本上来看,则是由本土文化繁衍的人文主义对自西方外铄而来的科学主义的抗衡,相比于西方人文主义的阶段性与工具性,本土人文主义具有更多的主动性与自觉性。作为中国思想文化组成之一的中国心理学,将以其独步样式影响并带动西方心理学共同实现人性的真实回归也并非奢望。这也是现代新儒学之于中国心理学的最大贡献所在。[1]

儒学也好,新儒学也好,其最大的心理学贡献应该是儒学的心性学说,是儒学的心性心理学。科学主义与人文主义的分离、分裂和分立是西方文化传统的特产。在中国的文化传统中,没有这样的分离、分裂和分立。中国本土的文化传统强调的是统一或一统。中国本土心理学传统最根本的是中国本土的心性心理学,或者说从中国儒家的心性心理学传统中可以提取、发展和创新的是心道一体或心性统一的心理学,所以,没有必要按照西方的方式来开发中国本土的心理学。

① 彭彦琴.另一种声音:现代新儒学与中国人文主义心理学[J].心理学报,2007(4):754-760.

第七章　原创性的心理学资源

原创性就是指原始性的创新。原始性的创新在心理学研究中,特别是在中国本土心理学的研究中,是非常重要的、特别关键的方面。心理学独立之后,曾经在很长的历史阶段中依附于许多相对成熟的学科,例如物理学、生物学等。中国本土心理学也曾经在相当长的阶段中依附于发达国家的心理学。因此,对于心理学学科和中国心理学来说,原始性创新应该成为研究发展的一个非常重要的目标。对于心理学特别是中国本土心理学的发展来说,创新性的发展是心理学研究获得科学地位和生活地位的一个重要目标。关键的问题就在于心理学创新的资源基础,心理学的创新有着学术的基础,有着思想的氛围,有着理论的资源,有着历史的使命。

第一节　心理学创新的资源基础

中国现代科学心理学的发展历经了诸多的磨难。首先,在中国本土的文化中并没有产生出西方现代意义上的科学心理学,中国现代意义上的科学心理学是从西方引进的。这使中国科学心理学的发展一开始就有了很高的起点,但是也使得中国现代心理学的发展一直走翻译、照搬、模仿、复制、修补的道路。在中国心理学的文献中,太多看到的是对西方科学心理学的介绍、引证、解说、评述和跟随。其次,中国现代科学心理学的发展缺少自己的立足根基,没有自己的学术立场,常常受各种风潮的影响而摇摆。这使得中国现代心理学的发展走了许多的弯路。如在 20 世纪中期,为了贯彻当时的思想教条,中国心理学的发展引进了苏联的巴甫洛夫高级神经活动学说,结果生理学或神经生理学的内容充斥在了心理学的研究中。心理学因此而变成为"狗流口水"的学说。在"文化大革命"中，心理学更是沦落为资产阶级的"伪科学"，变成了为人所不齿的胡说臆想。思想领域中对唯心主义的批判也牵连到了心理学，心理学自然也就成为了唯心主义的研究。

中国现代科学心理学的发展经历了非常曲折的过程。这主要可以体现为三次大的模仿、复制和跟随，三次大的批判、转折和重建。这说明了中国本土心理学在文化之下，在社会之中，在学科之间，在学术之内的挣扎和蜕变。这也表明了中国本土心理学是通过独特的历程，才逐渐走入科学的常轨。

第一次大的模仿、复制和跟随是在19世纪末期和20世纪初期。当时，西方工业文明的昌盛与中国封建王朝的衰落形成了鲜明的对照。当时，许多中国的学人奔赴欧美，去寻找拯救中国的真理。他们中的一些人留学海外，学习的就是西方的科学心理学。他们抱有的目标是改造和建设国人的心理，以使国家现代化和民主化。正是他们把西方的科学心理学引入了中国，为中国心理学的起步和发展带来了理论知识、研究方法和应用技术。正是他们的努力，使中国开始有了现代意义上或西方意义上的科学心理学。这包括有了心理学的教学和科研的组织和机构，有了心理学的实验和研究的设备和场所，有了心理学的期刊和著作的文献和资料。第一次大的批判、转折和重建是在20世纪50年代初期和中期的思想改造运动和反右斗争的时候，当时的知识分子必须确立自己的政治立场，反对和批判西方的资产阶级的东西，接受无产阶级思想的改造。这就包括对西方心理学的批判。

第二次大的模仿、复制和跟随是在20世纪中期。当时，新中国建立之后，开始接受苏联的大规模援助，大批的苏联专家进入中国。其中就包括苏联的心理学家进入中国的大学和研究机构。这时的大学心理学教学开始讲授苏联的所谓唯物主义心理学，特别是巴甫洛夫学说。渐渐地，巴甫洛夫的高级神经活动的生理学学说就成为心理学的代名词。巴甫洛夫的学说充斥在了心理学的教材、读本、书籍、论文中。第二次大的批判、转折和砸烂是在20世纪60年代中期的"文化大革命"时期。在当时兴起的政治风潮中，心理学被看作是唯心主义的"伪科学"，是必须彻底清除或铲除的。正是在那样的一段时间中，心理学的教学和研究机构都被解散了，心理学的教学和研究人员都被遣散了，心理学的著作和期刊文献都被销毁了。

第三次大的模仿、复制和接受是在 20 世纪中后期。"文化大革命"结束之后,特别是在改革开放之后,中国开始了新一轮的对西方发达国家的心理学的引进、翻译、介绍和评价。西方的科学心理学重又被看作是中国现代科学心理学发展的楷模。这是更大规模更加全面地对西方心理学的引进、复制和模仿。中国的心理学家试图通过对西方心理学的接纳,来缩小与发达国家心理学的差距。国门的洞开,使接触和接受西方的科学心理学有了更加便利的基础和条件。第三次大的批判、转折和改造是在 20 世纪末期。中国的心理学者开始意识到中国心理学中具有的西方心理学的文化印记,以及跟随在西方心理学之后的不足。此时,世界性的心理学本土化的呼声开始高涨,心理学本土化的努力开始兴起。心理学的中国化,或者中国心理学的本土化,也就开始成为中国心理学发展的潮流。

中国心理学的本土化运动已经从艰难的起步阶段走向茁壮成长阶段,即从探讨是否进行心理学本土化的研究转向探讨如何进行本土化的研究,又转向如何创新本土化的研究。本土化的研究课题不断推新和增加,本土化的研究成果也日益多样和丰硕。致力于心理学本土化的中国的心理学家已在积极建立中国人的心理学。当然,目前的所谓中国人的心理学包容着各种各样的本土化研究成果,其本土化的性质是有所差异的,其本土化的程度也是有所不同的。中国文化圈中的心理资源是由多方面的内容构成的,既包括独特的心理学传统,也包括独特的心理学理论、方法和技术,也包括中国本土带有文化印记的心理生活。目前的本土化研究定向是以中国人的心理行为作为研究对象,但仅只是把带有文化印记的心理存在从心理文化中分离出来,放在了科学考察的聚光点上。目前的本土化研究也挖掘中国本土的传统心理学,但只是将其从心理文化中分离出来,看作是已被现代心理学超越和取代的历史古董。不过,新的突破已在酝酿中。

中国心理学的本土化研究在一个相当短的时期里,取得了相当数量的重要成果。如果从心理学的科学观上来看,中国心理学本土化的研究已经从试图扩展西方心理学的研究内容,转向试图突破西方心理学的研究方式。但是,中国心理学在科学观上并未能超越西方科学心理学,或者仍然持有西方心理学的封闭的科学观,没有脱离这种封闭性的限制。这个阶段的研究可以分成两类。一类是以中国人为被试,但研究工具、方法、概念和理论仍然是西方式的。这类研究在本土化努力的初期非常多见。另一类则不但以中国人为被试,而且试图寻找适合考察中国人的心理行为的研究工具、方法、概念和理论。但是,这类研究也只是做到了改变研究工具、方法、概念和理论的内容,而没有改变其基本的实证科学的性质或方式,追求的仍然是西方科学心理学的那种研究方法的有效性和理论解释的合理性。

中国心理学的本土化研究也试图突破和扩展西方心理学的研究方式。这个阶段是在转换研究被试基础上的进步和发展。当然,这只是一种逐渐的变化和过渡,反映出了研究的进程和趋势。这个阶段的研究开始寻求突破西方心理学的封闭的实证科学观的限制,而去寻求更具超脱性和更加多样化的思想理论、研究方法和应用技术。这个阶段的研究也可以分成两类。一类研究是对西方科学心理学的封闭科学观的带有盲目性的突破,这就使多样化的研究变成了杂乱性的探寻。一段时期以来的一部分研究就缺少必要的规范性,而具有更多的尝试性。另一类研究则是试图有意识地清算西方心理学封闭的科学观,寻求建立一种开放的科学观,从而为中国心理学的本土化研究设置必要的规范。

在目前的阶段,中国本土心理学的发展最缺少原始性的创新,而需要学术独立和学术创新,独立学术的生命就在于创新。创新需要积累,学术创新需要学术积累,心理学的学术创新需要心理学的学术积累。心理学的创新可以是理论上的创新、方法上的创新和技术上的创新。当代社会的发展,使交流与合作成为文化和社会的主流。同样,交流与合作也应该成为心理学的主流,成为心理学发展的潮流。

第二节 心理学创新的学术基础

心理学的创新是建立在特定的学术基础上的,或者任何的创新,包括心理学的创新,都不是凭空进行的。这需要奠基的过程、学术的积累、长期的坚守和文化的资源。

在知识经济时代,创造知识和应用知识的能力与效率将成为影响一个国家综合国力和国际竞争能力的决定性因素,即国家的创新能力将关系中华民族的前途和命运。建设国家创新体系是提高国家创新能力的重要举措。国家创新体系是由与知识创新和技术创新相关的机构和组织构成的网络系统。知识创新系统是国家创新体系的一个组成部分,是由与知识的生产、扩散和转移相关的机构和组织构成的网络系统,是指通过科学研究获得新的基础科学和技术科学知识的过程。知识创新的目的是追求新发现、探索新规律、创立新学说、创造新方法、积累新知识,为人类认识世界和改造世界提供新理论和新方法,为人类文明进步和社会发展提供新资源和新动力。面对知识经济时代带来的机遇和挑战,开展心理学基础和应用研究,传播心理学知识,应用心理学成果,培养心理学人才,是我国知识创新体系中一个不可或缺的重要方面。[①]

中国心理学在新世纪的发展必须走自己的道路。在新千年,中国心理学并没有现成的道路好走,重要的是要开辟自己的道路。对中国心理学的发展来说,只有创新,只有原始性创新,才能够使中国的心理学真正摆脱跟随、复制和模仿的命运。在中国本土的文化中也有着自己的心理文化传统。问题就在于怎样把这种传统转换成心理学创新的资源。新心性心理学就是立足本土资源的创新。中国心理学在新世纪的发展面临着一个重要选择,那就是从对西方心理学或对外国心理学的模仿中解脱出来,使之植根于中国本土的文化资源。新心性心理学就是一种立足本土文化资源的心理学理论创新的尝试和努力,并试图开辟中国心理学自己的新世纪发展的道路。新心性心理学具有自己基本的内涵和主张,对于心理学的学科资源的挖掘,对于心理学的研究对象的理解,对于心理学的研究方式的确立,都有创新性的突破。

新心性心理学的探索主要有六个部分的内容,包括心理资源、心理文化、心理生活、心理环境、心理成长和心理科学。这六个部分的研究内容涉及心理学的学科资源、心理学的学科基础、心理学的研究对象、心理学的对象背景、心理学的生活引领和心理学的自身反思,心理资源论析是对文化历史传统中的不同心理学形态的挖掘和考察,心理文化论要是对西方的心理学传统和中国的心理学传统的跨文化考察、解析和比较,[②]心理生活论纲是

① 杨玉芳.知识创新与心理学的发展[J].心理与行为研究,2003(1):2-4.
② 葛鲁嘉.心理文化论要——中西心理学传统跨文化解析[M].大连:辽宁师范大学出版社,1995:28-35.

对心理学研究对象的一种立足本土资源的新的视野、认识和理解，心理环境论说是对心理与环境关系的一种新的思考、分析和阐释，心理成长论本是关于人的心理的超越发展的理解和解说，心理科学论总是关于学科的重大或核心问题的认识和探索。新心性心理学以探讨和揭示心理资源、心理文化、心理生活、心理环境、心理成长和心理科学为目标，以开创和建立中国自己的心理学学派、思想、理论、方法、技术和工具为己任，以推动和促进中国心理学的创新、创造、突破、发展、进步和繁荣为宗旨。

第三节　心理学创新的思想氛围

有研究从科学哲学的视角考察了发现与创新的关系。① 研究指出，发现的前提是既定的，是根据不变的认识论原则，遵循固有的逻辑推理规则，推论出原来就隐含于经验基础或初始原理中的知识。因此，发现并不创造新的东西，无论是新的客体还是新的方法。就这一导向说，发现与创新没有相同之处。发现本身就包括一定社会文化前提（前提性知识）指导下的概念建构。这个导向的一个核心理念是，突出发现主体在发现过程中的创造性作用。发现是发现者根据特定社会背景下的前提性知识，通过自由的心理活动和独特的研究实践，提出新问题、寻求新方法、制定新概念、建构新理论的过程。按这一导向，发现的本质恰恰是创新，只不过必须对创新的含义重新进行规定。近年来，科学哲学界对发现的复杂性和多面性作了深入研究，从而进一步触及发现与创新的内在联系。

从认识论上说，发现的性质是双重的：发现新的事物和发现关于该事物的新知识。前者只是查明、找到和揭示那些本已存在却隐蔽起来不为人知的客体，此时发现的新颖性并不在于发现的对象是发现者新创造出来的，而在于发现者使其首次出现在人们的视野中。就这一侧面说，的确很难把发现与创新等同起来。后者是创立关于该对象的概念体系（假说、原理、理论

---

① 孙慕天. 作为科学哲学概念的创新——发现与创新的关系辨析[J]. 自然辩证法研究，2002(1)：2-5.

等等），即新的知识。此时发现的新颖性，不仅在于这种知识是前所未闻的，而且在于这是发现者创造出来的、从来未曾存在过的。这正是一种发明，即发明了一种新的理论或学说。如果发明之为创新在于创造出前所未有的事物，那么发现之为创新则在于创造出前所未有的概念。就此而论，创新乃是发现的环节。

从本体论上说，发现之所以不像发明一样被当然地视为创新，是因为发明似乎是发明者完全自由的创造，而发现则不是。其实，发现和发明的这一区别也是相对的。发现中的概念创新和方法创新并不是完全主观随意的，各种方案具有可比性，而且完全可以根据实践（特别是科学实验）作出优化选择。无论是发现还是发明，其主观能动性的发挥都是建立在客观规律的基础上，不能以此为理由而否定发现的创新本质。

从社会学上说，科学发现是一个复杂的社会过程。在知识经济时代，科学发现已成为技术创新和产业升级的经常的、直接的动力，是经济主体的自觉行为，从而也就要求从社会经济目标出发进行规划。当前各国把推进基础科学发现作为科技创新工程的核心部分，这绝不是偶然的。在这个意义上可以说，科学创新是一个知识经济时代的概念。

心理学的原始性的创新需要特定的思想氛围。这种心理学创新的思想氛围不仅重视心理学的历史传统，而且推动心理学的未来繁荣。使中国本土心理学的原始性创新立足中国本土的心理文化资源，着眼中国心性的思想演变发展，这也就决定了中国心理学原始性创新的根基和走向。

有研究考察了心理学研究的原始性创新或原创性的问题。① 研究指出，原创性是学术研究的生命力。在学术领域中，只有坚持学术研究的原创性，才能在已有成就的基础上，实现学术研究的可持续发展。考察国内心理学的发展历程和研究现状，除了古代的哲学家尚有一些关于人的心理的原创性的散见外，当前国内绝大部分的心理学理论或思想都是西方的舶来品。尽管国人在引进这些理论或思想的时候，有过或多或少的本土化的努力，但是我国心理学的精神内核没有摆脱西方心理学的束缚，国内有创见的心理学理论或思想并不多见。心理学研究的原创性问题主要是指，当前国内的

---

① 欧阳常青.原创性：心理学研究的理性诉求[J].心理学探新,2005(4)：3-6,16.

心理学研究在研究问题、方法论、理论指导等方面对西方心理学的强烈依附。如此一来,国内的心理学研究就注定是一种验证性、跟踪型的研究,其研究结论充其量也只是对西方心理学理论或思想的修补或润饰而已,其内在的话语权力的感召力和震撼力与西方心理学相比,自是不可同日而语。首先是研究问题缺乏原创性。由于没有明确研究中的前沿问题,尽管国内的心理学研究队伍蔚然可观,研究成果也颇为丰硕,但就研究的问题的原创性来看仍处于难以言说的尴尬局面。其次是研究方法缺乏原创性。国内当前心理学的研究方法仍旧固守以自然科学为取向的实证主义方法论,即强调对象的可观察性、笃信客观普适性真理,坚持以方法为中心,尊奉价值中立的立场等。再次是理论指导缺乏原创性。当前,我国的心理学研究缺乏一种哲学上的多元文化思考,表现在进行心理学理论建构时太倚重实证主义,而对于其他哲学理论视而不见,使得实证主义成为心理学研究中唯一正确、科学的指导理论,形成了哲学理论指导的单一化。

心理学的研究或进步也同样会面临着发现和创新的问题。缺少心理学的发现与缺少心理学的创造并不是同等的问题。在心理学研究中,理论、方法和技术的创造和发明应该成为根本性、决定性和核心性的追求。描述、解说、揭示和解释心理行为,建构、创造、发展和推进心理学说,都是重要的、连续的、相通的心理学的学术追求与学术研究的任务。因此,应该形成鼓励心理学创新、推动心理学创新和容纳心理学创新的学术氛围或思想氛围。

第四节　心理学创新的理论资源

心理学的发展、心理学的创新性发展,应该有自己的理论基础、理论传统和理论资源。这包括心理学理论的范式、心理学理论的更替和心理学理论的创新。因此,心理学的理论创新、心理学的理论发展、心理学的理论建构和心理学的理论突破,都是在心理学理论资源的基础上进行的。

一、心理学理论的范式

有研究认为,基本理论是科学赖以建构的最核心的理论范式,在这一部分发生的变革往往会形成通常意义的科学革命。相对于科学发展的常规性和非常规性(革命性)两个阶段,存在着常规性和非常规性两种不同性质的科学研究活动过程,以及保守性和创新性两种不同的研究态度。创新性的研究态度要求科学家具有理性怀疑的科学批判精神。科学在自我批判中进化的性质要求造就更多的具有创新精神的科学家。通常,科学理论都是由相应的概念和定理结成的逻辑体系。在结成科学理论的逻辑体系的相应概念和定理中,可以区分出两个不同的层次:一个是建构理论体系的最初始的概念和定理的层次;另一个是由这些初始的概念和定理所作的进一步推论而产生的次一级的或更加次一级的概念和定理。正是这两个不同层次的概念和定理构成了科学理论的基本理论和非基本理论两个部分,这就是科学理论的结构。科学的进化是通过科学革命实现的。基本理论是科学赖以建构的基础和核心,在这一部分发生的变革对于整个科学理论的影响是巨大的、根本的。非基本理论是由基本理论推论派生出来的非基础性或非核心性的部分,这一部分的变革对于整个科学理论的影响是比较小的。

按照美国科学哲学家库恩的解释,范式就是对人们的科学认识活动起指导和支配作用的理论框架和模式。范式的基本要素包括一定时代科学家的共同信念、共同传统及其规定的基本理论、基本方法和基本范例,还包括科学实验遵循的基本操作规范和在时代影响下形成的科学心理特征。库恩强调的科学范式与科学理论结构中的基本理论是相对应的。正是科学的基本理论为既定的科学理论的确立和发展提供了相应的理论模型、模式和规范。库恩将科学发展的过程分为两个阶段:一个是常规发展阶段;另一个是非常规(危机与革命)发展阶段。在科学的常规发展阶段中,科学的发展严格地受已有的科学规范(基本理论框架、核心操作方法、习惯范例规则)的支配,科学工作的任务只是努力去阐明和发展现有的科学范式。在科学的非常规发展阶段,科学工作的任务发生了根本性的变化。科学工作不是立足阐明和发展现有的科学范式,而是立足对现有科学范式进行质疑、改造或批判,并尝试建立一种新的科学范式来限定和代替现有的科学范式。科学常规发展阶段代表的是科学发展的量的积累的渐变过程,而突破既定科学范式界限,通过范式更替或限定旧有范式适应范围的科学非常规发展阶段,则代表的是科学发展的质的进化的突变过程。科学通过非常规发展的阶段实现着自身进步的革命。科学革命通常会在两种意义上展示其变革结果：一种是新的科学范式在整体上取代旧的科学范式，这是一种范式更替型的革命；另一种是新的科学范式限定了旧的科学范式适应的范围，这是一种领域分割式的革命。为了强调范式变革的创新性和革命性意义，库恩提出不同范式之间具有不可通约性。

与科学发展的两个阶段相对应，存在着两种不同性质的科学研究活动过程：一种是常规性的科学研究过程；另一种是非常规性的科学研究过程。与两类不同研究性质的科学研究活动方式相对应，科学家存在着两种不同的研究态度：一种是在常规性研究中具有的保守性的研究态度；另一种是在非常规性研究中体现出的创新性的研究态度。在常规性研究活动中，科学家对待既有的科学范式，更多的是持不容怀疑的保守态度，他们工作的目标不是为了创建新理论，而是为了阐释、完善、推广和应用旧理论。在非常规性研究活动中，科学家总是用一种理性怀疑和科学批判的态度对待科学，他们的工作更多地具有"离经叛道"的创新性指向。理论创新就是在不断扬弃原有的思想、学说和理论的基础上，通过创造性的思维活动不断地破坏旧有的理论范式，创造新的理论范式，提出新思想、新学说和新理论的过程。理论创新是理论突破和理论发展的关键环节，是理论进步和理论更替的内在驱动。理论创新是对常规、戒律和俗套及其形成的传统的冲击和挑战，表现为对传统、权威的破坏和断裂。理论创新具有深刻性的特点，不是克隆和简单复制，而是一种开拓性和创造性的活动，表现出用超常、超域和超前的新理论去取代旧理论，使新的理论具有时代性、前瞻性。①

有研究认为，对心理学而言，库恩的范式论蕴含着丰富的方法论思想。在心理学研究对象上，范式论对科学主义的分析与批判以及对科学中人性的张扬，有助于科学心理学重新回到人这一主题。在心理学研究方法上，范式论对自然科学的解释学特征的阐释，使人文心理学的解释学方法纳入科学心理学成为可能。在心理学理论建设上，范式论批判了科学的"积累观"，这就使理论心理学可能走向复兴。②

---

① 刘燕青.科学结构,科学革命与科学家的创新精神[J].江南大学学报(人文社会科学版),2009(3):16-20.
② 丁道群.库恩范式论的心理学方法论蕴涵[J].自然辩证法研究,2001(8):56-59,69.

　　有研究主张,范式论对心理学具有双重意义,其中蕴含着深刻的矛盾。就积极方面而言,范式论有利于消解心理学不同范式之间的对立,促进不同范式之间的相互理解与融合;启发人们对传统心理学的理性主义人性观进行批判性反思;彰显理论研究对心理学的重要性。就消极方面而言,如果不能全面把握范式论对心理学的方法论蕴意,盲目地将库恩的科学发展模式引进心理学,意味着对心理学中实证主义倾向的认同。此外,范式论倡导的相对主义价值观有可能加剧心理学的分裂与破碎。①

　　有研究指出,库恩的范式论在心理学界引起了革命论与渐进论的争论,促进了对心理学的科学性的反思。② 库恩的范式论本质上是科学观和方法论,是对科学主义的反叛。库恩对科学文化、社会心理和价值维度等因素的关注,有利于消解心理学中科学主义与人文主义的对立,促进心理学的统一与整合;范式论强调理论在科学研究中的作用,为理论心理学的复兴提供了哲学依据;库恩对科学主义的价值中立说进行了批判,提出相对真理观和多元价值论,这又为心理学重视文化因素提供了方法论基础。

　　库恩的范式论从科学哲学内部动摇了科学心理学的哲学根基——实证主义,消解了心理学中科学主义与人文主义的对立,为心理学的统一与整合提供了可能性。一是库恩的范式论是对实证主义的科学观与方法论的反叛,动摇了科学主义的哲学根基——实证主义。库恩的范式论否证了经验实证原则,提出经验事实具有主观特性的观点,理论已经不再是经过实证研究后的产品,而是一种"先在的"观念、信念的格式塔。库恩注重人的社会、文化、历史属性,强调科学研究中人的因素与社会心理的作用,为科学哲学注入了人文的和非理性的因素,使科学哲学从科学主义发展成历史主义。这从科学哲学内部摧毁了科学主义心理学的根基——实证主义,使心理学中重视人文倾向的研究成为可能。二是库恩的自然科学的解释学倾向消解了科学主义与人文主义的对立。科学主义与人文主义的长期对峙构成了西方心理学发展的主线。他强调科学与其他文化的联系、科学的时代性与历史性,以及科学活动中人文的价值取向及其作用。科学哲学这种人文转向,

① 杨莉萍.范式论对于心理学研究的双重意义[J].南京师大学报(社会科学版),2001(3):90-96.
② 郭爱妹.库恩的范式论与心理学的发展[J].江海学刊,2001(6):102-107.

为心理学摆脱科学主义的束缚,将人文心理学的解释学方法纳入科学心理学范畴,都有着积极的意义。正是在这个意义上,库恩的范式论有助于解除心理学中科学主义与人文主义的对立。三是库恩的范式论促进了科学主义与人文主义的整合,有利于心理学的统一与融合。库恩的范式论大大动摇了科学主义的阵营,使科学哲学转向对人文精神的关注。未来的心理学应该既是科学的又是人文的;心理学应该是科学主义研究取向与人文主义研究取向的统合、客观实验范式与主观经验范式的统合;心理学必将结束分裂与危机,走向统一与融合。

库恩的范式论从一开始就将心理学推到前范式的位置。这表明心理学与范式科学还存在着距离。尽管心理学研究者在努力使心理学符合范式科学的标准,但是,缺乏统一的范式仍然是心理学面临的严峻问题。

二、心理学理论的更替

世界性的心理学理论研究度过了一个困难的时期,逐渐上升为学科发展的亮点。当前心理学理论研究的复兴,主要得益于后实证主义新范式的出现。后实证主义范式将科学实在论和科学解释学作为核心理论假设,试图以新的维度重建心理学的科学基础。以理论心理学、文化心理学、修辞心理学、社会建构主义、辩证法心理学等为代表的后实证主义研究思潮的日益勃兴,不断展现出心理学理论研究的内在学术魅力与文化自信。

当代心理学理论研究范式的转换就在于后实证主义的崛起。后实证主义是在20世纪自然科学蓬勃发展基础上产生的新的思想资源。这一新的心理学研究范式以科学实在论和科学解释学为理论框架,试图以新的维度来重建心理学的科学认识论和方法论基础,形成一种不同于实证主义的新的研究形态。为了摆脱实证主义自然科学观和方法论的困扰,进一步确立和重建一种更适合心理行为研究的新的科学观与方法论,后实证主义心理学研究者将现代科学实在论、科学解释学和现象学作为自己的理论工具。科学实在论是倡导对科学知识的解释要保证其正确性的一种学说。科学实在论所讲的“实在”意味着“真实的存在”,它强调客观世界存在着三种意义的“实在”内容:一是指独立于人的客观实在,其本质特征是超验性;二是指经验实在,即人的经验可触及的实在;三是功能、关系和观念的实在。科学解释学是当前后实证主义心理学研究的另一个重要方法论。解释学是有关意义、理解和解释等问题的学说体系。

　　心理学理论研究有着自己的前沿主题和重点领域。后实证主义者不仅在反思传统心理学的基础性前提方面提供了重要的思想资源，而且在探索新的心理学知识理论形态方面也作出了贡献。以元理论研究、文化心理学、社会建构论为代表的一批新的研究范式初现端倪，汇成了当前心理学理论研究的前沿主题。一是心理学的元理论研究。有关理论、技术、方法、手段、选择和评价是最重要的一类知识，这就是元理论和元技术。元理论和元技术是一种在整体意义上更基本的理论或技术。因此，重新思考传统基础理论的价值和重建科学的元理论基础，便成为当代心理学的重要发展趋势。元理论是指以学科自身、研究状态和发展规律为对象的研究取向，其研究内容可以分为三个部分：作为获得对理论更深刻的理解手段的元理论，努力发展现存学科理论的潜在结构；作为理论发展之前奏的元理论，即研究理论是为了产生更新的理论；作为中心观点之来源的元理论，即研究理论是为了产生一种成为部分或者全部心理学理论之中心的观点。二是心理学的多元方法论。方法论是心理学理论研究的必然组成部分。新科学的理论基础必然要求重建科学方法论，以便为心理学研究提供新的途径和视角。方法论，是指讨论研究方法如何符合科学原理的理论，包括研究方法的导向、选择方法的依据、理论评价的标准、科学哲学的影响、方法对象的关系、研究方法的利弊、研究遵循的原则等。后实证主义者反对以定量方法评价一切的做法，提倡多元化的方法论模式，认为方法的丰富性、多元性是学科成熟的标志。成熟学科的理论范式是相对稳定的，而方法是多元的，通过多样的方法可以揭示科学的丰富内涵。多元成分之间是互补的、和谐的，而不是对立的、不相容的。三是文化反思与理论建设。从文化视角探讨心理学，是当代心理学理论研究的另一个重要特点。心理学研究的文化转向是加强心理学理论建设的重要思想基础和切入点。文化与心理学的发展是相互关联的，在文化中寻求意义是人类行为的真正原因。四是建构论与修辞心理学。后经验主义时代的一个典型特征是强调理论的社会建构特性。修辞和叙事并不是文学的独有产物，实际上科学也在运用这种手段，以增加理论的魅力。修辞和叙事具有方法论意义，科学陈述其实都建立在修辞的操作上。五是辩证法心理学的探索。社会建构主义和修辞心理学的崛起,也为重新反思辩证法和重建辩证思维,提供了一种新的机遇。辩证法不仅为人们理解当代生活和社会提供了一种重要的思维方式,而且对理解心理学科学观的重建将具有更开阔的思想视野和更深远的历史眼光。

后实证主义研究范式转换显然具有学术的意义。当代心理学的理论研究的推进,无疑对于国内心理学的学科建设和发展具有重要的启示借鉴意义。推动西方现代心理学持续进步的根本动因来自两个方面:一是作为思想的心理学;二是作为科学的心理学。科学的心理学与思想的心理学并行不悖。后实证主义心理学研究范式更多地属于思想的心理学。后实证主义的心理学研究意味着一种新的科学观和方法论的问世。只有选择自然主义与人本主义相统一的多元范式,才能超脱当前实证心理学研究中的简单主义与还原主义的困境。世纪之交出现的心理学理论研究范式与实证主义范式之间,固然存在着很多重大的分歧,但也蕴含着某种潜在的建设性发展良机。从微观层面来讲,许多具体研究需要丰富的实证资料的支持,而大量的实证研究结果也需要形成一种比较系统化的理论假设。从宏观界面而言,许多具体的实证研究会逐渐关心那些经验性工作中包含的元物理意义的形而上问题。[1]

以什么为标准和尺度来处理和解说心理学的理论更替,这并不是一个简单的任务。尽管库恩的范式论实际上存在着各种各样的问题或缺失,但是也能在特定层面上去分析心理学的理论更替的过程。资源化的理解应该好于范式论的理解。心理学的理论更替实际上就是心理学的资源扩展和资源整合的过程。如果心理学排斥自身可以拥有的各种资源,心理学就不可能成为一门成熟的学科。

三、心理学理论的创新

中国心理学的本土化运动已经从艰难的起步阶段走向茁壮成长阶段,即从探讨是否进行心理学本土化的研究转向探讨如何进行本土化的研究,

---

[1] 霍涌泉,刘华. 心理学理论研究的范式转换及其意义[J]. 陕西师范大学学报(哲学社会科学版),2007(4):111-117.

又转向了如何创新本土化的研究。本土化的研究课题不断推新和增加,本土化的研究成果也日益多样和丰硕。致力于心理学本土化的中国的心理学家已在积极建立中国人的心理学。目前的所谓中国人的心理学包容着各种各样的本土化研究成果,其本土化的性质是有所差异的,其本土化的程度也是有所不同的。中国文化圈中的心理资源是由多方面的内容构成的,这既包括独特的心理学传统,也包括独特的心理学理论、方法和技术,也包括中国本土带有文化印记的心理生活。目前的本土化研究定向是以中国人的心理和行为作为研究对象,但只是把带有文化印记的心理生活从心理文化中分离出来,放在了科学考察的聚光点上。目前的本土化研究也挖掘中国本土的传统心理学,但只是将其从心理文化中分离出来,看作是已被现代心理学超越和取代的历史古董。不过,新的突破已经来临。

在目前的阶段,中国本土心理学的发展最缺少的就是原始性的创新,这包括理论、方法和技术的原始性创新。长期的引进和模仿,使中国的心理学研究者习惯了引经据典,习惯了用别人的话语去说别人的研究,习惯了借用权威的思想和理论,习惯了走多数人共同在走的道路,习惯了符合规范和按部就班。当然,再进一步是用别人的话语去说自己的研究,最终是用自己的话语去说自己的研究。这需要的就是学术的独立和学术的创新,而独立学术的生命就在于创新。没有心理学的创新,就没有心理学的学术。当然,任何心理学的学术创新的努力都会是非常艰难的。越是全新的突破,越需要深厚的基础。没有深厚基础的创新,实际上就是胡言乱语、痴人说梦。所以,创新需要积累,学术创新需要学术积累,心理学的学术创新需要心理学的学术积累。心理学的创新可以是理论上的创新,可以是方法上的创新,也可以是技术上的创新。

科学心理学在寻求独立的时期,重视的是怎样与其他学科,特别是与自己的母体学科划清界线。这使心理学开始有了自己的独立身份和自立行走。但是,在这个过程中,心理学又封闭了自己的门户,使自己的研究脱离了许多重要的方面,如脱离了生活,脱离了文化,脱离了社会,脱离了人性,脱离了其他学科,脱离了历史资源,脱离了现实发展,脱离了未来定向。当代社会的发展,使交流与合作成为了文化和社会的主流,使互动与共生成为了学科和学术的潮流,使创造和创建成为了学术和思想的源流。同样,这也应该成为心理学探索的主流,成为心理学发展的潮流,成为心理学学科的源流。

第五节　心理学创新的历史使命

心理学的创新性决定了心理学能够承担的使命。这种使命就是心理学的历史使命。中国本土的心理学发展应该是创新性的发展。只有创新性的发展才能够使中国本土心理学走上独立的道路,并参与到心理学的全球化进程中。

心理学的发展,中国本土心理学的进步,都需要学术创新。有研究考察和探讨了中国心理学原创性的缺失及应对策略。[①] 研究指出,中国近代乃至现代的心理学是舶来品。这一方面使中国的心理学在较短的时间内,获得了科学的性质,并且完成了系统化和建制化;另一方面,也使中国的心理学有意无意地放弃了自我言说的话语权,用他者的话语,即西方心理学的言说方式对中国人的心理和心理学加以解读和建构。放弃自我言说话语权的负面影响之一,就是中国心理学原创性或创新能力的弱化甚至缺失,其突出表现是,没有提出产生广泛影响的理论模式、方法和体系。原创或创新有两种基本含义:一是学科外的创新,即创立一门新的学科;二是学科内的创新,即在原学科内提出新的理论、假设和方法并创建新的体系等。中国心理学的原创或创新,就是相对于后者而言的,其中又可以分为两个层面:一是在西方心理学框架内的创新;二是在中国文化语境内的创新,也就是提出能够如实反映中国人心理特征的理论、模式和方法。

中国心理学的原创性缺失,原因是多方面的,可以从多方面来分析。这主要包括四个层面。一是社会、历史和科学的层面。中国灿烂的古代文化在某种程度上推动了整个人类文明的进程。这说明,中华民族原本具有非凡的创造力。然而到了近代,中国的科学技术却全面落后了。在近现代一个相当长的时期,中国社会一直处于动荡中,科学的社会支持系统几乎处于

---

① 郑荣双,叶浩生.中国心理学原创性的缺失及应对策略[J].心理科学,2007(2):465-467.

瓦解状态。心理学作为科学，在中国很长一段时间里失去了生存的社会环境，发展和创新就更无从谈起了。二是文化、哲学和思想的层面。世界科学的发展经历了不同的形态。这种形态的变革除了遵循科学内在的逻辑之外，还深受某一时期或国家的文化、哲学思维方式的影响。由于文化和心理上存在的距离效应，很难对西方的文化、哲学以及相关的心理学理论、模式等有透彻的理解和把握，同时又不能从本国的文化和哲学中汲取必要的养分和获得应有的启迪，这在很大程度上增加了中国心理学在本文化语境中创新的困难。三是学者、学养和学问的层面。由于早期和现代的归国留学生深受西方心理学研究模式的影响，对在本国文化语境中创新的意识不够强烈；再者，西方心理学确实在世界范围内获得了极大的成功，加上我国的心理学基础和水平因为历史原因与欧美国家的差距甚大，大多数研究者将精力主要用在了介绍和诠释西方心理学的理论和方法上，这一定程度上又减少了在西方心理学框架内创新的可能性。四是学科、学术和学识的层面。我国的心理学可以说是先天不足，后天的发展又屡受挫折。其结果是，在学科层面不能给创新提供强有力的实现基础和内部动力。从上述四个层面的分析可以看出，我国的心理学发展实际上存在两种断裂：一是与民族文化的断裂；二是与自身历史的断裂。显然，发展缺乏连续性。

中国心理学或中国本土心理学的创新或原始性创新，应该成为中国心理学发展的内在追求和生命根基。从依赖引进和介绍到立足自主和创新，这是一个根本性的研究转换和学术转向。翻译和介绍国外领先的心理学研究是非常重要的基础性工作，强调心理学的创新或原始性创新，并不是要否定原有的奠基性的研究工作。但是，当把介绍和评价当成研究的习惯，当把外来的心理学当成标准和尺度，就会在很大程度上限制和阻碍中国本土心理学的发展和进步。

关于心理学的创新，关于心理学的原始性的创新，并不是简单的呼吁，并不是简单的任务，而是心理学应该担负的历史使命，也是心理学必须担负的历史责任。中国本土的心理学发展已经开始进入一个完全不同的历史时期，那就是通过学术创新来发展和壮大自己。引进、介绍、模仿和复制的研究习惯应该得到根本性的改变，变革、更新、创造和创新的研究追求应该得到更有力的推动。

第八章　学科性的心理学资源

科学的发展已经进入大科学的时代。大科学不仅是指单一学科的扩展意义上的"大",而且应该指多种学科的整合意义上的"大"。在大科学的发展背景下,学科性的资源就成为心理学重要的发展基础。在心理学的学科构成中有着非常多样的分支学科,也有着非常不同的研究内容。这些不同的心理学分支学科和研究内容为心理学提供了丰富的、重要的学术资源。这就是心理学的学科性的资源。这关系到不同学科的研究取向、基本性质和核心内容。进化心理学的研究进展、社会心理学的研究取向、民族心理学的研究方式、文化心理学的研究定位,构成了心理学重要的学科性的资源。

第一节　大科学时代的新趋势

有研究探讨了大科学研究的现状及其发展趋势。[①] 研究指出,随着现代科学的发展,一方面,学科划分越来越细,分支越来越多;另一方面,各种学科不断相互渗透、相互交叉,出现了大规模综合的现象。大科学是相对于小科学而言的,通常是由大量科技人员参加,投入大量科研经费的大规模科技研究活动。大科学的本质特点在于:具有科技、经济与社会高度协同性;多科学渗透、综合和交叉;自身的整体性和系统性;源自科学规划和系统管理。

从近代科技发展史来看,科学研究的国际化和大科学研究计划的兴起,是科学革命的两个具有重要历史意义的结果,促使科学和技术产生了飞速

---

① 刘涛,陈省平,罗轶.大科学研究的现状及其发展趋势[J].科技进步与对策,2005(1):5-7.

发展,由此显著地扩展了基础研究的范围。创造性和复杂性促使科技发展计划改变了常规结构,并在社会上产生了广泛的影响。根据研究目标和组织形式,可以将大科学研究分为两类。一类是需要巨额投资去建造、维护和运行大型研究设施的工程式大科学研究,又称大科学工程,其中包括预研、设计、建设、运行、维护等一系列研究开发活动。一类是需要跨学科合作的大规模、大尺度的前沿性协作科学研究项目,通常是围绕一个总体的研究目标,由众多科学家有组织、有分工、有协作、相对分散开展研究,如人类基因图谱研究、全球变化研究等。

有研究对大科学与小科学的争论进行了评述。① 研究指出,小科学通常由科学家个人或科学家小组进行研究,由科学家个人或科学家小组设定问题、独自执行、探索解决。这种研究方式以竞争性为特点,科学家以追求科学真理为导向,集中在单个学科内进行研究,经常会产生出人意料的结果。大科学有两层含义:一是指科学研究总的社会规模上的大科学;二是指研究项目尺度上的大科学。大科学与小科学的不同主要表现在大科学项目与小科学项目具有不同特点。

首先,两者的研究规模迥异。经费是界定两者的首要标准。大科学项目花费巨大,资源利用率高,需要众多科学家的共同参与。小科学项目花费较少,资源使用率低,参与的科学家较少。其次,两者的研究目的和范围不同。大科学项目具有清晰界定的目标,在目标设定时必须考虑社会的需求,由相关利益方共同界定。同时,项目是在统一的目标驱动下,科学家朝着一个方向进行研究,项目中的研究者被动地接受科学目标。小科学项目则一般是在有限的领域内解决特定的科学问题,小科学研究以假设和探索为科学驱动力,由科学家个人设定目标,小科学项目的研究者对研究拥有主动权。再次,两者的运行方式不同。在管理结构方面,大科学项目有更宏大更复杂的管理结构,以层级制为特点,小科学项目管理以简单的、线性的管理为特点。

大科学与小科学的争论主要集中在科学价值论、科学自主性、科学优先性和科学家培养四个方面。首先是关于科学价值论的争论。有研究提出了

---

① 申丹娜. 大科学与小科学的争论评述[J]. 科学技术与辩证法,2009(1): 101 - 107.

三条标准：技术的价值，研究可以使用和创造技术需求；科学的价值，研究不仅有利于本领域的科学研究，而且有利于其他相关学科或领域的科学研究；社会的价值，项目的投资是否有利于人类的需要。其次是关于科学自主性的争论。小科学时代，科学组织结构比较松散，大科学时代，科学的组织形式日益层级化。再次是关于科学优先性的争论。大科学与小科学争论的核心问题是在科学优先性的选择上。例如，科学家要解决做什么，选择何种方式做的问题，而政府要在不同形式、不同规模的项目面前作出选择。大科学项目是在统一的目标下，以自上而下的方式组织运行，小科学项目一般是通过同行竞争获得资源分配，是自下而上的组织方式。最后是关于科学家培养的争论。以大科学的研究路径培养的科学家，将会以同一种方向或同一种模式进行科学研究，这对于传统的同行竞争的研究方式无疑是一种挑战。

有研究从小科学到大科学的转换，否定了传统的科学中立的主张，认为科学是负载价值的。[①] 研究指出，进入 20 世纪后，科学活动日益从个体化或少数人的独立研究，发展成为大规模、有分工、组织化的集体合作，即从小科学逐渐发展到大科学。现代大科学具有三个特征：一是科学与社会的关系更加密切。科学与社会复杂的互动导致科学社会化和社会科学化，而且两者正呈现出加速深化的态势。二是科学共同体内部的关系复杂化。在现代社会中，科学研究越来越成为一种集体的行为，这表现为科学界之内存在着各种类型的科学共同体。共同的研究范式是科学共同体的认识论基础，也是科学共同体能够形成、存在和发展的依据。三是科学技术越来越不可分割。随着科学技术化和技术科学化的趋势日益加强，科学和技术作为两个既有本质差别又有内在联系的概念已成为一个有机的整体。

基于对现代科学特征进行的分析，现代科学不是中立的，也不可能是中立的，而是负载着一定价值的。科学是人类理性和价值取向的共同的展开形式。首先，从科学与社会的关系来看，国家和社会的价值已很大程度地渗透进了科学研究的过程。其次，在科学共同体内生产科学知识的过程中，社会建构的实质也说明了科学是无法价值中立的。最后，从科学的运用和产生的后果来看，科学更是负载着价值的因素。

---

① 邱梦华. 从"小科学"到"大科学"——科学中立吗？[J]. 科学·经济·社会, 2003(2): 70 - 74.

　　大科学的时代、大科学的研究、大科学的进程,这是心理学发展所处的背景、氛围和环境。学科的问题、学科的分化、学科的分支、学科的资源,也就成为心理学发展和进步中的现实。心理学从小科学走向大科学,意味着心理学从自我封闭走向学科开放。心理学无论是从学科研究对象的复杂性和多样性,还是从学科研究方式的包容性和多元性,都应该是一门大科学,并具有大科学所显现的一切特征。

第二节　不同学科的研究取向

　　有研究对当代认知心理学新取向进行了比较。① 研究指出,联结主义、行为范式和建构主义的认知心理学是在符号主义的认知心理学的基础上发展起来的认知心理学新取向。这些取向之间既存在一定的联系和相同点,也有一定的差异和不同点。

　　联结主义的认知心理学兴起于 20 世纪 80 年代,在一定程度上解决了信息加工论难以解决的问题,促进了认知心理学的发展。联结主义强调单元之间的联结,指通过简单加工单元之间的联结方式进行计算的一类理论模式。联结主义认知心理学的核心假设是:神经活动的实质即计算,认知或智能活动的本质是神经计算。这一假设具体表现为神经元结构假设和动力系统假设。联结主义认知心理学的基本理论观点与方法论是:心理活动方式类似于大脑活动方式,一切认知活动完全可归结为脑神经元的活动;信息分布在各个单元及其联结中,信息加工采用了类似于神经元联结的方式,是通过合作并行方式来运用单个的神经元;处理和表征的是亚概念或亚符号,是处于符号水平与真实神经元层次之间的无意识加工。

　　行为范式的认知心理学的基本假设是,行为是适应性的,并总是指向一定目标,因而可以通过认识行为的目标来了解行为。这包括目的论与进化论两个方面。目的论的基本含义是认知和行为具有目的性。目的是一种运动形式,是行动或事物的终极原因。进化论是以目的性为出发点,认为认知

---

① 李炳全.当代认知心理学新取向之比较[J].南京师大学报(社会科学版),2007(5):80-85.

或智能的形成与发展是不断进化的过程,是适应性行为的结果。该取向认为心理事件具有公开性,在某种意义上说,认知也是一种活动或行为,或者是活动或行为的一个组成部分,其终极状态是行为。

建构主义的认知心理学的基本假设是:认知就是建构;建构是以人为中心的,离不开人的作用,是人的主观能动性的体现;知识既是建构的结果,又是进一步建构的基础,具有主观性与相对性;建构是在日常活动中进行的,因而是活动的组成部分。该取向的基本信条是,知识不是主体被动获得的,而是主动建构的结果。该取向的基本目的是,探明或理解符号及其意义建构的过程,即了解人的符号如何建构世界和意义,人的心理如何被建构及其对行为的作用。

有研究考察了文化心理学的三种研究取向。① 研究指出,符号理论、活动理论和个体理论是当代文化心理学的三种主要研究取向。符号理论认为,心理活动是由集体符号和概念构成的。活动理论认为,心理学是植根于现实的文化活动基础上的。个体理论强调,心理功能是源于集体符号和人为事物的个体建构过程。首先,符号理论取向把文化定义为共享的符号、概念、意义和语言学术语。认为这些符号、概念、意义和语言学术语从其产生过程看是社会个体一致建构的结果,并认为文化符号是用来组织心理现象的。其次,活动理论认为,心理现象是在人们参加社会活动过程中形成的,社会实践活动对心理现象有重要的文化影响。活动理论家尝试重新重视现实的组织活动(包括以社会现状和社会体系形式存在的活动的结果),这一理论是对文化心理学符号理论取向以及其他传统理论取向的挑战。活动理论家提出,科学、教育、艺术、写作、阅读等活动激发了各有特色的心理现象。再次,个体理论认为,个体通过选择性地吸收文化而获得发展。这一理论的拥护者反对文化可以组织心理功能的观点,认为文化是个人按自己的意愿应用和重建的外部环境,是个人与社会制度和社会环境相互作用的产物。人们通过对社会环境的沟通、解释、选择和改造来共同建构文化。

符号理论给出了关于文化的具体描述,认为文化是具有特殊内容的集体符号和概念,是由价值和信念构成的实在,并认为符号和概念是构成人的

① 刘金平,乐国安.文化心理学的三种研究取向[J].心理科学,2005(6):1514 - 1516.

心理的工具。该理论还解释了文化怎样进入心灵，怎样组织心理，以及怎样影响行为。这种理论的基本逻辑是文化等于符号，符号构成和组织心理活动。这看到了心理与文化之间的密切联系，强调心理是由文化构成的，这种认识具有一定的进步意义。活动理论认为，心理现象不是由简单的刺激引起的，而是人们在参加社会实践活动中形成的。强调实践、活动对心理形成的作用，这是应该肯定的，因为很多实证研究都证明社会实践活动对能力的发展、人格的形成等具有十分重要的影响。这种理论也存在明显的不足之处。首先，活动理论未能分析具体的社会特性是如何构成心理特征的，而只是一般的认为活动具有内在固有的特征。其次，活动理论忽视了心理现象的重要起源和基本特征。再次，活动理论忽视了活动是如何形成心理现象的。个体理论认为，个体积极建构文化和吸收文化的影响。没有个体，文化不能发挥其作用。个人主义心理学家观察到个人心理现象的多样化。然而，个体理论误解了人类心理学的文化本质。这假定了社会影响对个人来说本来就是异质的和有害的。尽管个人主义文化心理学承认作为文化一部分的共有文化的存在，但却几乎不加分析，而只是强调包括个人思想和行为的文化构成。个人特质和个人差异优先于社会化。

在不同的心理学分支学科的研究中存在不同的研究取向。这些不同的研究取向在自己立足的研究基础、设定的思想前提、追求的学术目标等方面，提供了独特的学术性的内容和资源。特定学科的研究取向是学科性资源中具有方向性、引导性、定位性的作用和价值。这可以通过心理学具体分支学科给出心理学研究的重要的学科性资源。

第三节　不同学科的基本性质

有研究考察了应用心理学的学科性质。① 研究认为，应用心理学的学科性质指的是，作为一个学科群，应用心理学具备哪些本质特征。这是一

---

① 范会勇. 应用心理学的学科性质——基于钱学森学科结构模型的分析[J]. 心理科学，2012(1)：248-252.

个根本性问题,会影响到心理学的学科建设、人才培养、学科分类等诸多方面。关于应用心理学的性质,历史上有两种代表性的观点。一种观点是纯粹应用观,认为应用心理学是基础心理学的纯粹应用,应用的内容包括基础心理学生成的理论观点,以及采用的科学方法,即纯粹应用观强调直接应用,认为在基础知识与实际应用之间没有任何中间环节,应用心理学并不具备任何独特的性质。另一种观点是彼此独立观,认为知识的生产与应用是两个根本不同的过程。应用心理学研究的是个别事实,而基础心理学研究的则是一般规律。因此,即使应用心理学仅仅是应用,在应用的过程中也会不断涌现出新的问题,基础心理学不可能为这些新问题预先准备好现成的答案。心理学知识的生产并不必然导致知识的应用。知识应用是一个不同于知识生产的复杂过程,同样充满挑战,需要创新,也需要研究。应用心理学的主要任务之一就是探索这个复杂过程遵循的基本规律。

有研究考察了教育心理学的学科性质。① 研究指出,教育心理学的学科特点可以从不同侧面加以剖析。从学科范畴看,教育心理学是心理学的一个分支科学,具有心理科学的特点。但是,教育心理学是教育与心理相结合产生的,所以教育心理学又具有教育科学的某些特点。从学科任务看,教育心理学是一门理论性学科。相对于教育科学中的应用学科如课程论、教学论而言,教育心理学具有基础性,承担着揭示教与学情境中主体心理活动的机制和规律的理论任务。同时,教育心理学又是一门应用性较强的学科。相对于基础心理学,如发展心理学或教育学原理等学科,又具有对教与学实践的指导性,肩负着指导教与学实践的科学有效进行和促进主体健全发展的实践任务。从学科属性看,教育心理学既有自然科学的特点,又具有鲜明的人文社会学科的特点。

从总体上来看,教育心理学是一门交叉性特点非常突出的学科。这种交叉性的特点主要表现在:理论科学与经验科学的交叉;基础科学与应用科学的交叉;自然科学与社会科学的交叉。教育心理学的交叉学科特性规定了教育心理学研究的二重性特点,如教育心理学研究既应符合心理科学的规范和要求,又应考虑教育科学的规范和要求。教育心理学既要研究教育

---

① 张大均. 关于教育心理学学科性质和学科体系的思考[J]. 乐山师范学院学报,2004(10):6-11.

教学情境中主体的心理活动特点及规律,为解决教育教学中的理论问题提供科学依据,又要关注与教育教学情境有直接关系的现实问题,诸如学生的学习心理、教师的教学心理等问题,以便为学校教育教学的实践提供具体原则和操作方法。

有研究考察了医学心理学的学科性质。① 研究认为,医学心理学既是一门自然科学,又是一门社会科学。医学心理学是研究医学领域中心理现象的科学,医学领域中的心理现象与其他领域中的心理现象一样,既有自然科学的性质,又有社会科学的性质。医学心理学作为心理学的一个分支,与心理学一样具有自然科学和社会科学的双重性质,所以是自然科学和社会科学相结合的边缘学科。医学心理学既是一门理论科学,又是一门实验科学。由于心理现象具有双重性和复杂性,这也就决定了其研究方法的多样性。医学心理学的研究,既使用实验室实验法,也使用现场实验法;既使用标准化的心理测验法,也使用问卷调查和访谈方法;既使用病例分析的逻辑方法,也使用理论思辨的哲学方法。医学心理学既是一门基础学科,又是一门临床应用学科。医学心理学是研究医学领域中心理现象的科学,其主要任务是揭示人类的心理活动规律,重点是揭示心理活动和生理活动的相互关系,以及心理活动在健康和疾病相互转换过程中的作用规律。医学心理学将其理论和技术应用到医学领域的各个环节,处理各种医学心理问题。

不同的学科具有不同的性质。正是在特定性质的学科中有着关于人的心理行为的独特和独立的探索、考察、研究、解说、阐释、论证。在各种不同性质的学科中,特别是在与心理学相近或类同的学科中,汇聚了属于特定学科的、具有特定性质的心理学的内容。内容性质的不同,也就使得汇聚这些不同学科的心理学探索有着特别的难度。怎样跨越学科之间的界线?怎么将不同性质的探索集合在心理学的研究中?怎么从中引出心理学研究的突破和创新?这都成为资源形态的心理学研究的重点或焦点。

这里面至少包含了两个非常重要的课题:一是心理学如何吸纳其他学科研究中体现出来的心理学内容;二是其他学科研究中的心理学内容如何汇总起来构成心理学的解说。学科之间的划分和壁垒,无疑给类同形态的心理学

① 王宇中.医学心理学学科性质和课程性质的探讨[J].医学与社会,2002(2):53-54.

的研究带来了挑战。简单的集合并不能够破除学科之间的区别和差异。

第四节 神经心理学研究进程

有研究指出,神经心理学是研究高级认知功能或心理活动的神经机制的一门学科,是从神经学角度研究心理学问题,以脑作为心理活动的神经基础,研究脑与心理活动或认知功能的关系。传统上,神经心理学常常通过研究脑损伤患者的高级认知功能缺损,来推断正常状态下该心理活动或功能的脑机制。近年来,神经心理学家已经能利用各种脑功能成像技术,研究损伤脑和正常脑在从事某一特定认知加工时的实时脑区激活,为了解脑结构与脑功能之间的关系提供了一个更直接的窗口。

在半个世纪的发展过程中,神经心理学经历了从临床神经心理学到实验神经心理学的发展。在认知心理学和神经科学发展的背景下,利用脑损伤患者从事实验的认知神经科学研究,被称为基于脑损伤患者的认知神经科学,又称为认知神经心理学,已经成为当今脑科学时代最活跃的学科之一。神经心理学特别是实验神经心理学的研究是了解各种认知功能或成分的神经机制的主要途径,这方面的研究结果有助于建立认知功能神经生物学模型和假说。神经心理学研究显示的不同认知功能之间分离的证据,是建立认知心理学模型重要的、不可缺少的证据。[①]

认知神经科学是一门由认知科学和神经科学交叉作用而产生的新兴学科,其主要研究任务是阐明认知活动的脑机制。换言之,认知神经科学拟回答的命题是,人类如何调用大脑各个层次上的组件,包括分子、细胞、组织和全脑,去实现自己的认知活动。

认知神经科学使用的技术手段和研究方法都非常科学,其结果也相当精确,体现了心理学研究的科学性,必将引领主流心理学的潮流。认知神经科学对人脑的语言、记忆、思维、学习和注意等高级认知功能研究,已经成为心理科学研究的主流方向之一,强调多学科、多层次、多水平的交叉研究,把

---

① 陈海波,汪凯. 神经心理学发展的机遇[J]. 中华神经科杂志,2004(2):97-99.

心理学的研究对象从纯粹的认知与行为扩展到大脑的活动模式与认知过程的关系,将行为、认知和大脑机制三者有机结合在一起,分别从微观水平(分子、突触、神经元等)和宏观水平(脑功能定位、大脑区域连结、全脑系统工作模式等)两个方面,阐述人和动物的感知、表象、语言、记忆、推理决策等一系列心理活动过程的加工和神经机制。

目前,认知神经科学在宏观和微观两个领域都取得了突破性进展,深刻地影响了传统心理学的研究范式。微观方面,基因文化协同进化理论的提出,以及镜像神经元的发现,把心理学带入了新的研究领域。第一次将最外在的、宏观的和复杂的行为模式与最内在的、微观的和精细的基因分子的活动完美结合在一起,深化了人们对于文化环境、社会学习等概念的认识,同时也为心理学研究提供了新视角和新方向。宏观方面,脑功能定位将心理行为、认知过程和大脑活动结合在一起,为人们从多角度、多层次认识心理活动模式提供了可能。认知神经科学给心理学增加了新的研究范式,丰富和发展了心理学物质本体内涵,已经并将继续在心理学的发展中占据一席重要之地。[①]

有研究探讨了认知神经心理学的基本假设和研究方法。[②] 研究指出,认知神经心理学研究有四个基本假设。一是功能模块化。认知神经心理学最基本的观点为模块化观点,将人脑与计算机进行类比,把人脑看作类似于计算机的信息加工系统。认为人类的认知过程是由一系列相对独立的成分协同完成的,这些成分不仅在结构上彼此分离,而且在功能上也相对自主。模块各司其职、彼此合作,致使信息在整个系统中有序传递,最终完成认知加工过程。二是解剖模块化。该假设主张特定的认知功能由专门的脑神经组织承载,而不是弥散于全脑。也就是说,不同的认知环节可能有自身相对独立的神经基础,局部脑损伤会导致认知功能的选择性障碍,这意味着认知过程在解剖上也呈模块化。三是结构同质化。这是指功能结构无个体差异。该假设认为对于人类共同具有的一些基本的认知过程来说,个体间的功能结构大体相同,无明显差异。四是功能补尝化。该假设主张病变只能造成功能结构中的某个或某些方面受到损伤或剔除。可是,这并不排除患者不具备所谓的认知代偿

---

① 包开亮,霍涌泉.认知神经科学的心理学理论价值[J].心理科学,2012(5):1272-1278.
② 韩在柱,等.认知神经心理学的基本假设和研究方法[J].心理科学,2002(6):721-722,763.

机制。该假设认为当患者的某些认知途径受阻时,有时会采用其他途径加以补偿,但这种新启用的认知途径其实在正常人的认知结构中业已存在,只是正常人可能不使用或较少使用,患者在病理条件下却充分调用了该途径。

有研究认为,进化认知神经科学是人类行为研究的新视域。[①] 进化认知神经科学是从进化视角进行的研究,是认知神经科学与进化心理学整合形成的新学科与新领域。进化认知神经科学关注进化在塑造人类及其他非人动物大脑结构与功能过程中的重要作用。伴随着领域特殊性的提出与进化心理学的迅速发展,认知神经科学与进化心理学的交叉融合渗透到了该领域的研究方法、研究内容、未来发展等诸多方面。与传统认知神经科学不同的是,进化认知神经科学尝试在进化视角下,对认知神经科学的发现赋予更合理的解释。当前进化认知神经科学的研究主要集中于人脑结构的进化观、言语能力的进化观和社会认知的进化观等方面。

进化认知神经科学虽然发展时间不长,但是其研究进展迅速且具有很大的潜力,可能的某些发展趋势包括:(1)推动进化认知神经科学迅速崛起的重要影响因素之一,是进化心理学的核心理念对认知神经科学的影响。但是,当前进化认知神经科学的研究在很大程度上还依赖于进化心理学的解释,进化认知神经科学应该从神经科学的层面为进化与认知提供更多的实证支持。(2)进化认知神经科学有望为领域特殊性提供更基础更具体的解释。进化认知神经科学的发展以领域特殊性为基础,而进化认知神经科学的研究反过来又能够为领域特殊性提供更科学的依据。进化认知神经科学的研究,能够进一步阐明人类的特定心理模块是否存在?不同的特定心理模块具体定位于大脑的哪些部位?(3)当前进化心理学的研究最受批判的方面是方法论上的不可证伪性,进化认知神经科学的研究可以为心理进化提供脑机制方面的有力证据。(4)进化认知神经科学应该更多地应用于临床治疗研究中。进化认知神经科学虽然发展时间很短,但是与此相关的临床应用已经初露端倪:基于人类镜像神经元在进化上体现出的可塑性,有研究分别通过动作与意图模仿帮助孤独症与中风患者恢复社会认知能力,为相关临床研究开辟了新的视角。

---

① 陈巍,等.进化认知神经科学:人类行为研究的新视域[J].自然辩证法通讯,2011(5):71-75.

神经心理学是发展非常迅猛的学科分支,这是快速发展的神经科学和不断扩展的心理科学在当代科技融合中结合而成的学科分支。神经心理学可以整合一系列不同学科的最新研究成果,并试图更好地揭开或解开神经与心理之谜。

第五节　进化心理学研究论述

在西方心理学的演进过程中,进化心理学是重要的心理学演进、心理学思潮、心理学取向和心理学范式。进化心理学有自己滥觞的源流,进化心理学整合了生物学和心理学,构成了进化心理学的演进取向。进化心理学试图通过进化的心理机制来解释人类的心理起源和本质,对认知科学和发展心理学产生了巨大影响。进化心理学的目标是揭示进而理解心灵的构造和实质。进化心理学并不像知觉、学习、思维研究那样是一个具体的研究领域,而是心理学的一种思维方式,可以运用到心理学的一切领域。进化心理学的研究方法有着难以克服的内在矛盾:关于心理能力的进化起源的研究,不足以实现关于认知能力的构架或信息处理机制的探究目标。进化心理学不可能成为一种"新的"认知心理学。

一、进化心理学的源流

生物进化论对心理学的研究和发展产生过重大而深远的影响。在这种影响下,生物进化的研究与心理进化的研究就成为有着密切关联的研究。心理进化也就成为重要的研究课题。在当代,进化心理学在很短的时间里迅速地演变成为最流行最重要的心灵的新科学,[①]心理学的新走向,[②]心理学的新发展。[③] 中国心理学会主办的《心理学报》在 2007 年曾出了一期专

---

① Buss,D. M. *Evolutionary Psychology: The New Science of the Mind*. New York: Allyn and Bacon, 2008, pp. 36 – 48.
② Badcock, C. R. *Evolutionary Psychology: A Critical Introduction*. Cambridge: Polity Press, 2000, p. 36.
③ Workman, L. & Reader, W. *Evolutionary Psychology: An Introduction*. New York: Cambridge University Press, 2008, p. 27.

刊,登载了共 20 篇论文,去讨论进化心理学的研究取向。其中,有研究考察了科学心理学的进化取向带来的心理学的未来,认为该研究取向是把进化生物学的知识和原则用于考察人类心灵的结构。该研究还特别涉及了进化的认知心理学、进化的发展心理学、进化的社会心理学。[①]

有研究指出,在 20 世纪,对心理进化的研究有三个代表性的运动——古典生态学、社会生物学和进化心理学。古典生态学是在 20 世纪 50 年代初期兴盛起来的,试图把对动物行为的比较研究方法运用到对人类行为的研究中。但是,到了 20 世纪 70 年代,古典生态学被社会生物学取代。社会生物学也同样是将对动物行为研究的一系列新技术运用于人类。不过社会生物学家声称,他们的方法本质上比古典生态学更科学,社会生物学不仅描述和解释行为,而且预测和检验行为。20 世纪 80 年代末,社会生物学又被一场新的运动取代,这场运动就是进化心理学。进化心理学认为,在进化历史的指导下,可以更好地研究人类的认知和行为。进化心理学的基本理论是,人的心理包括许多进化的模块。

进化心理学的主要学术来源是生物学、遗传学、动物学、人类学、行为生物学和认知心理学。在进化心理学看来,心理学是属于生物学的分支。当代生物学不过是建立在进化论基础上的自然科学。动物行为和人类行为都是进化的产物,人的心理类似于计算机的程序,是一个巨大的模块库,这些模块都是通过自然选择进化形成的,都是以解决某种适应性问题为目的,如配偶选择、社会合作、语言交往等。

进化心理学的研究取向可以大致区分为解释的取向和预测的取向。进化心理学的解释取向是以提供对已知的认知机制的终极进化的解释为目标。进化心理学的预测取向则是去预测目前尚未知的认知机制的存在和结构。然而,进化心理学提供的预测是非常模糊的,而且认知科学的传统方法已经提供了很多关于心理器官功能的精确描述。进化心理学可以去进行解释,却并不善于预测。[②]

有研究表明,进化心理学是运用进化论的原理和方法来探讨人类心理

---

① Chang, L. & Geary, D. C. The Future of Psychology: Evolutionary Approach to Scientific Psychology. 心理学报,2007(3):381-382.
② 钟建安,张光曦. 进化心理学的过去和现在[J]. 心理科学进展,2005(5):694-703.

的起源与结构。当前,进化心理学已经渗透到心理学的各个领域,并形成了具有代表性的进化心理学分支,主要包括进化社会心理学、进化发展心理学、进化认知心理学、进化人格心理学、进化教育心理学、进化临床心理学等。进化心理学为研究人类生理和心理的发展提供了新的研究范式,为心理学研究走向统一开辟了道路。

进化社会心理学着眼于人类选择压力的心理机制对社会行为的起源和机能产生的影响。这是试图用进化心理学的观点来解释性别差异、配偶选择、亲子关系、竞争心理、合作行为、社会动机、侵犯行为等一系列社会行为和认知机制,并取得了重要的进展。进化发展心理学研究认知能力与社会能力发展背后的基因与环境机制,以及基因与环境机制在特定社会文化中的表现。近年来,发展心理学家提出用进化的观点来看待人类的发展,把发展视为遗传与文化等因素复杂相互作用的结果。进化认知心理学是应用进化论的观点来探讨信息加工过程所形成的一种新的心理学研究取向。传统的认知心理学只注重研究认知加工的过程,而忽视了认知加工的内容。进化认知心理学强调认知的内容是非具身化的,是在进化过程中产生的。进化人格心理学则是用进化的观点来看待人格问题,为人格心理学的理论构建和实证检验提供了一种新的研究范式,这促使进化人格心理学的诞生。进化教育心理学是一种探讨人类学习和教育的新的理论视角。进化临床心理学是把进化论的思想和观点应用到异常心理的临床研究和治疗实践中。

进化心理学的产生为心理学的整合提供了可能。进化心理学的各个分支并不是传统的社会心理学、发展心理学、认知心理学、人格心理学、教育心理学等学科与进化理论的简单相加,也不只是应用进化论的观点和思想来解释传统的心理现象,而是通过跨学科的整合,在更高的层次上构建心理学理论,从不同的层面来解释心理现象。[①]

有研究考察了动态进化心理学的研究进展。[②] 研究指出,一方面动态进化心理学是源自对传统进化心理学缺陷的批评,另一方面动态进化心理学则得益于动态系统理论提供的新视角。进化心理学假定,有机体的形态结

---

① 赵晶. 整合的前景:进化心理学及其分支[J]. 宁波大学学报(教育科学版),2010(3):37—41.
② 彭运石,刘慧玲. 超越传统:动态进化心理学研究进展[J]. 心理学探新,2008(2):16—20.

构、生理过程和行为特征在基因程序中就已经预先指定了。这并不否认环境、经验对心理行为的影响,而且承认基因与环境之间的交互作用。但是,在大多数的情况下,环境只不过是基因指令的"催化剂"或"起动器"。动态系统理论是一种复杂的跨学科理论,是关于复杂的多元系统,包括微观组织和宏观组织,如何随着时间的进程而变化的研究。该研究强调非线性过程的存在,重视双向因果关系的研究。这也就是说,并不存在某种能够控制有机体发展的力量,有机体也并不具有某种预成的特征。发展是一种自我组织的、或然性的过程,引起发展过程中形式和顺序变化的是有机体内外成分间复杂的动态的交互作用。动态进化心理学展示了一种更完整的心理学图景。这也就是心理过程与心理内容的整合,解释目标与预测目标的整合,生物性质与社会性质的整合,静态研究与动态分析的整合。

二、进化心理学的探索

有研究认为,进化心理学理论在一定程度上整合了生物学和心理学,为理解人类的心理机制和心理的深层结构提供了可检验的解释,使得心理学特别是认知科学和发展心理学取得了突破性的进展。顾名思义,进化心理学是源于进化论对心理学的影响。自从 20 世纪 80 年代以来,进化心理学伴随着神经科学和基因科学的迅猛发展而迅速兴起,对人类心理行为的适应性的解释发展到了一个特定的水平。[①]

目前,进化心理学刚刚兴起,各种理论思想和应用实践正处于融合梳理的阶段,目前还没有完全统一的理论观点。但是,该理论对于人类心理的本质和起源的基本解释是,人类的心理机制是为了解决人类祖先面对的特定适应性问题而产生出来和不断进化的,自然选择倾向于那些可以增加人类祖先生存和繁衍概率的显型,包括从先天的行为模式到后天的学习能力。自然选择是通过影响心理加工过程而影响行为的,而且这种心理进化和自然选择的过程仍将进行下去。因此,进化心理学最主要的研究内容在于,进化的心理机制是如何在行为与进化之间起中介作用的。

---

① 焦璇,陈毅文. 解释心理起源的新理论范式——进化心理学[J]. 心理科学进展,2004(4):622－628.

　　进化的心理机制有两个重要的特点：一是环境适应性；二是领域特异性。环境适应性是指适者生存，这是达尔文的自然法则。进化心理学家感兴趣的是信息加工的功能，这是指心理的适应性。领域特异性是指心理功能，达尔文的自然法则只影响到一些特异性的认知操作，比如面孔识别、语言习得或社会交往，而不影响一般的智力。这也就是说，通过自然选择，那些在人类种系发生史上十分重要的功能被内嵌到人们的脑中，用以快速解决那些十分重要且计算复杂的生存问题，如寻觅食物和躲避天敌。心智被组织成模块，特定设计的每一个模块在与世界交互作用的某一个方面具有特定功能。模块的基本逻辑是由基因程序指定的。那些在进化过程中十分重要的、直接影响到生存和繁衍的复杂问题解决过程，都被模块化了，而不太重要的问题解决过程则没有被模块化。

　　进化心理学是一种新兴的理论范式，是试图通过进化的心理机制来解释人类的心理本质和心理起源。在生物科学迅猛发展的今天，进化心理学在一定程度上整合了心理学和生物学。正如进化心理学对认知心理学、发展心理学产生了巨大的影响一样，进化心理学也势必会对心理学的许多分支产生巨大的影响。

　　在有的研究看来，进化心理学具有如下基本原理。[①] 第一，过去是理解心理机制的关键要点。进化心理学认为，"过去是了解现在的钥匙"，要充分理解人的心理现象就必须了解这些心理现象的起源和适应功能。过去不仅是指个体的成长发展经历，更主要地是指人类的种系进化史。在人类的进化过程中，过去不仅在人类的生物机体和生存策略方面刻下了很深的烙印，而且也在人的心理行为和互动策略方面留下了鲜明的印记。这成为探索心理机制的基础。第二，功能分析是理解心理机制的主要方法。进化心理学认为，人的心理也是适应的产物，某种心理之所以存在是因为该心理能够解决适应问题。不理解心理现象的适应设计，就很难对心理现象有充分的了解。心理学的中心任务就是去发现、描述或解释人的心理机制，而确定、描述和理解心理机制的主要方法是功能分析。第三，生存繁殖是理解人类进化的主要问题。人的心理就是在解决这些问题的过程中通过自然选择过程

---

① 朱新秤.进化心理学理论、意义与局限[J].自然辩证法研究,2000(4)：5-8,41.

而演化形成的。第四,心理机制是解决问题过程的基本策略。第五,心理模块是共同心理机制的核心程序。第六,行为表现是心理与环境之间相互作用的结果。有三类环境因素对于心理机制的表现产生影响:一是文化背景影响心理机制表现的阈限;二是个体的发展经历使个体采取不同的行为策略;三是激活心理机制的当时情境输入的影响。

进化心理学的研究具有特定的意义与局限。第一,进化心理学把心理学的研究纳入了生命科学的范围,与当代科学发展的趋势是一致的。进化心理学是运用进化论整合心理学的一种尝试,把适应作为解释心理现象的主要概念,把心理学纳入更广泛的知识体系。这是符合科学整合的大趋势的。第二,进化心理学开辟了心理学研究的一些新的研究领域,取得了许多重要的研究成果。第三,进化心理学的研究促进了对心理和人性问题进行深层次的思考。进化心理学探讨了一些对人类来说具有深远意义的问题:人性的本质是什么?心理从哪里来,有哪些作用?文化环境与心理机制的关系如何?心理与行为的关系怎样?心理的普遍性与差异性之间的关系如何?第四,进化心理学的研究对其他学科特别是行为科学的研究具有重要的启发作用。

运用进化论研究心理行为是一个很复杂的问题,在许多方面都存在着争论。在以后的研究中,有一些问题是需要加以注意的、应该给予解决的。第一,进化心理学的研究主要是推论性的。第二,进化论只是一个关于心理现象起源的元理论,只能对于心理现象的起源进行解释,却并不能预测会出现什么样的心理设计。第三,目前关于进化心理学的研究只抓住了人类适应问题及其演化形成的心理解决机制的表面。进化心理学注重的主要是与繁殖和生存有直接关系的问题,而理解那些繁殖和生存之外的适应问题中的心理机制,则是一个更具挑战性的任务。

三、进化心理学的影响

有研究指出,进化心理学是对主流心理学的反思和批判。[①] 进化心理学认为,人的生理和心理的机制都应受进化规律的制约,心理是人类在解决繁

---

① 严瑜.进化心理学对主流心理学的反思和批判[J].武汉大学学报(人文科学版),2008(4):425 - 429.

殖和生存问题的过程中逐渐演化形成的,科学的进化论应该成为对人类心理起源和本质研究的一个重要理论依据。随着心理学的新发展,进化心理学的发展也必将成为"21世纪心理学研究的新方向"。

进化心理学者普遍认同六个基本观点。一是心理机制是进化的结果,过去是理解心理机制的关键。要充分理解人的心理现象,就必须了解这些心理现象的历史起源和适应功能,即心理机制的产生和作用。过去不只是指个体的成长发展经历,更主要是指人类的种系进化历史。在人类进化过程中,过去不仅在人类的身体和生存策略方面刻下了很深的烙印,而且也在人类的心理和生活策略方面留下了独特印记。这应该成为探索心理机制的基础。二是生存繁衍是人类进化过程中的主要问题。在人类进化的过程中,要解决两类大的问题——生存和繁殖后代。人的心理就是在解决这些问题的过程中通过自然选择而演化形成的。三是心理进化源自适应压力,功能分析有助于理解心理机制——人的心理是适应的产物,某种心理之所以存在,是因为能解决适应问题。不理解心理现象的适应设计,就很难对心理现象有充分的了解。心理学的中心任务就是去发现、描述或解释人的心理机制,而确定、描述和理解心理机制的主要方法是功能分析。功能分析就是弄清某些特征或机制是怎样用来解决那些适应问题的。四是心理机制是由特定功能的"达尔文模块"构成的"瑞士军刀"结构。进化心理学主张,心理机制是由大量特殊的、功能上整合设计的、处理有机体面临的某种适应问题的机制构成的,不同的适应问题会采用不同的解决方法。有研究把这些具有特定功能的心理机制称作"模块",即特定的认知程序。有研究则把心理隐喻为一把"瑞士军刀",包括不同的工具,每一个都能有效完成某个任务。五是心理机制是在解决问题的过程中演化形成的。人的心理机制是演化形成的、解决适应问题的策略,具有三个特征:心理机制以目前的方式存在是因为在人类进化史上解决了个体生存和繁殖的有关问题;心理机制从环境中积极提取或消极接受某些信息或输入,对于有机体解决适应问题具有特殊的作用;通过一定的程序或决策规则把输入的信息转换成输出,以调节生理活动、给其他心理机制提供信息或产生外显的行为,解决某个适应问题。六是心理行为是心理机制与环境条件互动的结果。进化心理学者反对外源决定论,但他们并不认为自己属于内源决定论或遗传决定论者。他们主张人的行为是心理机制与环境相互作用的结果：心理机制是社会行为的前提，并对来自社会环境的影响高度敏感；社会环境则影响心理机制的表现、强度和频率。

有研究指出，进化心理学的研究方法有着难以克服的内在矛盾：关于心理能力的进化起源的研究（进化史），还不足以实现关于认知能力的构架或信息处理机制的探究目标（认知心理学）。进化心理学自诩为一种"新的"认知心理学，实际上是不可能的。①

进化心理学方法并不是一种独立于一般认知心理学的新方法，就其实质而言，不过是一种进化史的研究。心理机制的进化史研究实际上是无效的。首先，自然选择的机制不能解答"潘哥拉斯问题"。潘哥拉斯是伏尔泰小说中的一个人物。他将一切事物都解释为按最好的"目的"而设计的。潘哥拉斯的隐喻是要表明这样一个问题：生物的功能机制并不都是自然选择的结果，因而用自然选择来解释生物的所有功能机制就是不合理的。这种"适应论者"的方案也就是将生物体所有的有目的、有功用的特性都归结为自然选择的结果。其次，自然选择的机制显然不能解释现代文化的新颖性和多样性。进化心理学家把达尔文模块的功能限定在人类祖先在其生存环境中面临的适应问题上，但现代文化的新颖性和多样性显然与人类祖先面临的适应问题无关。再次，更严重的是，进化心理学家忽视了文化能加速进化的重大意义。换言之，他们看不到自然进化或达尔文式进化与文化变异之间的本质区别。第一，文化变异的速度大大超越了达尔文自然进化的最高速度。文化蕴含着巨大的潜力，变化速度极快，而且可以累积方向性。第二，自然进化是异种之间不断分离和区分的过程，而文化进化则导致异种之间的接触和融合，从而获得了极大的推动力量。第三，达尔文式的进化，靠的是自然选择过程中间接而效率不高的机制，而直接并有效率的机制则是文化变异。这种独一无二的人类文化传承模式，使科学技术史有了方向性与累积性的特质。

如此看来，既然诉诸自然选择的机制并不足以解释心理机制或达尔文

① 熊哲宏,杨慧.是认知心理学,还是进化史——论"进化心理学"研究方法的内在矛盾[J].华中师范大学学报(人文社会科学版),2003(4)：134-140.

模块的进化起源的问题,那么进化心理学关于心理机制的进化史研究就是无效的,甚至可能就是无意义的。

四、进化心理学的评判

有研究表明,进化心理学的目标就是揭示和理解心灵的构造和实质。进化心理学并不像知觉、学习、思维的研究那样是一个具体的研究领域,而是心理学的一种思维方式,可以运用到心理学的一切领域。进化心理学把心理学视为生物学的一个分支。这是从种族进化的角度,用遗传学的观点解释心理的构造和意识的机能,反对经验主义的"白板"论观点。进化心理学的思维方式对心理学产生了强烈的冲击。有些心理学家甚至断言进化心理学将取代所有的心理学,成为心理学的元理论基础。从积极的方面来说,进化心理学继承了机能主义心理学的传统,从生物进化的角度认识心理与行为,为心灵的研究开辟了新的视角,扩展了心理学的研究领域。[1]

有研究考察了进化心理学与心理学具体领域研究具有的关联,其中包括与人格心理学研究的关联,这也就是进化人格心理学。进化人格心理学是西方人格心理学研究中的一种新的研究取向,是以进化论为指导,以功能分析为基础,对人格心理学进行了大量的理论和实证研究,形成了完整的进化人格理论。[2]

在进化人格心理学看来,人格是人类演化形成的心理机制的集合。那么,在人类进化的过程中,过去不仅在人类身体和生存策略方面刻下了很深的烙印,而且在人类心理和互动策略方面留下了重要的印记。这也就成为探索心理机制的基础。心理机制是在成功解决问题的过程中演化形成的。进化心理学认为,所有的有机体包括人都是适应设计的产物,适应是演化形成的解决问题的方法。人的心理也不例外,也是适应的产物,某种心理之所以存在,就是因为其能解决适应问题。人的心理机制是演化形成的解决问题的策略。心理机制在数量上是巨大的,在本质上是复杂的,具有领域的特殊性。每个问题都具有领域的特殊性。每一个特定的问题都需要特定的解

① 叶浩生.进化心理学思维方式的变革及其意义[J].心理科学进展,2005(6):847-855.
② 朱新秤.进化人格心理学:理论、意义与局限[J].华中师范大学学报(人文社会科学版),2010(1):131-136.

决方案,那么众多特殊的问题就需要众多的特殊解决方案。在解决每个问题的过程中,人类逐渐演化形成了独特的心理机制,指导人的行为、思想和情感解决面临的问题。人格的基本系统是为了满足有机体的最基本需要。进化心理学认为,人类演化形成的心理机制并不是杂乱无章的,通过功能分析可以把人的心理机制归类,形成人格的基本系统,成为人类适应社会的最重要维度。

适应性个体差异是心理机制与环境影响相互作用的结果。在进化心理学家中,对于人性研究的重要性是存在着共识的,但对于个体差异的研究却存在着不同的看法。个体由于经历的早期环境事件不同,会采取不同的心理策略。每个人生来就具有两个或两个以上可供选择的潜在策略。在人类典型的心理机制菜单中,某种策略因个体早期的环境经历而得以选择。早期的经历会导致一个人固定地使用某种策略而排斥使用其他策略。心理机制就会有持续的情境唤起。人类的适应不只是受早期环境事件的影响,更多的是对当前面临环境事件的反应,环境事件的持续时间是造成个体差异的重要原因。个体与环境之间持续的关系可能调整激活心理机制的阈限。在有些情况下,个体环境不是调整心理机制激活的频率,而是调整心理机制激活的阈限。可遗传属性会受适应性自我评估的影响。进化形成的机制不仅要适应外部世界中反复出现的问题,而且还要与自身的评估机制相协调。不同的人格类型是频率依赖的适应策略。

因此,不同的适应问题和不同的生存环境是人格的群体差异产生的根源。或者,人格的群体差异是由于群体面临的适应问题和生存环境不同造成的,人类先天的心理机制和后天的生存环境都在其中起了重要的作用。

对于心理学的研究来说,进化人格心理学具有自己的贡献与不足。第一,进化人格心理学把心理或人格的研究纳入了生命科学的范畴,加深了对人性的认识和理解。第二,进化人格心理学试图对心理学中有关人类本性、个体差异的理论和研究加以整合,创建完整的人格理论。第三,进化人格心理学还存在许多局限,很多问题还有待进一步研究。从方法论角度看,进化人格理论只能对心理现象的起源进行解释,但不能预测会出现什么样的心理设计。心理机制的模块性的结论不仅与很多现代心理学研究的结果相悖,也还没有得到神经心理学研究的证实。尽管目前大多数进化心理学家认为个体差异具有重要的适应价值,但个体差异是否就是自然选择形成的适应装置,还是一个有争议的问题。进化心理学注重的主要是一些与生存和繁衍密切相关的问题,而对那些远离生存和繁衍的心理现象和人格现象并不能提供令人信服的解释。在人格对行为的影响方面,进化心理学家强调心理机制与环境条件的相互作用,但这两者相互作用的机制仍然是个谜,还必须通过科学的研究提供证据。

进化心理学不仅是一种心理学的研究取向,而且是一种心理学的研究思潮。它不仅引导了心理学的具体研究,而且推动了心理学的当代演变。进化心理学已经影响到心理学的各个研究领域。[1] 但是,正如有学者指出的,进化心理学既对心理学有着积极的意义,也对心理学有着消极的影响。进化心理学既有其合理性,也有其局限性。[2] 应该说,进化论对现代心理学产生了十分重要的影响,把遗传的决定作用和环境的决定作用都引入了心理学关于人的心理行为的解说和解释。其实,进化论在心理学研究中再向前迈进一步,就是与心理学研究直接整合而形成的进化心理学。从进化论的影响到进化心理学的研究,进化心理学就成为了更直接的关于心理行为的系统化和连贯化的说明和解释,就体现了更深入的关于心理的进化机制的研究,以及涉及心理的一般的、中间的和特殊的进化分析水平或理论解说。这体现或表明了对人的心理行为的更复杂的机制进行科学考察的可行的进路。

第六节　社会心理学研究取向

社会心理学是一门有着明显跨界特征的心理学研究分支学科。这可以成为一个很好的实例,来解说多学科的资源整合。关于社会心理学研究取向的考察,就是从特定心理学分支的角度来探讨心理学的学科性的资源。社会心理学就是一个特定的学科分支,该分支集合了多元化的资源。这可

① 朱新秤.进化心理学[M].上海:上海教育出版社,2006:275-276.
② 叶浩生.有关进化心理学局限性的理论思考[J].心理学报,2006(5):784-790.

以从具体的心理学研究分支出发,来提供关于心理学的资源整合的实例,并且给心理学学科的发展提供重要的启示。

一、多元和共生的研究取向

在社会心理学学科诞生、演变和发展的过程中,社会心理学研究有六种不同的研究取向:生物学取向的社会心理学、心理学取向的社会心理学、社会学取向的社会心理学、人类学取向的社会心理学、文化学取向的社会心理学和共生学取向的社会心理学。不同研究取向的社会心理学有不同的研究重心和研究中心,有不同的理论概念和理论学说,有不同的研究方式和研究方法,有不同的技术手段和技术工具。那么,把社会心理学的不同研究取向聚合起来进行考察,可以为社会心理学提供更加开阔的研究视野,可以对社会心理学的研究和发展提供更好的理解和把握,可以更好地定位社会心理学的研究对象,可以更好地理解社会心理学的研究方式,可以更好地促进社会心理学的学科发展。

学科的研究取向是指在学科的学术研究中起支配地位和作用的思想基础、理论框架、方法原则、技术理念。心理学的研究可以有多元化的研究取向。在心理学的发展历史中,单元化的研究取向曾经占有过支配性的地位。所谓单元化的研究取向不是指只有一元化的研究,而是指不同研究取向之间相互排斥和彼此倾轧。多元化研究取向的并存不是指存在着多元化的研究取向,而是指不同研究取向之间的相互并存和彼此互补。心理学有不同的研究分支,社会心理学作为其中的一个研究分支,就非常鲜明地体现着多元的研究取向。这体现在社会心理学的学科定位、研究视角、对象性质、基本理论等方面。

社会心理学由于研究对象具有的独特的存在方式,由于学科自身具有的特殊的科学性质,由于近亲关系导致的与相近学科的特殊连通,这都实际决定了社会心理学在自己的研究中可以有特定的或不同的研究取向。在关于社会心理学的研究取向的考察中,有把社会心理学定位于心理学的研究取向,[①]有把社会心理学定位于社会学的研究取向和心理学的研究取向双重

---

① 沈杰. 论心理学取向的社会心理学[J]. 思想战线,1992(4):41-45.

的研究取向。有研究从历史作用和综合趋势探讨了社会心理学的社会学取向与心理学取向。① 很显然,社会学的社会心理学与心理学的社会心理学可以进行不同的定位。这可以属于两种不同研究倾向的社会心理学。② 关于这两种不同的社会心理学存在大量的研究,或者是进行了许多不同的理论研究。有研究对此进行了综述。③

除了关于社会心理学的双重取向的定位和考察,也有把社会心理学定位于社会学、心理学和人类学三种不同的研究取向。这体现在了特定的社会心理学的教材中。④ 有研究则将其看成是社会心理学本身具有的三个不同的面孔。⑤

但是,关于社会心理学的研究取向,无论是社会学和心理学双重研究取向的定位,还是社会学、心理学和人类学三重研究取向的定位,还并没有容纳关于社会心理学研究的多种不同的和实际可能的研究取向。从社会心理学的对象的性质,从社会心理学的学科性质,从社会心理学的研究视角,从社会心理学的基本理论,都可以确定,社会心理学的研究应该有六种不同的研究取向。这六种不同的研究取向都对社会心理学的演变和发展产生了重要影响。对此加以探讨,可以极大扩展社会心理学的研究视野,可以重新定位社会心理学的学科地位。

社会心理学有自己的诞生、演变和发展的进程。研究者对这一进程有不同的把握和理解。在社会心理学的研究中,关于研究对象的性质、关于研究方式的性质、关于学科本身的性质,都有着十分不同的理解和认识。有研究是从西方社会心理学的发展历史或演变历程中,对社会心理学的学科性质进行了考察。⑥ 有研究则是从中国的社会心理学的研究进展去把握和考察了社会心理学具有的基本性质。⑦ 有研究则对中国社会心理学发展存在

① 沈杰. 社会心理学两种研究取向的历史作用及其综合趋势[J]. 社会科学辑刊,1996(3):25-30.
② 沈杰. 两种不同研究倾向的社会心理学[M]//乐国安,沈杰. 社会心理学理论. 兰州:兰州大学出版社,1997.
③ 沈杰. 关于两种不同取向的社会心理学的理论研究综述[M]//李培林,覃方明. 社会学—理论与经验(第1辑). 北京:社会科学文献出版社,2005:282.
④ 周晓虹. 现代社会心理学——社会学、心理学和文化人类学的综合探索[M]. 南京:江苏人民出版社,1991.
⑤ House,J. S. The Three Faces of Social Psychology. *Sociometry*,1997(2),161-177.
⑥ 高觉敷. 西方社会心理学发展史[M]. 北京:人民教育出版社,1991.
⑦ 乐国安. 中国社会心理学研究进展[M]. 天津:天津人民出版社,2004.

的问题进行了反思,并指明了出路。① 有研究则对社会心理学的学科性质进行了思考。②

可以说,社会心理学的发展也与相关学科的发展和壮大有着密切的关系。在社会心理学诞生的初期,伴随着心理学和社会学的学科的诞生和壮大,就有了心理学的社会心理学和社会学的社会心理学。后来,伴随着生物科学和文化科学的迅速发展,以及生物科学和文化科学对心理学的渗透和影响,就又有了生物学的社会心理学、人类学的社会心理学和文化学的社会心理学。目前,在科学研究中,在文化发展中,在后现代氛围中,共生主义的兴起与传播,则又有了共生学的社会心理学。这也就给社会心理学提出了一个重要的研究任务,那就是怎样从整合的方面,从系统的思路,从共生的视角,从积聚的目的,去探讨社会心理学在新的时代背景下的发展和进步。因此,这也就促使有研究从整合的视角考察了社会心理学。③ 把社会心理学的不同研究取向聚合起来进行考察,可以对社会心理学的研究和发展提供更好的理解和定位。

二、社会心理学的对象性质

社会心理学是研究人的社会心理行为的科学门类。人的社会心理行为就是社会心理学的研究对象。但是,人的社会心理行为应该怎样理解,应该从什么视角去认识、理解和说明人的社会心理行为,这是根本性的、核心性的。人的社会心理行为是属于人的,而人具有生物的属性、个体的属性、种族的属性、社会的属性、文化的属性、共生的属性,所以实际上就有研究人的社会心理行为的生物学取向、心理学取向、社会学取向、人类学取向、文化学取向、共生学取向。这是社会心理学要面对的六种不同和交叉的关于人的社会心理行为的理解。

一是社会心理行为的生物性质。动物有社会行为,人类也有社会行为。无论是动物的社会行为还是人类的社会行为,都有动物和人类作为生物有机体的生物学的基础或前提。在生物学、解剖学、生理学、遗传学、脑科学等

① 杜林致,乐国安.中国社会心理学发展问题的反思及其出路[J].江海学刊,2004(2):86-89.
② 沙莲香.关于社会心理学学科性质的思考[J].社会心理科学,2006(1):11-16.
③ 夏学銮.整合社会心理学发微[J].北京大学学报(哲学社会科学版),1998(4):111-116.

学科的迅猛发展下,对人的社会心理行为便有了特定的理解和解说。在人的社会生活中,无论是人的利他行为、侵犯行为、亲和行为、敌意行为、友善行为、统治行为、双性行为、同性行为,还是人的群体行为、组织行为、集群行为、从众行为、合群行为、模仿行为、管理行为、领导行为,都具有生物学的基础、遗传学的基础、生理学的基础。极端的社会生物学研究者就强调,遗传基因是一切有机体行为的最终根据。因此,所谓的有机体不过是遗传基因复制自己的工具。人类有遗传的进化和文化的进化,在遗传的进化与文化的进化之间有着非常复杂的关联。文化的进化都有其生物进化的基础和印迹,因此,在社会心理学的研究中,就有从生物学的角度去理解人的社会心理和社会行为。①② 当然,也就有用生物学化或生物还原的研究方式去解说人的社会心理行为。例如,在社会心理学的研究中一度盛行本能论,把人的社会心理行为看成是由本能推动和决定的。

二是社会心理行为的个体性质。人的存在都是个体性或个体化的存在,个体是完整的心理的展现者或体现者。尽管个人都是在群体或社会中生活,人有群体心理和社会心理,但群体心理和社会心理最终都体现在个体心理中,或者都通过个体心理表达和展示。这就是所谓的人的社会心理行为的个体性质。个体认知可以表达的是社会认知,个体情感可以体验的是社会情感,个体人格可以展现的是文化人格。个体心理与社会心理是相通的。

三是社会心理行为的种族性质。人的存在也都是族类的存在,人类种族也有其共同的心理行为。人作为个体也都归属于特定的种族,个体也就都是族类的存在。人类可以作为共同的种族与动物相区别,并因此具有人类共有的心理行为。同样,人又有民族的区分,不同的民族也有自己独特的生活方式和民族心理。

四是社会心理行为的社会性质。人的存在也都是社会的存在,人类社会也有其社会的心理行为。人都是群体中的人,也都是社会中的人。人的

---

① Buss, D. M. & Kenrick, D. T. Evolutionary social psychology. In S. T. Gilbert (Ed.), *The Handbook of Social Psychology*. New York: McGraw-Hill, 1998, pp. 984 - 989.

② 朱新秤,焦书兰. 进化社会心理学的理论、研究及其意义[J]. 华中理工大学学报(社会科学版),1999(2):27 - 31.

群体心理或社会行为可以通过社会互动而结成特定的人际关系。人在群体或社会中都要扮演特定的社会角色，都要进行合作与竞争。社会群体中都要有领导和被领导。

五是社会心理行为的文化性质。人的存在也都是文化的存在，人类文化也体现出了文化的心理行为。人创造了自己的文化，文化延续成为特定的文化传统和文化历史。人就生活在自己的文化背景和文化传统中，人就面对着自己的文化现实和文化生活，并通过文化塑造了自己的心理行为。这就是人的文化心理和文化行为，也就是人的文化品行和文化人格。

六是社会心理行为的共生性质。人的存在也都是共生的存在，人不是分离和孤立的，人与自己的生存和生活的条件或环境形成共生的关系。无论是个体还是群体，无论是心理还是社会，无论是遗传还是环境，在研究中都曾经有过分解、分离、分裂的考察。这给理解人的社会心理行为带来了许多的弊端。共生主义的方法论则导致了根本性的变化。那就是把个体与群体、心理与社会、遗传与环境看作是共生的关系，是共生的存在。这是一种共荣或共损的关系。人、人的心理、人的社会心理，都有共生的属性，都有共生的关系。

三、社会心理学的学科性质

正是由于社会心理行为的独特性质，决定了研究社会心理行为的社会心理学学科具有独特的学科性质。在学科的划分中，有自然科学、人文科学和社会科学。在不同的学科类别中，又有生物学、心理学、人类学、社会学、文化学和共生学等不同的学科分支。那么，如何对社会心理学的学科性质进行定位，就是一个重要的学术问题。在社会心理学学科性质的探讨中，有很多学者把社会心理学看成是边缘性的独立学科。所谓边缘性，是指社会心理学具有多学科跨界研究的性质。由于学科的出发点不同，对社会心理行为的研究也就有不同的定向和定位，从而也就有不同学科性质的社会心理学。按照上述社会心理行为的不同性质，可以有六个不同的社会心理学研究的出发点，构成的是不同学科的社会心理学研究。这就是从遗传出发的生物学的社会心理学，从个体出发的心理学的社会心理学，从种族出发的人类学的社会心理学，从社会出发的社会学的社会心理学，从文化出发的文化学的社会心理学,以及从共生出发的共生学的社会心理学。

生物学的社会心理学有自己特定的关注内容和着眼方面,有自己特定的核心概念和基本理论。例如,生物基因、遗传本能、习性学说、印刻效应、人类天性等。生物基因的概念是遗传学、分子生物学、生物化学等领域的研究确立起来的。从遗传学的角度看,基因是生物的遗传物质,是遗传的基本单位,是突变单位、重组单位和功能单位。基因有自体复制、决定性状和发生突变的特性。在社会心理学研究中,就有通过遗传本能的概念说明人的社会心理行为的方式。习性学则强调物种的先天行为,进化的演变特性,学习的预先倾向。物种的先天行为是指特定物种的个体生来具有的行为,是不变的行为序列,对物种具有普遍意义。进化的演变特性是指每一物种都要解决由环境造成的问题,包括获取食物、繁衍后代等。习性学家强调有利于物种生存的行为会遗传给下一代,形成种群中普遍的行为。学习的预先倾向包括敏感期和学习能力两方面。敏感期是生物学上获取新行为准备的特定时期。这一时期容易对特定的刺激作出反应。印刻现象便发生在敏感期,而且印刻是不可逆的。敏感期是发展心理学研究涉及的重要时期。如许多研究早期发展的都强调早期经验的重要性,阶段理论都主张特定发展阶段会对特定的经验非常敏感。印刻效应是习性学家在实验过程中发现的现象。刚出生的动物会本能地跟随在第一眼见到的活动物体后面。这不仅存在于低等动物中,而且存在于人类中。人类天性的概念是从生物遗传的角度说明人的本性,并解释人的社会心理行为。这曾经在社会心理学的研究中非常盛行。

心理学的社会心理学也有自己特定的关注内容和着眼方面,也有自己特定的核心概念和基本理论。例如,个体自我、社会认知、社会情感、社会动机、社会态度等。心理学的社会心理学着眼的是社会个体,是从社会个体入手去考察和理解人的社会心理行为。个体是社会心理的承载者和体现者。或者,个人或个体是社会构成的最基本单元,而个体心理则是社会心理的直接体现。社会个体的心理整体是人的自我或个体的自我。在社会心理学的研究中,自我就常被看作社会心理研究的逻辑起点。无论是在人的社会生活中,还是在社会心理学的研究中,对自我都有不同的理解。例如,自我的分类有把自我区分为主我与客我。主我是发出认识和行动的自我,客我则是作为主我对象的自我，如物质我、社会我、精神我。有把自我区分为公我与私我。公我是指在公共场合展示给他人的自我，私我是指隐秘而不显露的自我。这可以与中国文化传统中的阳和阴相吻合。有把自我区分为大我与小我。这是指自我的域界不同，包容的范围不同。大我可以包容天下，小我则是一己之私。有把自我区分为有我与无我。有我是指以自己为中心，这包括人的自私和贪念。无我则是超越自我，达到忘我和显现真我。有把自我区分为自我与自己。在不同的文化背景中，是否把身体纳入自我的范围就是自我与自己的区分。自我可以包容社会和天下，那么对个人的区分就不是自我，而是自己。有把自我区分为显我与隐我。在社会生活中，示人的自我就是显我，不示人的自我就是隐我。心理学的社会心理学还涉及人的社会认知、社会情感、社会动机、社会态度等。

人类学的社会心理学是从种族视角出发的探索，也有自己特定的概念和理论。人的存在不仅是作为个体的存在，而且是作为种族的存在。人类学的社会心理学关注的是种族心理、人格模式、文化形态、生活方式等。种族心理是以人的种族存在为前提的种族整体的心理行为方式。人格模式则是社会文化背景中的社会人群心理行为的整体性特征、构成方式或结构形态。文化形态则是文化的独特构成、独特产物、独特机制和独特发展。生活方式则体现为特定的生活尺度、生活标准、生活定向、生活追求和生活模态。人类学家米德(Margaret Mead，1901—1978)就曾经从人类学的视角阐述了文化和文化传递对人的心理行为的影响。研究区分了前喻文化、共喻文化和后喻文化。前喻文化是指晚辈要向长辈学习，共喻文化是指同辈之间的相互学习，后喻文化是指长辈要向晚辈学习。① 实际上，社会心理就可以体现为种族心理、人格模式、文化形态和生活方式，就可以体现为通过文化传递的方式形成和展现的社会心理。

社会学的社会心理学是从社会视角出发的探索。人的存在也是社会的存在，个体都是社会的成员，其心理行为具有社会的性质。社会学的社会心理学关注的是社会互动、社会关系、社会角色、社会群体和社会大众。社会互动是指社会生活中，个人与个人，个人与群体，群体与群体之间通过信息

① 米德. 文化与承诺[M]. 周晓虹，等，译. 石家庄：河北人民出版社，1987：27，51，76.

的传播而发生的相互依赖性的社会交往活动。社会关系的心理学性质就是人际关系,这是指人们在人际交往过程中结成的心理关系,反映了个人或群体寻求满足需要的心理状态。这种关系的变化与发展取决于交往双方需要的满足程度。社会角色是由一定的社会地位决定的、符合一定的社会期望的行为模式。社会角色是社会地位的外在表现,是一整套行为规范和行为期待,是人的多种社会属性和社会关系的反映,是构成社会群体和社会组织的基础。社会群体是指通过一定的社会互动和社会关系结合起来并共同活动的人群集合体。社会群体是构成社会的基本单位之一。社会群体的本质在于其内部有一定的结构,即由规范、地位和角色构成的社会关系体系。社会大众则是泛指社会生活中的群众或人群。

文化学的社会心理学是从文化视角出发的探索。人的存在也是文化的存在,个体也是文化的承载者和体现者,其心理也就具有文化的性质。文化学的社会心理学关注的是文化传统、文化变迁、价值取向、行为规范和文化人格。文化传统是指社会文化的历史积累和历史传承。文化变迁是指或由于文化自身的发展,或由于不同文化之间的接触,而引起的文化改变。价值取向是社会和文化的价值定位和价值赋予,这决定了社会成员的心理行为的定向和定位。简言之,某种价值观一旦对人们认知与行为具有经常的导向性,就可以称为价值取向。所谓价值取向,即价值标准所取的方向,也就是价值的指向性。从价值观的角度看,价值的指向性就是价值取向。无论是取向还是指向,其实质是以谁为价值主体,并对价值主体的需要、目标和理想作何理解的问题。价值信念或价值取向如能组成一套互相关联的系统,则可以称为价值体系。价值信念、价值取向和价值体系可以统称为价值观。行为规范是社会或群体的行为准则和行为标准,是社会生活中或群体生活中对个体行为的约束。文化人格则是指在文化塑造下的人的心理行为的稳定特征。

共生学的社会心理学是从共生视角出发的探索。在社会心理学的历史发展和科学研究中,一直非常盛行分离的研究。或者,对于社会心理行为与社会文化环境,对于个体社会心理与群体社会心理,对于小群体心理与大群体心理,都是分离地去进行考察。这既带来了研究的精确性,也带来了研究的偏差性。研究的结果造成的是对社会心理的不合理的解说。

共生主义的观点则把前述的不同方面看成是共生的过程,是共生的整体,是互动的构造,是互动的成长。

四、社会心理学的研究视角

正是因为社会心理学研究对象的多元性质,正是因为社会心理学学科属性的多元构成,所以社会心理学的研究具有多元的存在、多元的基础和多元的视角。多元的研究视角包括生物的视角、个体的视角、种族的视角、社会的视角、文化的视角和共生的视角。

生物的视角包含社会心理学研究中的社会生物学的研究、社会遗传学的研究。它探索和揭示社会心理的生物性质和属性。在这一类研究中,人类习性学或社会遗传学的研究给了社会心理学非常重要而特别巨大的影响。人类习性学或社会遗传学在当代的体现就是社会生物学的创建。社会生物学家把所有的社会行为都还原到基因的水平,并力图建构起关于所有的社会行为的遗传学的学说。极端的观点认为,有机体仅仅是遗传基因复制更多的遗传基因的工具。有机体生存的目的就是让自己的基因能够长存下去,而有机体的社会行为,如利他行为、攻击行为等,都是基因为了复制自己采取的策略,其目的都是把自己的基因传递下去。[①] 自然与社会的关系、基因与文化的关系、自然进化与社会进化的关系、基因变异与文化创造的关系,这构成了解释和说明人的社会心理行为的生物学的前提和基础。共同进化的理念就是社会生物学家强调的一种共同发展。例如,人类的社会亲和行为实际上就是生物亲和本能的体现,也是社会利他行为的生物学基础。20 世纪 60 年代开始,一些社会生物学家试图从生物进化的角度去说明人类的利他行为,但却不愿意采纳达尔文自然选择的学说。社会生物学家建立了群选择和亲选择理论,在群体和亲族的范围内解释了利他主义行为。索伯(Elliott Sober,1948—   )在《向着他人:非自私行为的进化论和心理学》一书中,从生物学和心理学上给出了一种新视角,即把群选择理论精致化,并细分为群内选择和群间选择。根据这一进化模型,尽管在群内选择中利己主义占有优势,但是在群间选择中利他主义占有优势。因此,如果从全球

---

① 威尔逊. 社会生物学:新的综合[M]. 毛盛贤,等,译. 北京:北京理工大学出版社,2008:3 - 5.

的范围来看,利他主义就将得到进化。这已经成为心理学研究中的一个热点课题,也已经成为进化心理学研究的一个特定论题。[①] 研究者也提出或给出了利他主义的进化模型。[②] 当然,也有研究持有相反的观点。道金斯(Richard Dawkins,1941—　　)就作了相反的论述,他在其《自私的基因》一书中提出,基因才是真正的选择单位。在整个生物界,个体和种类的最大利益就是繁殖后代,因此不论是利己主义还是相互利他主义,都不过是实现基因利己主义的手段。最终目的就是要更多地复制自身的后代,也就是最大限度地实现自己的利益。[③]

　　个体的视角被认为是社会心理学研究中的心理学取向。它是把个体作为社会心理学研究的基本单元。周晓虹在探讨现代社会心理学危机的时候,就考察过社会心理学研究中的个体主义。他指出,在分析现代社会心理学的危机成因时,不应忽视这门学科体现出的明显的个体主义倾向,这是现代社会心理学除实证主义和实验主义之外的另一个特征。个体主义在现代社会心理学的后继发展中显然具有积极的意义。从理论研究上说,这有效地抵制了早期社会心理学家将群体心理视为超个体的精神实体的错误。从实际研究上说,这使研究者能够直接而便捷地获得数量资料,从而使社会心理学的定量化研究成为可能。从行动者个人的内心入手去寻找社会行为的原因,自然不能不导致整个现代社会心理学缺乏对宏观社会过程的理论解释,以及缺乏把现实中的个体置于广泛的社会生活中进行考察的社会性方面。这种社会心理学割断了人们的社会联系,自然也难以服务于现实的社会生活。个体主义的消极影响还不仅仅在于此,这实际上还导致延续至今的现代社会心理学的分裂局面。社会心理学分为心理学的社会心理学和社会学的社会心理学,这既有理论的原因也有历史的原因。理论的原因是人类行为受制于人格、社会和文化等因素,这就决定了社会行为是可以从心理学、社会学和文化人类学等学科入手研究的边缘问题。历史的原因是社会学家罗斯(Edward A. Ross,1866—1951)和心理学家麦独孤(William

① Sober,E. & Wilson,D. S. *Unto Others: The Evolution and Psychology of Unselfish Behavior*. Cambridge,MA: Harvard University Press,1999.
② 李秦秦. 利己还是利他——索博·威尔逊的利他主义进化模型[J]. 自然辩证法研究,2005(11): 9-12,24.
③ 道金斯. 自私的基因[M]. 卢允中,等,译. 长春:吉林人民出版社,2001.

McDougall，1871—1938）同时出版了社会心理学领域内的第一本教科书，但这种分裂的进一步加剧与20世纪20年代以后社会心理学中的个体主义当道密切相关。要恢复个体与社会的联系，实现社会心理学中不同取向的综合，就必须纠正这种否认群体的现实存在与现实影响的极端个体主义倾向。①

种族的视角被认为是社会心理学研究中的人类学取向。米德就是以对青春期、性和社会化等问题的研究而著名。她以人性、人格和文化变迁为主题，无论是对萨摩亚人的青春期研究、对马努斯儿童的成长和教育的观察、对新几内亚三个原始部落的性别与气质关系的探查，还是对代沟问题的研究，都充分证实了文化多样性对人格和心理塑造的决定性作用，从而表明先前的社会心理学对人的行为模式的描述与阐释，并不具有全人类绝对普遍的意义。米德的文化决定论强调文化对人格的决定作用，她的一系列证伪实验有力地否定了弗洛伊德的泛性论，并使20世纪前期颇为流行的生物决定论遭遇了严重打击。米德的文化决定论思想对文化人类学和社会心理学都产生了深远影响。米德的文化决定论强调文化因素与个人因素（或个人的心理事件）存在密切联系，研究范围包括个体是如何不可避免地受到所处的社会或文化要素的影响，以及如何在所处文化范围内构筑自身的人格等。②

社会的视角被认为是社会心理学研究中的社会学取向。社会学取向的社会心理学首先在不脱离其母体的前提下，被当成一种关于微观社会学的研究。社会学家通过对社会的微观理解，然后形成一套看微观社会的方法。由于社会学学科自身就具有在理论上进行探索的特征，社会学中的许多微观研究实际上都是理论性的探索，只是一旦要去关心用什么方法来实现和证实这些理论研究就会遇到许多难以解决的问题。社会学当中的符号互动论虽然不直接进行实证研究，且比较理论化，但是为后来的社会学取向的社会心理学带来了无穷无尽的恩泽和灵感。米德的这些思想为后来的符号互

---

① 周晓虹. 现代社会心理学的危机——实证主义、实验主义和个体主义批判[J]. 社会学研究，1993(3)：94-104.
② 张帆. 人类学与社会心理学的结合：玛格丽特·米德之文化决定论综述[J]. 社会科学评论，2007(3)：114-124.

动论、社会角色理论、戏剧理论、日常生活方法论和社会交换理论等提供了重要的思想源泉。如果说心理学取向的社会心理学在自身的发展过程中向文化方向迈进是一种权宜之计的话，那么社会学近来也在突破符号互动论和人格与社会结构视角而直接向传统上属于心理学的领域进发。比较明显的是近来兴起的认知社会学（cognitive sociology）和情绪社会学（sociology of emotion）。①

文化的视角被认为是社会心理学研究中的文化学取向。可将文化心理学定义为研究人的文化心理或文化行为的一门具有边缘性质的独立学科。文化心理或文化行为，是指人在一定的语境中具有的对一定的文化刺激作出的该文化规定的反应，即特定文化中的人内在固有的对刺激的解释和以此为基础表现出的行为模式或方式。文化刺激，是指某一种群或种族在其进化和发展中，根据自己的需要或一定的目的而赋予一定意义或价值的刺激，即对该种群或种族的人具有特定意义或价值的刺激。换言之，文化心理或文化行为是个体依据赋予刺激的特定意义或价值表现出的心理或行为。对种群、种族和文化中的个人来说，文化心理或文化行为的形成过程，也就是刺激的价值或意义的创造和取得的过程，它是心理与文化的相互建构和生成的过程。由于刺激的意义或价值对于特定文化语境中的人来说都是特殊的或者是有差异的，因此对其研究应在具体的文化语境中体验、认识、解释与探究。再由于文化心理学具有交叉和边缘性质，因此其研究方法或方法论是多元的，需要多种方法的综合运用。这既有实证方法也有解释学方法，既有量化方法也有质化方法，既有客位的研究策略又主要采用主位的研究策略。②

共生的视角被认为是社会心理学研究中的后现代取向。"共生"一词来源于希腊语，最先是指不同种属生活在一起的状态。在现代生物学的研究和著述中，共生被认为是一种相互性的活体营养性联系。但在此处，共生则是指人与自然、人与社会、人与自我之间互利共生、和谐发展的生存状态和生存模式。这里的"生"不仅是指存在和生存，而且吸收了新的性质、新的内

① 马怡，翟学伟. 社会学的社会心理学：研究取向及其现状[J]. 内蒙古社会科学，2003（3）：107-110.
② 李炳全，叶浩生. 文化心理学的基本内涵辨析[J]. 心理科学，2004（1）：62-65.

涵、新的要素,从而有着改进、提高、优化、发展的含义。共生也就是共存、共在、共荣、共利。共生的特征可表现为以下四个方面。第一,共生是复杂的、多层次的又是开放的。共生不是一个单一的、简单的存在现象,这包括生态系统的共生,社会系统的共生,以及生态系统与社会系统之间的和谐共生。第二,共生具有最大可能的包容性。构成共生体的基本单元不仅有同质的,也包括异质的,是异质的多样性融合。第三,共生是各种关系之间的良性循环与发展。如果互利则共生,互损则俱灭。第四,共生是弱势力量的天然追求。① 共生的概念进入心理学,可以为心理学的研究带来根本性的变化。生态学的研究视角就是指从共生的方面来考察、认识和理解环境、生物、社会、人类、生活、心理、行为等。这否定的是割裂的、片面的、分离的和孤立的认识和理解,而强调的是联系的、系统的、动态的、发展的认识和理解。生态学的方法论就是指以生态的或共生的观点、手段和技术来考察、探讨和干预生活世界、生活过程和生活内容。这也就是说,生态学的方法论对于人和人的生活来说,既可以是考察的方式和方法,也可以是解说的方式和方法,还可以是干预的方式和方法。在心理学研究中,生态学的方法论提供的是整体观、系统观、综合观、层次观、进化观、同生观、共生观、互惠观、普惠观等一系列重要的思路、思想和思考。

五、社会心理学的基本理论

在社会心理学的研究中,不同的学术取向可以生成不同的理论建构,而不同的理论则提供了关于人的社会心理的不同理论解说。社会心理学在自身的理论演进的过程中,形成和构成了各种不同的理论学说。

生物学的社会心理学就包括社会生物学的研究、人类习性学的研究、生物基因学的研究、心理生物学的研究等。社会生物学创建于美国,以威尔逊(Edward O. Wilson,1929—   )的巨著《社会生物学:新的综合》作为理论代表,目的是将社会行为的机制彻底还原到基因水平,力图建构一切社会行为的遗传学。威尔逊认为,有机体仅仅是 DNA 复制更多的 DNA 的工具。

---

① 史莉洁,李光玉.走向"共生"——人与自然,人与人的生存哲学[J].华中农业大学学报(社会科学版),2006(1):10-12.

社会生物学家在习性学的基础上更激进地认为,一切社会行为的生物学基础都是基因。动物(包括人)生存的目的就是让自身的亲本基因能够长存下去。一切难以解释的社会行为如攻击、利他主义等,都是基因为了复制自己采取的策略,其目的是通过自己或他人把自己的基因传给下代,一切生物科学及行为科学的研究都必须以基因的遗传规律为基点,才能阐明动物的各种种群现象,揭示动物的生活习性和行为模式。人类习性学的研究者认为,如果通过生物学的假设来解释人类的社会心理行为,那么就要区分因果分析和功能分析。因果分析是为了说明结构或行为的原因,而功能分析是为了说明结构或行为的结果。例如,对人类利他行为的因果分析和功能分析就是根本不同的。因果分析在于说明人类的利他行为的生物学的或社会学的原因或因素,功能分析则在于说明人类的利他行为的适应性的或生长性的机制。精确地说,人类利他行为的因果分析应该能够详细说明包含在界定的行为中的神经学的、发展学的及社会的诸多因素。而功能分析则要解释何种程度上这种行为以及与它有关的因果机制是适应性的。从经典习性学的社会行为的生物学努力再到社会生物学的社会行为的遗传学努力表征了关于社会行为的生物基础研究的不断深化。可以说,习性学对于动物社会行为研究是卓有成效的,并且其研究成果正汇入当代心理学的理论图式中。因此,逻辑上一个自然推论:习性学的方法及其成果应用和外推到有关人类社会行为中的有效性,就成为许多心理学家关心的问题。一种建立人类习性学新学科的努力在 20 世纪 70 年代后期就开始了。

心理学的社会心理学包括实验社会心理学的研究、精神分析学派的社会心理学、社会学习理论的社会心理学、群体动力学派的社会心理学、社会认知理论的社会心理学。有研究从现代社会心理学的实证主义、实验主义和个体主义入手,深入分析了现代社会心理学的危机根源。实证主义、实验主义和个体主义在使社会心理学摆脱思辨模式、成为现代科学的过程中起过积极的作用,但也由此埋下了其日后危机的种子。实证主义造成了对研究方法与技术手段的过分崇拜,导致对理论研究和理论整合的极端轻视。实验主义割裂了社会心理学研究同现实社会的联系,并造成了价值中立的假象。个体主义则混淆了个体与群体的辩证统一关系,并加剧了现代社会心理学的内部分裂。在此基础上,以上述三大特征为标志的旧的社会心理学范式的危机,可能正预示着社会心理学新范式的诞生。对于个体主义来说,可以从以下两个方面,论述由奥尔波特确立的个体主义在现代社会心理学的后继发展中的积极意义。从理论上说,这有效地抵制了早期社会心理学家将群体心理视为超个体的精神实体的错误。在这个方面,德国民族心理学家深受其前辈学者、哲学家黑格尔的影响。在实际研究中,这使研究者能够直接而便捷地获得数量资料,从而使社会心理学的定量化研究成为可能。不过,奥尔波特对个体与群体的看法,多多少少混淆了这两者之间的辩证统一关系。从较全面的意义上说,个体和群体是互为依赖的。个体并不是自然的单个存在物,而是通过在群体中或在社会中生活而后成为个体的,是通过在群体中或社会中占有既独一无二又与他人联系的地位而成为个体的。因此,个体是作为群体成员的个体。群体也不是超个体的,群体是通过个体间的互动而形成的。群体一旦形成,便具有了某些组成群体的个体本身不具有的特征。因此,群体虽是由个体组成的群体,但却又是不能够还原为个体的群体。①

人类学的社会心理学包括文化决定论的研究、民族性格的研究、心理人类学研究等。文化人类学研究考察了文化与人格、文化与自我的关系。有研究指出,由文化人类学进行的每一次跨文化研究都是一次震动社会心理学的冲击。在此之前,社会心理学基本上是关于西方人的社会心理学。在这种社会心理学的面前,文化人类学家的研究则充分证实了文化的多样性对人格和心理塑造的决定性意义,从而表明,先前的社会心理学对人的社会行为模式的描述和阐释并不具有绝对普遍的意义。文化人类学家经过长期持续不懈的努力,终于彻底打破了社会心理学领域由社会学家和心理学家双雄争霸的局面,形成了新的三足鼎立阵势。对人类行为研究具体化、多学科化,是这种研究从原始综合过渡到辩证综合的必经阶段。②

社会学的社会心理学研究或社会学取向的社会心理学传统有两个,一个是来自符号互动论,一个是来自文化人格论。在这两种传统中,前者提供的是理论上的探求,是一种理论框架。后者提供的是一种社会学取向的社

① 周晓虹.现代社会心理学的危机——实证主义、实验主义和个体主义批判[J].社会学研究,1993(3):94-104.
② 周晓虹.论文化人类学对社会心理学的历史贡献[J].社会学研究,1987(5):61-72.

会心理学理解社会心理的视角,主要是通过社会调查的方法来研究个体心理与社会生活之间的因果或相关关系。例如,韦伯(Max Weber,1864—1920)在《新教伦理与资本主义精神》一书中,就探讨了在个人价值观中的清教教义是如何促进资本主义的产生与发展的。后来在美国种族偏见的研究中,也多采用这一视角,即研究个人对种族的歧视如何影响了社会阶层分布、国家经济发展和实际人口流动。跨文化社会心理学看起来还是心理学取向的社会心理学,或者说是心理学取向的社会心理学家从事的。但由于要考虑到把人的心理放在不同的社会文化中来看,因此许多过去的所谓普遍性的观点开始动摇了。用变量的观点来看,虽然社会心理学在其研究中只加入了文化这一个变量,但这个变量不是一个一般性的变量,而是有可能从根本上改变传统的心理学取向的社会心理学。也可以这么说,过去对人的实验和测量之所以能够比较容易地得出普遍性的结论,对人的预测性还有可能,都在于控制了文化变量和假定了文化因素不存在的基础上的,人不过是一个比动物复杂一点的(在行为主义看来并不比动物复杂)动物。现在加入了文化,就等于提升了人,包括人的主体性、理解性、人与环境(情境)互动等一系列内容,结果跨文化社会心理学在客观上可能使心理学取向的社会心理学向社会学取向的社会心理学靠拢,尽管这种靠拢目前更多是形式上的。在研究方法上,心理学取向的社会心理学还是坚守自己的一套做法,比如拿修订后的量表来测量当地人的性格,或在实验时考虑到被试的社会背景差异等,或者干脆就直接设计一种测量文化心理差异的量表,如个人主义和集体主义量表等。

文化学的社会心理学的研究包括对文化与人格研究,以及对文化与自我的探索。或者,在文化学取向的社会心理学研究中,经历了从文化与人格研究到文化与自我的探索的重要转换。这实际上体现在心理人类学的研究重心的转移或转换中。心理人类学的研究重心从文化与人格转向文化与自我,体现了如下两点。首先是人类文化的回归,也就是从立足文化,通过文化来看人,转向立足人,通过人来看文化。文化不再是一种外在于人的抽象的存在,不再是从外部对人的塑造和控制,而是人的创造和自我决定。其次是日常生活的凸显,也就是从立足人的抽象人格转向立足人的日常心理生活。人的心理生活是人的最直接的现实体验,这可以是人主动构筑的。人对自身的心理生活有什么样的把握和理解,也就会构筑什么样式的心理生活,而这种把握和理解则有其文化的传承。上述的两点,对于全面深入地理解文化与人、文化与人的心理生活的关系,都具有重要的学术和生活意义。[①]西方社会心理学的发展有过忽视文化而导致的危机,因此也就有了关注文化的研究转向。[②] 文化学的社会心理学研究的课题包括文化心理的研究,也包括多元文化与社会心理学的研究。

社会心理学与文化心理学是彼此密切相关的心理学分支。文化心理学的研究是近期的心理学研究中心和重点。有研究指出,目前人们主要从两个方面来界定文化心理学的内涵:一是从研究对象上;二是从研究方法上。前者实际上是要求拓宽心理学的研究范围和内容,从新的角度开展心理学研究。后者实际上是要突破传统心理学的立场观点和方法,克服其研究方法的不足。文化心理学是研究意义的一门学科。文化是有意识的人类活动,因而就具有人的意义。人在从事文化活动之前,只是自然界中存在的一个物种,还算不上真正的人。正是文化使人成为人,使世界成为人的世界,使自然现象具有人的意义。更明确地说,人在实践活动中逐步地通过心理的活动,在促使外在自然人化的同时,也使自己的内在自然人化,从而创造出一个意义或价值的世界,并通过意义或价值把人与自然、人与他人、人与文化等联系起来,进而以意义或价值为中心来构建自己的心理观念、生活方式、社会制度等。正是这种以人为中心,从人的立场和视域出发,文化才得以形成,世界及其中的万物才有了人的意义和价值。心理与文化的相互建构是文化心理学的基本观点和研究内容。心理是与外在文化世界相应的内在世界,而外在文化世界是内在心理世界的表达或展现。作为一种新的心理学研究思路或方法的文化心理学,心理学研究必须以实际的文化语境为出发点和归宿点。由于人生活在特定的文化中,文化是人的生存或存在方式,因此心理学研究必须在具体的文化语境中进行研究。心理学家采用主位研究方略进行心理学研究。主位研究强调文化心理和行为与当地的社会

---

① 葛鲁嘉,周宁.从文化与人格到文化与自我——心理人类学研究重心的转移[J].求是学刊,1996(1):27-31.
② 杨莉萍.当代西方社会心理学的危机与文化转向[M]//叶浩生.西方心理学研究新进展.北京:人民教育出版社,2003:239-250.

生活、文化背景、地理环境和历史语境等有密切关系，相应的研究应该就在其中进行。文化心理学的研究就主要是采用了这一方略。①

　　共生学的社会心理学立足共生主义（enactionism）的理念和原则。② 共生主义强调应该把环境与心理理解为交互作用的过程。这种交互作用就不仅是环境对人的心理的影响，而且人也会作用于环境的变化。如果进一步去分析就会发现，这种交互作用实际上就是一体化的过程。这种一体化的过程实际上也就是共同生长的历程，也就是任何一方的演变或发展，都会带来另一方的演变或发展。心理环境的概念就是有关共生历程的最好描述。在目前的社会和人类的发展进程中，人类已经开始意识到，现实世界中，没有单一方面的任意发展，没有你死我活的生存竞争，没有消灭对手的成长机会，没有互不往来的现实生活，只有互惠互利的彼此支撑，只有共同繁荣的生存发展，只有恩施对手的成长资源，只有互通有无的现实社会。其实，无论是研究自然的、生物的、植物的、动物的、人类的、社会的、文化的、历史的、未来的，都要面对着各种不同对象之间的关联性。生态学方法论的兴起就反映了这样的趋势。③

　　显然，社会心理学由于其自身研究对象的特殊性，而决定了社会心理学并不是单一取向的研究。但是，社会心理学的多元学术取向也并不意味着社会心理学的分裂和对抗。共生的原则给出了一个社会心理学发展的基本方式。社会心理学需要整合自己的不同研究取向，需要确立共同促进的整合方式，需要汇集各种不同的学术性资源。这才能够推动社会心理学的合理和快速的进步。

第七节　民族心理学研究方式

　　正是因为民族心理学涉及的研究对象和汇聚的相关学科，所以民族心

① 李炳全，叶浩生.文化心理学的基本内涵辨析[J].心理科学,2004(1)：62-65.
② Varela, F. J., Thomption, E., & Rosch, E. *The Embodied Mind: Cognitive Science and Human Experience*. Cambridge, MA：The MIT Press, 1991.
③ 葛鲁嘉.心理学研究的生态学方法论[J].社会科学研究,2009(2)：140-144.

理学的研究方式就可以按照不同形态的心理学来进行定位和考察。在民族心理的构成中,常识、宗教、哲学、文化、科学、资源都可以成为重要的视角和特定的方式,因此民族心理学的研究可以通过这些不同的方式来进行。这包括以民族常识为基点,以民族宗教为基点,以民族哲学为基点,以民族文化为基点,以民族科学为基点,以民族资源为基点,这样就可以大大扩展关于民族心理行为的探索范围和关注内容。

一、以民族常识为基点

在不同的民族文化背景中,在不同的民族生活方式中,在不同的民族心理构成中,存在属于特定民族文化和民族生活的独特的常识形态的心理学。可以说,常人日常生活中的基本内容和基本方式就包含常识形态的心理学。常识形态的心理学主要通过如下六个途径影响普通人的日常生活。

一是生活方式。人的社会活动包括生产方式和生活方式。生活方式是人满足自身生活需要的全部活动形式与行为特征,包括人的日常生活的方向选择,人的社会生活的传统习惯,人的心理生活的生成方式。常识形态的心理学认可和给出了一种基本的或特定的生活方式或生活样态。特别是,常识形态的心理学认可和给出的是一种基本的或特定的心理生活方式或心理生活样态。或者,人的生活方式或心理生活方式,可以按照常识形态的心理学来进行建构。日常的生活方式,日常的心理生活方式可以是在常识的引导之下。

二是日常语言。人是通过语言进行互动和沟通的社会存在。在人的日常语言中,有着人类生活长期积累起来的、关于世界万物和社会生活的语义表述。常识心理学关于人的心理行为的解说,是通过日常语言得到表达和传输的。在人的日常生活中,日常语言包含大量的心理学语汇,这些语汇不仅可以描绘和说明人的心理行为,而且可以影响和引导人的心理行为。特别是在科学心理学的研究中,许多心理学的专业术语都有在日常生活中的特定含义。

三是心理生活。常识形态的心理学就是普通人的心理生活的重要构成部分。常人的心理生活就是人觉知、觉解、建构和创造的心理体验或体尝。在人的心理生活中,常识形态的心理学会框定一种模式、一种流向、一种表达。在特定的或独立的社会生活中,每一社会个体的心理生活都会对他人的心理生活产生重要的或多样的影响。在常人的心理交流和互动中,常识形态的心理学就会影响到社会生活中的每个人的心理行为和日常生活。

四是生活意义。常识形态的心理学拥有的心理常识是具有生活意义的内涵的。常识具有的意义就是生活具有的意义。意义是人的生活的现实,或者人的生活都是由各种不同的意义构成的。意义的现实决定了人的心理和行为。常识形态的心理学关于人的心理行为的理解就具有特定的生活的含义,就具有特定的心理生活的含义。常识形态的心理学给出的关于人的心理行为的定义就是生活意义上的,就是生活意义在人的心理行为方面的相应的或独特的体现。

五是心理互动。在人的日常生活中,人与人之间的社会互动就包括人与人之间的心理互动。这种心理互动就包括每一社会个体具有的常识形态的心理学基础上的心理交流、心理理解和心理影响。常识形态的心理学提供了不同社会个体之间共同的心理学常识。这会引导社会个体在自己的社会交往或社会交流的过程中,影响他人的心理行为和改变自己的心理行为。掌握了常识形态的心理学,就会对人与人之间的心理互动形成特定的解说和引导。

六是心理建构。每个普通人都是常识意义上的心理学家,都有可能和机会去建构自己、他人和社会的心理生活。对于社会个体、社会群体、社会生活的心理学理解和解说,会影响和引导社会个体、社会群体、社会整体的心理生活。而且,这可以在已有的基础上去形成新的建构。这种心理建构也是共生历程中的创造。常识形态的心理学就是进行新的心理建构的生活依据和心理基础。个体心理建构、群体心理建构和社会心理建构会在常识形态的心理学提供的平台上来进行。

二、以民族宗教为基点

有研究探讨了宗教与民族心理的关系。[①] 研究指出,宗教与民族心理的关系可以从两个方面来考察。首先,某种宗教的产生和传播,与当时当地的

① 钟年.试论宗教与民族心理[J].中南民族学院学报(哲学社会科学),1991(4):36-41.

民族心理有密切联系。为什么基督教不是发轫于东方？为什么伊斯兰教能在阿拉伯民族中生根？佛教又为何在其原产地印度衰落而在别处得到发展？以上种种说明各地区的人创造和接受某种宗教是有条件的，是要选择能适合自己民族文化、民族心理的宗教信仰形式。其次，一个地区或民族一旦选择了某种宗教信仰形式，在其后的历史发展中，该宗教就会对这些民族的文化和心理产生一定的影响，从而制约着人们日后对各种事物的反应。

佛教在中国的传播过程，就反映了宗教与民族心理之间相互调适的关系。佛教要真正扎根，必须吸收和顺应儒教和道教的传统。佛教确实也这样做了，如在佛经翻译上采取"格义"的方法，即用儒、道的概念和范畴来比附和阐述佛经；佛教还表示拥护儒家的一些基本的理念或观念，例如，仁、义、礼、智、信等五常，把儒家的一些观念纳入佛学，例如，孝道、中庸等；佛教也吸收了道教的一些法术性宗教仪式；甚至在供奉神祇上，佛陀也越来越居于次要地位，而让位于迎合国人心理的菩萨。

基督教在西方世界的传播和流行过程中，也作出了对当地民族文化和民族心理的顺应和调适。各民族的传统宗教形式并未被彻底摧毁，而是当地的宗教、仪俗、神话、规范等与基督教相融合，形成宗教浑融体，即双重的信仰。基督教对西方文化及民族心理的形成和发展也产生了极大的影响。对西方各民族来说，人一生的重大转折时皆可看到基督教的影子。人们出生时，便受洗礼、取教名、认教父，结婚需在教堂中进行，死了也要采取基督教的安葬仪式。许多人还要参加每周在教堂的礼拜，《圣经》则成为民众耳熟能详的典籍。毋庸置疑，基督教已成为当今西方文化和民族心理中不可分割的部分。

伊斯兰教在阿拉伯半岛的创立和传播，很明显是迎合了阿拉伯人要求民族统一和生活安定的心理，也说明阿拉伯半岛其他氏族部落宗教均无力承担起统一阿拉伯民族意识形态的任务。正是与民族文化的顺应，伊斯兰教吸收了阿拉伯民族原始宗教的一些内容，以及阿拉伯古代先知的故事传说，这从其根本经典《古兰经》中就可以看出来。伊斯兰教的一个明显特点，就是用宗教的方式干预穆斯林生活的各个方面，包括从个人到家庭，直至整个社会生活。因此，阿拉伯民族（包括其他信仰伊斯兰教的民族）的文化和心理均带有伊斯兰教的明显痕迹。

很显然，不同民族的宗教形态的心理学，成为该民族考察、解说、影响和干预该民族成员的心理行为的非常重要的途径、方式和方法。特定民族的普通成员可以在共同信奉的宗教教义中，获得关于世界、关于人生、关于心理、关于人格的共同的或普遍的解说。

三、以民族哲学为基点

哲学心理学的探索是以哲学思辨的方式对心灵的性质、构成、动力和发展的理解、解说和阐释。尽管实证的科学心理学对哲学的思辨不屑一顾，但是哲学家关于心灵的思考依然有其特定的地位和价值。至少在心理学的研究中，哲学家的心灵探索是十分重要的思想前提和理论假设。这可以决定心理学研究的进展方向和基本内涵。心灵显然是非常重要的哲学研究主题。关于心灵的哲学阐释构成了明确的或隐含的有关心灵的理论预设或思想前提，这些理论预设或思想前提可以成为关于心灵的研究，特别是心理学研究者关于心理的探索的思想和理论的基础。这包括关于心灵性质、心灵构成、心灵动力、心灵发展、心灵迷失和心灵修养的探索。

有研究考察和论述了哲学的民族性。[1] 研究指出，哲学是关乎人的。但是，哲学对人的关注主要涉及人的内心世界，主要阐述人的理想、价值和意义。哲学并不像科学那样具有"纯然"的客观性，哲学主要并不是关于客体和客观世界本身的学说，而是关于人与世界关系的学问，是从人出发对世界的理解。哲学具有鲜明的主体价值和主体尺度的特征，不同的认识主体、不同的民族群体从各自不同的民族背景、生存价值和实践意义的角度，去理解世界以及人与世界的关系，从而形成各具民族性的哲学。哲学是具有民族特色和个性特征的。

哲学是以民族的生命实践为源泉和基础的。一个民族的哲学浓缩地反映了该民族特有的民族性格、社会心理、风俗习惯、思维方式和实践活动，民族的宇宙观、人生观和价值观以及赖以安身立命的终极根据，无不透过哲学加以反映和提升。民族性差异是各种哲学形态差异的重要方面，因而也可以认为，各民族的差异的一个重要方面就是民族哲学的差异。哲学的差异是判断、把握民族差异的重要方面和根据，这是因为哲学是各民族

---

① 曾凡跃.略论哲学的民族性[J].广西社会科学,2003(8)：24 - 26.

的精神支柱和文化内核,是民族的日常生活、精神生活的沉淀和浓缩。

民族性是哲学的重要特征,没有民族性的哲学与文化是根本不存在的。虽然有超越具体的民族性的哲学价值和观念,但任何现实的哲学都必须以民族哲学的形式才能存在。无论是哲学观念还是哲学形态,都有其特定的民族归宿和民族性格,即使在当代,虽然哲学的非民族性趋势日益增强,但要理解和体验具有非民族性的哲学观念和哲学价值,也仍然要从特定的民族背景出发。各民族生存与生活方式的不同,是造成哲学的民族差异和民族特色的重要原因。

有研究对我国少数民族的哲学进行了考察。① 研究指出,随着民族学研究的不断拓展和深入,少数民族哲学研究的问题日益凸现出来,这不仅制约着整个民族学研究的思想深度和学理价值,而且也关系到民族问题研究的现实作用和生活意义。毫无疑问,民族学研究的价值取向是为了挖掘和整理蕴含在少数民族传统文化和现实生活中极为丰富的思想资源;保护、传承、发扬和光大少数民族文化的精华;探寻实现少数民族地区和文化观念进行现代转型的有效途径,最终实现各民族事实上的平等和共同繁荣。然而,离开了对作为各少数民族"时代精神精华"和"文明的活的灵魂"的哲学思想的解读和理解,忽视了对各民族作为自己"安身立命之本"和精神"最高支撑点"的哲学理念的领悟和把握,是难以做到对少数民族文化的深刻诠释和合理阐发的,因而不可能找到一条使少数民族文化"返本开新"的正确道路。

如果说少数民族通过神话、宗教、艺术、伦理道德、科学技术、风俗习惯等文化样式为自己构建了丰富多彩、各异其趣的"意义世界",那么少数民族的哲学就是其"意义世界"的"普照光"。正是这一"普照光"使其各种文化样式获得了深层的根据和意义的显现。

有研究考察了中国少数民族哲学研究的困境与出路。② 研究指出,哲学的民族性就在于哲学是民族精神的结晶,换言之,民族精神的自觉认识和理论表达,就是一个民族特有的哲学。任何一个民族必有其特殊的哲学思想

① 李兵.少数民族哲学:何为? 为何?[J].云南民族大学学报(哲学社会科学版),2004(3):17-20.
② 宝贵贞.从合法性到新范式——中国少数民族哲学研究困境与出路[J].内蒙古师范大学学报(哲学社会科学版),2009(1):76-79.

和精神文化。一个民族的历史,既是民族物质文明不断发展和进步的历史,同时又是民族文化积淀、丰富和发展的历史。民族文化的传承性正是民族文化在历史积淀中的扬弃,民族文化的精华因此而得到不断延续和发展。这体现在如下两个方面。

第一,中华民族多元一体的格局决定了各民族思想文化的共生性和多元性。这既可以在共时态上获得对各民族文化的总体性把握,也能够在历时态上辨析各民族文化历史性演变的逻辑和规律;在多样性中发现统一性,在统一性中展现多样性,使人们不会沉醉于扑朔迷离的文化现象而止步不前,而是能够理性地捕捉到一种文化的内在逻辑。少数民族哲学研究应当以凝聚民族精神的宗教信仰为主线,注重从宏观上把握问题。

第二,宗教文化对中国少数民族哲学思想的影响颇大,形成了富有特色的宗教哲学。尤其是原生宗教、藏传佛教、南传佛教、伊斯兰教对少数民族影响极大。宗教文化是少数民族哲学研究的重要组成部分,这不仅因为哲学被概括地理解为"对一切存在的反思",当然也包括对宗教的反思,而且一定程度上对少数民族宗教信仰从哲学的视阈进行研究,可以更集中地揭示和把握少数民族关于宇宙存在、社会历史、人生价值的思考。

特定民族文化传统中的哲学思想或哲学理念,会成为该民族共同的思想基础和理论资源。这对于解说世界、解说生活、解说人生都是共有的基础和依据。因此,对于不同民族的哲学思想的研究,也成为理解该民族的基本生活理念的重要依据。民族哲学中最重要的成分是民间的哲学思想或哲学理念。这可以成为该民族最重要的思想预设或理论依据。尤其是对于人的灵魂、人的心灵、人的心智、人的认知、人的情感、人的志向、人的品格的解说,成为了不同民族最重要的哲学形态的心理学的内容。

四、以民族文化为基点

有研究考察了对民俗进行心理分析的可能性与可行性。[①] 研究指出,民俗是人类在不同的生态环境、文化传统和心理背景下创造出来的,并在独特

---

① 刘毅. 论民俗及其心理分析的可能性与途径——民族心理学研究的新视角[J]. 贵州民族研究,1994(1):47-52.

的历史发展过程中积累和传递,演变成为不同的类型和模式。民俗不仅建构了不同民族的文化心理,而且还构成了各民族独特的社会文化背景。一般而言,民俗作为人类社会群体固有的、传承的文化生活现象,在社会现实中展现出来,就是民众生活里那些没有明文约定的规矩,或是那些在民众群体中自行传承或流传的程式化的不成文的规矩,或是一种流行的模式化的行为方式。任何民族中每个心智健全的人,都无法脱离一定的民俗圈而生活。从事民族心理分析的研究认为,可以从某一特定民族的民俗研究中获得该民族心理活动或特点的线索。一个民族的普遍价值和生活态度经常明显地表现在民俗中。

民俗自身的一些特点,也使得对民俗的心理分析成为可能。民俗的这些特点可以从三个方面进行考察。一是民俗是人类生活中普遍而又特殊的一种社会存在。与一般的文化意识不同,民俗是人类文化意识的原型。二是民俗既是文化意识,又是社会生活的一部分。民俗从生活中形成,反馈回去又成为生活的某一样式。这常以独特性和风习性的文化意识和民族心理为内核,以日常化和程式化的生活样式为外表,表现为一种对现实生活的态度以及与之相适应的、稳固的行为方式。古老的神话是人类各民族在早期生活中的心理活动的产物,是氏族社会的人们解释和征服生活环境的思想、情感、态度与愿望的表现。这把人们的宗教信仰、价值观念、愿望与需要,以及对周围现实的态度和人际关系,以奇妙并具无穷魅力的形式表现了出来。三是民俗是各民族个体社会化的重要因素。民俗作为民族文化形态之一,具有人生观、世界观和价值观的性质。这相应地将关于人类、自然和社会的认识与判断作为自己的组成部分,对本民族的儿童、青少年进行教育与训练。对于具有某种民俗的民族来说,民俗实质上起着一种文化传承的作用。民俗包含着某一民族选择的文化,包含着某一民族对周围现实的态度和看法,渗透着某一民族关于生活、生产的技能与知识。

一个民族的民俗心理可以具体表现为该民族的人生观、价值观,可以具体表现为该民族的愿望与需要,可以具体表现为该民族中所有成员对周围现实的态度与看法,可以具体表现为该民族所有成员共有的思维方式与行为模式。民俗心理也就具有其自身的特点,这些特点具体表现为三个方面。一是民俗心理具有鲜明的民族性。由于民族的生活地域、历史文化不同,各民族在历史发展中和各自生活中形成的民俗不同,因而任何民俗心理都首先体现为民族心理。二是民俗心理表现为鲜明的相符性。民俗心理是以民族成员对该族群的规范、期望、价值的相符为重要特征。三是民俗心理还表现为极大的稳定性。民俗心理一旦形成,便具有不易改变的趋势。

从事民俗分析的民族心理学家认为,探讨民俗与民族心理之间关系的研究,大致可以分为三种不同的途径。第一种是精神分析学的途径。精神分析学的研究途径关注潜意识在人类民俗生活和文化形成中的重大作用,比起古典民族学派的唯理论,无疑是向前跨出了巨大的一步。同时,精神分析学者在考察人类心理的潜意识内容时,合理地指出了性欲和情感的重要意义。这表明了不怕深入这个望而却步的领域,并且进行了科学探索。第二种是跨文化的研究途径。这种跨文化的研究更多是对文化相关进行横向比较,而没有能够对民俗与心理的相关进行深度考察与研究。第三种是对民俗的深度分析。民俗和心理表现的深度研究,依据的材料几乎全是民间文学作品,这也就把神话、传说和故事作为了主要的研究对象。

因此,特定民族的文化传统和民族习俗中的文化心理学的内容,就成为支配和理解特定民族具有的文化心理、文化认知、文化理念、文化情感、文化人格、文化互动、文化影响等最根本有效的依据。

五、以民族科学为基点

有研究对国内民族心理学研究的困境及出路进行了探讨。[①] 研究指出,中国的民族心理学研究起步于 20 世纪初,改革开放以后,民族心理的研究才有了真正的发展。现在,中国民族心理的研究对象已扩大到国内 56 个民族,研究的课题也相当广泛,主要有:各民族儿童认知发展的比较研究,各民族的个性比较研究,各民族儿童及青少年品德形成的比较研究,民族社会心理的比较研究,民族心理卫生和精神病研究,民族心理的基本理论研究,民族心理与社会稳定和社会和谐关系的研究,等等。

在涉及国内民族心理学研究的困境时,该研究指出其中的重要一条是,

---

① 植凤英,张进辅.我国民族心理学研究的困境及出路[J].心理学探新,2008(1):7-11.

民族心理学的学科定位模糊不清。在国内较早的民族心理学著作中,民族心理学被认为是建立在普通心理学与社会心理学理论基础上的心理学分支学科。它既要以心理学的理论为指导,又要以心理学的某些方法为研究手段,还要以社会学、人类学、民族学的材料为参照。这种观点强调,民族心理学属于心理学科的范畴。随着越来越多的民族学者开始涉足民族心理的研究,认为民族心理学虽然偏重心理学研究内容,但其研究对象是以民族为基础,因此民族心理学应该属于民族学的研究范畴。

民族心理学研究在不断走向深入,但其学科定位并不明确,民族心理学的学科性质、民族心理学的研究内容等都未有一个明确的界定,这些都直接影响了人们对民族心理研究的理解和民族心理学的深入发展。促进相邻学科的对话合作,相互借鉴,达成各学科在研究理论、研究方法、研究思路等多方面的优势互补,是提高国内民族心理学研究质量的重要路径。

当然,把科学置于民族生活、民族文化、民族创造和民族心理之中,并不是一件能够顺理成章的事情。但是,科学的创造、科学的发现、科学的研究、科学的理论、科学的传播、科学的应用,却可以打上不同民族的印记。心理学也不例外。这就给了在不同民族的科学文化中去推进心理学探索一个十分重要的基础。

六、以民族资源为基点

我国的民族学界在民族心理的宏观研究和微观研究方面,均取得了一定的成绩。但是,在民族心理学研究的定位、内容、方法方面仍然还存在着各种各样的缺陷。今后,民族学界和心理学界联合起来研究民族心理势在必行,个体民族心理研究将进一步发展,民族心理学理论将日益完善,民族心理学的研究方法将向多元化方向发展。

第一,在学科定位方面,目前民族心理学的定位不正确,即民族心理学应该属于哪个学科并没有解决。多年来,心理学研究者总是认为,民族心理学虽然是以民族或民族心理为研究对象,但民族心理学在心理学方面的内容偏重,决定了民族心理学属于心理学。民族学研究者则一直认为,民族心理学虽然偏重心理学研究内容,但其研究对象是以民族为基础,因此民族心理学应该属于民族学。其实,这两种看法均存在缺陷。民族心理学应该是一门集民族学和心理学于一身的交叉性学科。

第二,在理论概念方面,关于民族心理和民族共同心理素质的认识分歧很大。从 20 世纪 80 年代初到 90 年代有关民族心理和民族共同心理素质的辩论来看,有关民族心理和民族共同心理素质的概念多达数十种。这些概念均具有一定的说服力,但无论从外延和内涵来看,均缺乏普遍意义上的规定性和概括性。在民族共同心理素质概念研究方面,有研究将其与民族心理概念等同使用,有研究则认为民族共同心理素质就是民族自我意识或民族意识,还有一些研究认为,民族共同心理素质就是指民族情感、民族精神、民族性格等。

第三,在思想内容方面,民族学界重视民族心理的宏观研究,心理学界则重视民族心理的微观研究。多年来,民族学研究者一直投身于民族共同心理素质的研究。近些年,许多学者也开始将其纳入民族心理的研究范畴,并且构建中国民族心理研究的理论框架。但是,民族共同心理素质仍是许多研究者热衷探讨的问题,即使在研究个体民族心理时,也要贯以“某某民族共同心理素质”的名称。可以说,民族学界在民族心理研究方面,主要重视对民族心理理论的研究,而对一些个体民族心理的研究,也遵循民族心理理论的指导。心理学界在民族心理研究方面,主要重视对个体民族心理现象和个体民族成员心理现象的探讨。这种状况的存在虽然表明我国民族心理研究在宏观和微观方面均取得了一定成就,但也说明了民族学和心理学在民族心理研究内容方面存在着差异。

第四,在研究方法方面,民族学界和心理学界各行其是,互不借鉴。我国的民族学经过一个世纪以来的发展,已经建立了自己的方法论体系和具体的研究方法,这就是实地调查法。该种方法是民族学研究最基本和最主要的方法。心理学的民族心理研究方法和其他心理学研究方法相同,心理学者使用这些比较规范的研究方法,在个体民族心理的研究中取得了一定的成绩。但是,由于心理学在民族心理研究方面的内容很分散,很难从这些分散的研究成果中总结某一民族或整个中华民族的心理发展规律。[①]

其实,在不同民族的文化传统、思想传统、生活传统和民俗传统中,有着

① 　徐黎丽.关于民族心理学研究的几个问题[J].民族研究,2002(6):95-103.

非常丰富的心理学资源。这些心理学资源不仅对于特定民族理解本民族个体、群体和整体的心理行为是非常重要的,而且对于理解人的心理行为也是有着生活价值、学术价值、理论价值和应用价值。

第八节　文化心理学研究定位

文化心理学具有多重的含义和多元的取向,这涉及如下一些重要方面。一是涉及心理学研究对象的文化属性,即怎样对待人的心理行为的文化内涵的问题;二是涉及心理学研究方式的文化属性,即怎样对待一门独立科学门类的文化特性的问题;三是涉及心理学研究领域的文化分支,文化心理学、跨文化心理学、本土心理学等,都是涉及文化的重要的心理学研究;四是涉及心理学研究取向的文化多元,多元文化论影响到了当代心理学的实际走向。文化心理学的兴起意味着心理学本身正在发生深刻的变化。这主要体现为对心理学研究对象的重新理解,对心理学研究方式的积极变革,对心理学理论、方法和技术的原创性建构。

在心理学的当代发展中,文化心理学作为心理学研究的一个分支、一个学科、一种潮流、一种取向,其关注的程度和研究的投入,正在呈现出暴热的态势。这是对原有的心理学研究更偏重于生物学基础、生物学还原、生物学探索等的一种矫枉过正。对于文化心理学的关注和研究,是心理学研究者不可忽视、不容轻视的热点。如何理解文化心理学及其演变,其中会涉及多重含义与多元取向。有研究论述了文化心理学的内涵,文化心理学的发展与启示,文化心理学对心理学方法论的突破。[①] 有研究认为,文化心理学具有双重内涵。一种内涵可以表达为"文化心理"学,关注研究对象的文化特征,以"文化心理"为主要的研究内容;另一种内涵可以表达为文化"心理学",强调研究者的文化负载,以"心理文化"为主要研究内容。当前文化心理学的研究未能有效整合"文化心理"与"心理文化",这妨碍了对文化心理学的整体理解。作为心理学研究的一种重要视角,文化心理学蕴含对心理

---

① 田浩. 文化心理学的双重内涵[J]. 心理科学进展,2000(5):795 - 800.

学的研究对象、研究方法、研究目标和研究性质的独特理解。文化心理学兴起的时间较短,必然还要不断吸取各种养分,实现内部取向的不断整合,提出更加明确的研究纲领。① 文化心理学作为一种新的心理学研究取向,在方法论上对主流心理学有很大的突破。文化心理学的研究立论突破了主流心理学研究的还原论、简化论的范式,突出了生态学研究方法,重视在实际语境中研究;突破了主客二分的范式,强调主位研究;超越了文化中立、价值中立的范式,重视共同文化的研究;重视解释学方法,用本体论解释学突破或替代了精神分析的方法论解释学。② 文化心理学成为方法论,带来了关于心理学研究对象、研究方式、研究分支和研究取向上的一系列新的认识、理解、思想、探索、突破和创新。

一、研究对象的文化属性

尽管心理学把人的心理行为作为研究对象,但是心理学早期的目标是如何把近代自然科学成功的研究方式移植到心理学中,因而没有考虑到心理学研究对象的独特性质。这导致的一个直接后果,就是按照近代自然科学的方式来理解和对待人的心理行为。显然,心理学的研究因此而忽略和无视人的心理行为的文化特性,也因此忽略和无视心理科学的文化特性。心理学当代的目标应该有一个重要的转折,那就是从研究对象的独特性质出发,去开创心理科学的独特研究方式,而不是以放弃人的心理行为的某些性质和特点去贯彻自然科学的研究方式。

人类心理与自然物理既有关联又有区别。最根本的关联在于,人类心理也是自然的存在,也是自然发生和变化的历程。最根本的区别在于,人类心理具有自觉的性质,这种自觉的心理历程也是文化创生的历程。正是人类心理的特殊性质,导致了人类心理的多样性和复杂性,也导致了心理学研究在理解人类心理时的困难、局限、分歧、争执、对立和冲突。

在心理学科学化的进程当中,西方主流心理学的研究倾向于把人的心理理解为自然的现象,或者是具有与自然现象类同的性质。这一方面促进

① 田浩,葛鲁嘉.文化心理学的启示意义及其发展趋势[J].心理科学,2005(5):1269-1271.
② 李炳全.论文化心理学在心理学方法论上的突破[J].自然辩证法通讯,2005(4):40-45.

了心理学成为独立的科学门类和使心理学越来越精密化,另一方面也使心理学的研究具有一定的缺陷。这种缺陷主要体现在两个方面。一是无文化的研究,或者是弃除了人类心理的文化性质。心理学早期的实验研究中,运用的刺激就是物理的刺激而不是文化的刺激,着眼的反应就是生理心理的反应而不是文化心理的反应。二是伪文化的研究,或者是扭曲了人类心理的文化性质。在心理学的一些研究中,仅仅把文化看作是一种外部的刺激因素,或者假定了人类心理的共有机制,文化的内容只是其千变万化的表面现象。这也是还原论在心理学研究中十分盛行的一个重要原因,也就是把复杂多样的人类心理还原到生理甚至物理的基础上。

对心理学研究对象的理解应该和必须发生一个重要的改变或转折。那就是不仅把心理理解为自然的、已成的存在,而且把心理理解为自觉的、生成的存在。如此看来,人拥有的心理就不仅是能够由研究者观察到的现象,而且是拥有心理的人自觉生成的生活。人的心理生活是通过心理的自主活动构筑的,也是人的心理自觉体验到的。这强调了人与其他自然物的不同,人的心灵具有自觉的性质,而其他的自然物则不具备这样的性质。其他的自然物只能成为研究者认识和改造的对象,而不能成为自己认识和改造的对象。心理生活是常人自主生成和自觉体验到的,这不仅可以成为研究者认识和改造的对象,而且可以成为生活者自己认识和改造的对象。

心理生活的生成历程实际上就是文化的生成历程,所以心理生活具有文化的性质,或者文化不过是心理生活的体现。对于人类个体来说,作为人类生活产物的文化可以成为背景或环境。但是,无论是就人类整体而言还是就人类个体而言,脱离了心理生活的文化只能具有自然物理的属性,脱离了人类文化的心理也只能具有自然物理的属性。

二、研究方式的文化属性

由冯特开始,心理学从哲学中独立出来,成为了独立的实证科学门类。这是心理学发展的一个历史性进步。在心理学诞生之后相当长的时间里,心理学的一个主要奋斗目标就是科学化,也就是使心理学成为一门真正意义上的科学。心理学科学化的努力是以当时已有长足进步和取得了巨大成就的近代自然科学为楷模的。心理学家采纳了传统自然科学得以立足的理论基础,即物理主义和实证主义。

物理主义是有关世界图景的一种基本理解。物理主义的世界观把自然科学探索的自然世界看作是由物理事实构成的,而物理事实也是可以由感官经验把握到的物理现象。物理主义理解的自然世界是按照严格的机械式因果规律运行的,自然科学揭示的自然规律的普遍适用性是依据还原主义的合理性。这种物理主义的世界观伴随着近代的科学化历程得到了广泛传播。这在物理科学之后发展起来的生物科学和心理科学中都进行了努力贯彻,并体现为反活力论、反心灵论、反目的论的运动。

心理学科学化的努力也曾力求使心理学成为一门自然科学,从而采纳了物理主义关于世界图景的理解。因此,心理事实不过是一种物理事实,心理现象也在性质上类同于其他的物理现象。尽管心理现象具有高度的复杂性,但也仍然按照严格的因果规律活动。心理科学揭示的心理规律的普遍适用性也是立足还原主义,使心理规律的解释可以还原为生成心理的生理和物理的基础。这曾经在心理学中演变成清除非物理的意识论和清除非因果的目的论的运动。经典的行为主义心理学就是如此。

当心理学的科学化成了自然科学化,当自然科学化在于接受物理主义的世界观,心理学中就必然出现把人当作物来对待和把人的心理还原为生理或物理的研究倾向,人的文化历史的存在和人的心理的文化历史的属性就受到了排斥。心理学也正是靠排斥或跨越文化历史来保证自己的研究的合理性和普遍适用性。这就使得心理学对科学性的追求和维护是以排除和超越文化为代价的。

心理学跨入了实证科学的阵营,但也使心理学的研究忽视了人类心理的文化特性,也使心理学家忽视了心理学研究的文化特性。心理学常常是非常盲目地追求有关人类心理的普遍规律性,非常盲目地追求有关心理科学的普遍适用性。

三、研究领域的文化分支

在心理学的众多研究领域或研究分支中,文化心理学、跨文化心理学、本土心理学等研究分支,都是涉及文化存在、文化环境、文化传统、文化心理、文化人格等研究领域重要的心理学研究分支或分支学科。尽管这些研究分支都会涉及文化,但是这些探索也还是有所不同。

跨文化心理学的学科分支有着非常迅速的壮大和非常迅猛的发展。跨文化心理学是研究和比较不同文化群体中的被试,以检验现有心理学知识和理论的普遍性,其根本目的是建立普遍适用的心理学或人类的心理学。跨文化心理学涉及人的心理行为的文化特性,但是其目前的研究立场和研究方式仍然存在较大的争议。杨国枢是本土心理学研究的倡导者和力行者,他就认为目前的跨文化心理学并不是一种真正的、正常的或应然的跨文化心理学,而是沦为了一种以西方心理学为主、以西方化心理学为辅的拟似跨文化心理学。[①] 在杨国枢看来,形成拟似跨文化心理学的根本原因,就在于西方的心理学者建立了居优势地位的理论和方法之后,想进一步在非西方国家或文化中验证其理论和方法的跨文化有效性,以扩展其跨文化的适用范围。正因为如此,大部分的跨文化心理学研究都是以西方心理学为基调,采纳的是西方心理学的理念、框架、课题、理论和方法等。通过此类研究得出的普遍适用的心理学或全人类的心理学,就只能是西方心理学支配的心理学。杨国枢给了这种跨文化心理学许多称呼,如拟似跨文化心理学、西化跨文化心理学、伪装的跨文化心理学、旅游式跨文化心理学研究,等等。

中国心理学本土化从发展历程来看可以大致区分为三个阶段。第一个阶段是保守的本土化研究时期,时段大致是从 20 世纪 70 年代到 80 年代。第二个阶段是激进的本土化研究时期,时段大致是从 20 世纪 90 年代到 21 世纪 10 年代。第三个阶段是原创的本土化研究时期,时段大致是从 21 世纪 10 年代后期。

在保守的本土化研究时期,中国本土的心理学研究者主要反思和批评西方心理学,检讨和重估西化的中国心理学对解释中国人心理的缺陷,开辟和推动本土化的心理学具体研究。但是,这仍然是一个保守的时期,其基本特征在于仅仅试图扩展西方心理学的研究内容,使中国心理学转而考察中国人的心理行为。这在科学观上并未能够超越西方心理学,或者仍然受西方心理学的研究方式限制。这个阶段的研究是以中国人作为被试,但使用

---

① 杨国枢. 我们为什么要建立中国人的本土心理学[J]. 本土心理学研究,1993(1): 6-88.

的工具、方法、概念和理论还是西方式的。在激进的本土化研究时期，中国本土的心理学者主要反思和批评西方心理学在研究方式上的局限，力图摆脱西方心理学和舍弃西化心理学，尝试建立内发性本土心理学。进入激进时期的主要特征在于开始试图扩展西方心理学的研究方式，使中国心理学开始突破西方心理学的小科学观的限制，寻求更超脱、多样化的研究方法和理论思想。这个阶段的研究还带有相当的盲目性。研究更多样化，但更杂乱；研究带有更多的尝试性，但缺少必要的规范。当前的研究没有相对一致的衡量和评价研究的标准；研究者对于如何深化本土心理学研究感到彷徨；研究者课题各异，方式多样，缺乏沟通。显然，重要的是为中国心理学的本土化研究建立或设置规范。杨国枢的本土契合性的判准就是这样的努力，但开创一种科学观是更高的努力。在原创的本土化研究时期，本土心理学的研究者开始寻求理论、方法和技术的原始性创新。其中，最重要的就是为本土心理学的原创性研究寻找和确立本土的根基和资源。新心性心理学的创建，就属于中国本土心理学的原创性理论建构。①

文化心理学、跨文化心理学、本土心理学等研究分支实际上并不必然决定心理学研究的文化定位，因为在文化心理学、跨文化心理学和本土心理学的研究中，也都存在通过文化、越过文化、迈过文化、舍弃文化、扭曲文化和误用文化的情形。但是，心理学研究中的文化热潮是在文化心理学、跨文化心理学、本土心理学等研究分支的大兴中得到充分体现的。甚至，如文化心理学等心理学分支本身也可以转换成为心理学的研究取向，并支配了心理学研究的基本走势。

四、研究取向的文化多元

当代心理学的发展实际上还面对着多元化的文化。对多元文化的存在、多元文化的价值和多元文化的影响给予肯定和推崇，这就是多元文化主义的潮流。异质文化或不同的文化资源会给心理学提供什么样的发展根基，会给人的心理生活带来什么样的变化走向，这都是心理学研究必须面对

---

① 葛鲁嘉.新心性心理学宣言——中国本土心理学原创性理论建构[M].北京：人民出版社，2008：84-88.

的重大问题。单一文化霸权的削弱，多元文化格局的形成，必然会极大地影响心理学的发展、演变和未来。

20 世纪 60 年代，多元文化风潮和多元文化主义在美国、加拿大和澳大利亚等西方发达国家广泛兴起，在几十年的时间中就迅速成为世界性的文化潮流、文化思潮和文化趋向。就多元文化兴起的背景而言，主要涉及三个重要方面。首先，就在于种族的、民族的、国家的文化多样性的迅速显露和快速发展。有研究指出，在过去几十年中，世界范围内的现代化运动是最显著的社会文化变迁。所谓的现代化运动是由现代化理论引导的。但是，研究发现，经典的现代化理论有一个非常致命的弱点，那就是对文化的多样性或多元性的忽视。应该说，人类文化的多样性与自然生物的多样性一样，对人类自身和人类社会的发展都是至关重要的。因此，为了人类社会能够可持续发展，就应该在不同民族、不同文化相处时，倡导文化的多样性和多元性原则。① 其次，民权运动在全世界范围内广泛兴起，弱势的少数民族要求承认和争取平等的呼声日益高涨。再次，是世界范围内的种族和文化的同化政策普遍失败，种族纯洁与文化同质的建国理想破灭。

多元文化主义不仅是一种思想潮流，而且被世界性组织落实为全球的一种社会发展政策。在 1995 年，联合国教科文组织的一个项目组完成了一个重要的文件——《多元文化主义：应对民族文化多样性的政策》。该文件对多元文化主义的开展进行了总体性评估。在同一年，世界文化与发展委员会提出以多元文化主义作为处理民族文化多样性的基本原则。多元文化随后成为人们关注的重心和中心。1998 年，在瑞典斯德哥尔摩召开的"文化发展政策政府间会议"也认可了多元文化的原则。2000 年，联合国教科文组织编写了《2000 年世界文化报告》，集中地讨论了"文化的多样、冲突、多元和共存"。2001 年，联合国教科文组织在巴黎举行的会议上发表了《世界文化多样性宣言》。宣言指出："尊重文化多样性、宽容、对话及合作是国际和平与安全的最佳保障之一。"2005 年，联合国教科文组织第三十三届大会以压倒性多数通过了《保护文化内容和艺术表现形式多样

---

① 钟年. 不同民族不同文化的相处之道——现代化问题与文化多样性[J]. 世界民族，2001(6)：31-35.

化公约》。公约确认了"文化多样性是人类的一项基本特征""是人类的共同遗产""文化多样性创造了一个多彩的世界"等一系列有关人类文化的基本理念,强调各国有权利"采取自己认为合适的措施"来保护自己的文化传统和文化遗产。①

多元文化论或多元文化主义(multiculturalism)是流行于现代西方社会科学的一种文化潮流、一种文化转向、一种学术思潮、一种学术探求。多元文化论强调文化的多样性,反对把欧美的白人文化看成是世界文化强制统一的标准和唯一合理的尺度,反对单一文化的霸权,强调所有的文化群体和各种类型的文化价值观的多元性和平等性。多元文化主义则把文化的多元化存在和文化的多元化发展看作是文化的历史进步和文化的演变趋势。多元文化的探索是把文化多元性的现实和文化多元性的原则体现和贯彻到不同的学术领域和学术研究中。

在当今世界的发展中,与经济全球化相对应的就是对文化多样性的强调,就是对文化多元化的认可。这已经成为文化发展的重要导向和文化研究的重要课题。文化的发展与进步促进文化多样性的现实和文化多元化的发展。对于许多研究者来说,全球一体化和文化多元化是现实发展的两极。这成为社会发展、科学发展包括心理学发展必须面对的文化现实。美国政治学家亨廷顿(Samuel P. Huntington,1927—2008)等人主编的著作中就曾指出,经济全球化和全球一体化正在接受文化多元化的挑战。文化的多样性实际上就是全球化过程的文化动力。② 当然,也有研究认为,亨廷顿的理论存在多元文化主义的悖论。这是指既主张文化的多元性和文化是多元的,又认为文化的多元化是不可行的,是必须反对的。③

文化存在的多元性质,文化历史的多元发展,文化主张的多元主义,文化传统的多元影响,文化理念的多元渗透,文化研究的多元取向,文化背景的多元进入,这都使得心理行为的表达有了根本的改观和走势,使得心理学的研究和发展产生了重要的变化和转折。有研究界定和区分了多元文化、

① 杨洪贵.多元文化主义的产生与发展探析[J].学术论坛,2007(2):75-77.
② 亨廷顿,等.全球化的文化动力:当今世界的文化多样性[M].康敬贻,等,译.北京:新华出版社,2004.引言:全球化的文化动力,1-15.
③ 黄力之.多元文化主义的悖论——对亨廷顿理论的再评价[J].哲学研究,2003(9):36-42.

文化多元主义和多元文化主义等不同的概念,认为这三个概念既有彼此的联系,也有相互的区别。① 多元文化是人类社会生活中存在的一种客观事实,是当今世界各国业已存在的一种文化现实。特别是在美国这样一个多种族、多民族、多文化的社会中,多种或多元的文化共同存在。文化多元主义和多元文化主义则是指在民族理论的演进过程中,在不同阶段去应对多元文化社会客观现实的两种不同理论思潮。文化多元主义是世界范围内对美国化的抵制,是对在不同文化传统中发展自身文化的呼声。文化多元主义反对贯彻文化的一元性,鼓励文化的多样性。在美国的社会中,则更强调互不联系的不同社会集团的独特经历与贡献,更强调移民或少数族裔集团的无法同化的部分,寻求和要求的是白人社会或欧洲文明内部的各种文化之间的平等地位和价值。但是,这还没有或极少涉及那些处于人口少数地位的非白人民族集团文化和利益的问题。多元文化主义则不仅明确地认识到决定不同国度社会生活多元化的各种不同种族、族裔和文化集团的存在,而且还将这种多元文化之间的关系同引起社会变化的其他因素联系起来加以考察。

心理学中的多元文化论认为,心理学就其本质来讲是西方主流文化的产物。因此,应该摆脱心理学对西方主流文化的单一依赖性或盲目依附性,把心理学的理论和实践建立在多元文化论的基础上,建立一种多元文化的心理学。② 在心理学的研究中,有所谓的普适主义,也可称之为通用主义。这是主张心理学寻求单一的研究原则和研究标准,追求普遍适用的方法和技术,强调对心理行为的唯一描述和解说。这成为心理学研究的支配性的、核心性的通则。从反对心理学的普适主义出发,多元文化论的持有者和传播者对西方心理学中的民族中心主义一元文化论提出了强烈批评。民族中心主义一元文化论显然是从自己的民族或种族的文化背景出发,以自身的标准衡量和判断来自其他文化条件下的人,这种文化霸权主义必然会扼杀本应丰富多彩的世界心理学。研究也实际指出,多元文化论以文化为中心的观点,促进了心理学家对心理行为与文化环境之间的关系的认识,重视关

---

① 韩家炳. 多元文化、文化多元主义、多元文化主义辨析——以美国为例[J]. 史林,2006(5):185-188.
② 叶浩生. 关于西方心理学中的多元文化论思潮[J]. 心理科学,2001(6):680-682.

于本土文化的理解,强调心理学研究要紧密联系本土文化的实际,考虑本土文化的特殊需要,研究本土特殊文化条件下的人的心理特征等。这有助于心理学与社会文化之间建立紧密联系,对于心理学在世界范围内的发展有着积极意义。

在有的研究看来,多元文化论与本土心理学是完全可以在人类心理学的理论前景中相遇的。[①] 这至少包含三种历史的、逻辑的根源:多元文化论与本土心理学都是心理学文化转向的组成部分;本土心理学尚缺乏坚实的理论基础,多元文化论则缺乏现实的知识支撑;文化的特殊性与文化的多样性之间的内在逻辑关联,将多元文化论与本土心理学变成了一个问题。这就不得不面对根本上相同的问题。这一问题表现为互相牵制的两个方面。一方面,心理学必须同时考虑多元化、多样化的文化现实,因而不能陷入任何形式的文化中心主义;另一方面,心理学必须面对和表达文化的特殊性,即必须能够居于特定文化的主位立场。这两个方面的辩证统一,逻辑地要求某种去文化的多元文化论立场。对于本土心理学来说,这种立场意味着多元理论的文化基础;对于多元文化论来说,这种立场则是知识学的具体途径。正是在这个意义上,去文化的多元文化论可能意味着心理学中某种研究范式或知识类型的转移。

在心理学的研究中,多元文化主义心理学的滥觞,给了心理学发展演变一个重要的转机和提示。心理学的发展也就不再具有唯一标准和唯一尺度,也就不再具有唯一根源和唯一基础。把多元文化纳入心理学的研究视野,多元文化就会成为心理学的研究基础。把多元文化汇入心理学的研究内容,就会在各个层面或侧面改变心理学的实际研究进程。这在心理学研究中凸显的是文化的存在、文化的功能、文化的性质和文化的价值。

文化的多元性、心理的多元性、研究的多元性、思想的多元性、理论的多元性、方法的多元性、技术的多元性等,并不必然就导致心理学的多元性,也并不必然导致心理学研究的多元性。如果从心理学的研究取向去理解,不同的文化存在、不同的文化传统、不同的文化背景、不同的文化氛围,会决定心理学研究取向的多元化。这就对单一研究取向的追求造成了巨大冲击。

---

① 宋晓东,叶浩生.本土心理学与多元文化论——在人类心理学理论前景中的相遇[J].徐州师范大学学报(哲学社会科学版),2008(1):112-116.

第九章 多元化的心理学资源

多元化的心理学资源是指在多元存在基础上和多元文化背景下,心理学能够拥有的资源。因此,这也就使得多元文化的潮流、多元文化的探索、多元文化的取向、多元文化的框架、多元文化心理学成为资源形态的心理学必须关注的论题。多元化是新时代心理学发展必须面对的挑战。心理学的一元化追求和一元化现实带来的内在的对立和对抗,都逐渐在心理学的多元化进程中得到了化解。

第一节 多元文化的潮流

有研究指出,多元文化、文化多元主义和多元文化主义在背景、范围、内涵和目标方面有很大的不同。[①]多元文化是对一个社会、国家或民族中存在的多种文化的总称。"多元文化"这一术语,在 20 世纪 20 年代的西方就已经出现。20 世纪 50 年代前后,随着现代化理论的产生,多元文化是指两种文化现象:一是殖民地和后殖民地社会的文化;二是不同种族、族群和民族的文化。20 世纪 60 年代后,在后现代理论的推动下,多元文化的含义开始扩大化。不但殖民地国家存在统治文化与被统治文化的分野,而且世界上其他国家也存在各种文化差异。可以说,几乎任何一个国家都存在多元文化;价值体系、思想观念上的差异也不只是在民族之间才存在,在阶层之间、地域之间、年龄之间、性别之间、群体之间和宗教之间等同样存在。在此以后,

---

① 韩家炳. 多元文化、文化多元主义、多元文化主义辨析——以美国为例[J]. 史林,2006(5):185-188.

多元文化的含义开始由仅关注宏观层面——种族、民族差异,逐渐进展到涵盖微观层面——价值规范等的差异,开始越来越多地与文化自身的含义相对应。

文化多元主义是美国犹太籍哲学家卡伦(Horace Kallen,1882—1974)1924年提出并首次使用的。文化多元主义包含的内容有:第一,民族的多样性构成美国社会生活的事实,美国就是多民族的,属于所有来自这个大陆的民族集团(不论其种族、宗教、阶级、职业有何区别);第二,文化的多样性符合美国传统的民主思想,每个民族集团都有权利选择自己的生活方式;第三,文化的多样性有利于社会竞争,有利于鼓励个性差异和社会民主,有利于创造更多元更丰富的文化;第四,不同民族群体应互相承认、彼此尊重、地位平等、积极合作,共同履行对国家和生活的义务和责任。

多元文化主义就是为了谋求多民族、多文化在一个国家内共存而诞生的一种国民统合措施。多元文化主义的共识可以概括为:第一,美国是一个多民族和族裔构成的国家,美国文化是一种多元的文化;第二,不同民族、族裔、性别和文化传统的美国人的美国经历是不同的,美国的传统不能以某一个民族或群体的历史经验为准绳;第三,群体认同与群体权利是多元文化的主要内容,也是美国社会必须面临的现实。

文化的多元性是一种客观事实。与多元文化相比,文化多元主义、多元文化主义却属于社会思潮与理论。多元文化主义与文化多元主义有历史和思想上的联系,但两者在背景、范围、内涵和目标方面有很大的不同。概言之,文化多元主义与多元文化主义在批评熔炉论时都持同一立场,都强调美国社会的多元性,强调对不同文化和传统的尊重和包容,强调多元性是美国精神的基础。但是,文化多元主义是对美国化运动的一种抵制,是反对一元性,鼓励多样性。

有研究考察了西方心理学中的多元文化论思潮。[1] 研究指出,多元文化论认为,建立在一元文化基础上的传统西方心理学,只能适合西方白人主流文化。因此,多元文化论主张文化的多元性,强调把心理行为的研究同多元文化的现实结合起来。就世界范围来讲,存在不同的国家、地区,这些国家

---

[1]　叶浩生.关于西方心理学中的多元文化论思潮[J].心理科学,2001(6):680-682.

和地区往往有各不相同的文化传统；就国家内部而言，往往也因种族、肤色、民族、性别的不同而存在不同的文化观念。西方心理学中的多元文化论思潮被称为继行为主义、精神分析和人本主义心理学之后心理学中的"第四力量"，或心理学的第四个解释维度。多元文化论以文化为中心的观点，促进了心理学家对心理行为与文化环境之间关系的认识，促使心理学家重视心理行为与本土文化的关系研究，强调心理学研究要紧密联系本土文化的实际存在，考虑本土文化的特殊需要，研究本土文化的心理行为等。这就有助于心理科学与社会文化之间建立起紧密联系，对于心理学在世界范围内的发展有着积极的意义。

无论是人的心理行为的存在，还是心理学研究的进行，都面对着多元文化的现实和多元文化的背景。怎样去适应风起云涌的多元文化论潮流，怎样将多元文化的框架放置在心理学的研究中，怎样在多元文化的框架中发展心理学，这都成为当代心理学重大的学术性任务。

第二节　多元文化的探索

文化的多样性以统一性为前提，而文化的统一性又以多样性为基础，从而构成了文化的统一性与多样性的矛盾统一。各种文化具有同一的生活源头和相似的发展历程。文化的源头及其物质的、社会的载体使得文化可以随着社会和历史的发展具有某种同一性，而人类社会中人们之间关系的本质，又使文化具有更多相似的精神内涵。不同起源和分别发展着的文化都具有各自的独特性质和精神内核，这便是不同文明的根本差异，造成了文化的多样性。文化的多样性记录着各民族历史发展的轨迹和特殊性。这不仅体现在不同文化之间，还体现在同一种文化的内部。

一般说来，文化冲突和文化融合是多元文化共存发展的两种基本形式，同时也是人们讨论最多和分歧最大的关于文化相处形态的核心问题。文化冲突是指在不同文化的性质、特征、功能和影响中，由于差异而引起的互相冲撞和彼此对抗的状态。文化的融合，总体说来，是异质文化之间相互接触、彼此交流、不断创新和融会贯通的过程。融合体现了在互补和互惠关系中寻求平衡的倾向,是文化发展演进过程的必然步骤。文化的融合不是整合形成单一的另外一种文化,而是一个赋予原有文化生命活力和发展动力的有层次性的互动过程。

文化融合有三种方式和途径。第一种是文化的交流和传播。这有时也被表述为文化的对话,用来说明不同文化交流和传播的倾向性和互动性。文化的传播、交流和对话,要遵循平等和互动两个原则。第二种是文化的适应和改造。这涉及外来文化的本土化。这既是文化融合的途径,又是汇流的结果。文化适应其实是一种主动或被动地借鉴或"借取"行为,是一种与自身要求紧密联系的反应或应变措施。外来文化的本土化是文化适应的重要内容。第三种是文化的转型和变迁。文化转型就是文化更新,是文化融合的必然产物。①

有研究对西方心理学中多元文化论运动的意义与问题进行了探讨。②研究指出,多元文化论强调文化的多样性,认为所有的文化群体和各种类型的文化价值观都是平等的。心理学研究中的多元文化论认为,心理学就其本质来讲是文化的产物,但传统心理学仅仅建立在西方白人主流文化的基础上。因此,应该摆脱心理学对西方主流文化的单一依赖性,把心理学的理论和实践建立在多元文化论的基础上,建立一种多元文化的心理学。

多元文化论以文化为中心的观点促进了心理学家对心理行为与文化环境之间关系的认识,促使心理学家重视心理行为与本土文化之间关系的研究。心理学中的多元文化论运动也促进了跨文化心理学的发展。跨文化心理学为多元文化运动提供了理论和经验的支持,反过来,多元文化论运动也促进了跨文化心理学的进一步推进。多元文化论也为心理咨询和心理治疗提供了一个新的理论基础。心理行为是相对于特定文化的,一种心理行为究竟是正常的还是不正常的,并没有一个绝对的标准。评价应该依赖于特定的文化。

多元文化论运动的影响日益增强,但也面临着许多问题和挑战,有关这一运动对心理学的意义也存在争论。多元文化论运动面临的问题之一是,多元文化论观点带有相对主义色彩。多元文化论主张文化的多样性,认为

---

① 陈平. 多元文化的冲突与融合[J]. 东北师大学报(哲学社会科学版),2004(1):35-40.
② 叶浩生. 西方心理学中多元文化论运动的意义与问题[J]. 山东师大学报(人文社会科学版),2001(5):11-15.

所有的文化都是平等的，每一种文化都有自己的独特性，其文化价值观也没有优劣之分，只要这种价值观对群体本身来说是真实的、适当的，那么这种价值观就是合理的，每种文化都有保持自己独特性的权力。多元文化论运动面临的问题之二是，怎样解决维护群体文化的独特性与促进不同文化之间交流的矛盾。多元文化论强调文化的多样性，认为每一种文化都有其独特的价值，每一种文化都有保持自己的文化不受其他文化侵蚀的权力。同时，多元文化论又主张文化之间的相互理解、相互交流，并认为文化之间的交流与对话有益于对话的双方。多元文化论运动面临的问题之三是，西方心理学中存在根深蒂固的民族中心主义和白人中心主义倾向。多元文化论的影响虽然日渐增强，但主流心理学根深蒂固的民族中心主义倾向却难以抵消。多元文化论面临的问题之四是，怎样避免由多元文化论原则可能导致的心理学的进一步分裂。多元文化论的最终目标是寻求一个统一的心理学。但是，这种统一的心理学应该建立在多元文化的基础上，而不是建立在一元文化的基础上。

心理学研究进入多元文化的背景，贯彻多元文化的原则，体现多元文化的存在，实现多元文化的共荣，应该是心理学研究的一个重要变革和重大任务。多元文化的影响，多元文化的觉解，多元文化的贯彻，并不意味着心理学的分裂和解体，而应意味着心理学的包容和繁荣。

第三节　多元文化的取向

有研究指出，由于存在文化价值观、方法论等方面的重要分歧，多元文化论无法直接地成为本土心理学的理论基础。但是，由于本土心理学必然处于多元文化论的问题域中，两者之间也就无可回避地形成对话、互动，并共同解决面对的理论问题。① 从本土心理学的视角看来，多元文化论需要某种去文化的范式或知识型的变革。

① 宋晓东，叶浩生.本土心理学与多元文化论——"去文化"范式的多元文化论心理学[J].天中学刊，2008(1)：132-136.

各国本土心理学使用多元文化论的理念,考虑的常常是自身所处的多元文化境遇,而忽略了自身内在或潜在的多元文化问题。至少在目前,多元文化论并没有在真正意义上与本土心理学相遇,多元文化论只是本土心理学在人类心理学的坐标系中,为论证自己中心地位合法性而雇用的外援。

作为本土心理学研究基础的本土文化,虽然被隐含地预设为统一整体,但逻辑地包含着与多元文化论相似的相对主义悖谬。多元文化论的症结是其超价值的中立立场。一方面,要求平等地对待任何文化价值,以及要求心理学必须从单一文化的价值偏见中解脱出来;另一方面,试图站在文化的立场反对科学主义的研究范式,并在后现代话语背景下力主在实践中发展某种返魅的心理学。多元文化论在其超价值中立立场的困境中,既无法证明自身作为元价值判断的合法性,又无法摆脱其单一文化价值立场的背景,从而作为一种关注文化与现实的元理论建构就陷入了僵局。本土心理学的元理论建构被推到多元文化论的位置上,就只能以某种形式的多元文化论解决面对的问题。

多元文化论虽然在心理学文化转向的历史进程中居功至伟,但也不可避免地造成或加重了心理学中的文化相对主义困境。因为对文化的理解,在文化帝国主义和文化无政府主义两个极端之间,作为普遍主义主流心理学的坚定反对者,多元文化论很容易滑向知识的相对主义、怀疑的虚无主义,表现出批判性有余而建设性不足。作为一种迥异于传统心理学的知识形态,本土心理学的出现迫使心理学重新反思自身的基本属性,与传统的形而上反思追问的"什么是心理学"完全不同,本土心理学的反思是现实指向的"心理学是什么",更准确地说,也就是本土文化中的心理学知识体系实际是什么和应该是什么。

在心理学的研究中,多元文化的取向就是要关注文化的差异性的存在,就是要关注文化的多样性的影响,就是要关注文化的多向性的发展。因此,关注文化的存在,重视文化的背景,强调文化的影响,就应该成为心理学的核心性任务。

第四节 多元文化的框架

在本土心理学与人类心理学的相互定位中,多元文化论被当成了元理论的基础。本土心理学希望以多元文化论统摄异质性民族文化之间的分歧,在元理论层面上满足众多民族国家各自发展本土心理学的诉求,同时以理想主义的人类心理学蓝图,引导本土心理学发展的方向。心理学是关于人性与人心的科学。人在文化中研究人就不可避免地要遇到人的文化性问题。

援引多元文化论来界定本土心理学的“逻辑起点”,要解决的不是本土心理学在心理科学体系中的定位问题,而是用以建构本土心理学与人类心理学之间的关系。与在心理学学科体系中的定位问题相比,对传统心理学持明显批判态度的本土心理学更关注自身与人类心理学的相互定位。在本土心理学元理论研究中,作为对这一问题的回应,以多元文化论为逻辑起点,以本土心理学作为通向人类心理学的中介,是一种典型的理论构念。

多元文化论持有的多元文化概念,与主流心理学中的文化帝国主义针锋相对,是出于特定的文化价值立场,关注现实的社会文化差异;而本土心理学持有的本土文化概念,源自抗击文化殖民主义的主流心理学,意在争取本民族文化特殊性在心理学中的地位。从价值立场的角度来看,本土心理学之所持,乃是“对外的”多元文化论。①

在心理学的研究中,多元文化的框架催生多元文化的心理学。有研究考察了心理学的多元化之路。② 研究指出,如果没有一个标准的存在,那么多元化的方法就会陷入无政府主义的混乱中。多元方法论与方法的无政府主义是有区别的,与相对论的“什么都行”也是有区别的。在多元化方法逐渐融合的趋向下,研究应该坚持三个方面的标准。一是应用于所有研究的标准。这涉及研究者要对研究的背景和目的进行明确的描述;选用适当的方法,包括研究策略、实践过程、数据搜集的方法以及数据的分析与处理,其主要原则是研究基于问题,而不是基于方法;澄清研究过程,提高研究透明度,以便于能恰当地评估研究结论,包括测量方法、研究设计、分析策略等;确保研究结果对理论或实践有所贡献。二是应用于定量研究的标准。尽可能地提高研究信度和效度。信度是指研究的可重复性。效度是指研究的有

---

① 宋晓东,叶浩生.本土心理学与多元文化论——在人类心理学理论前景中的相遇[J].徐州师范大学学报(哲学社会科学版),2008(1):112-116.
② 段海军,霍涌泉.心理学的多元化之路:问题与前景[J].西北师范大学报(社会科学版),2010(4):105-109.

效程度,包括构想效度、内部效度和外部效度。三是应用于定性研究的标准。定性研究评价标准的问题主要有基础主义、准基础主义和非基础主义三种基本观点。基础主义认为定性研究同样需要信度和效度来评估。非基础主义坚持认为评估标准是相对的也是道德的。准基础主义主张标准的讨论必须置于本体论的新现实主义和建构主义认识论的背景中去考察。

其实,多元文化的框架提供了心理科学的根基与心理行为的背景,给了心理科学的研究与心理行为的变化一个更具包容性和互动性的接纳。在许多心理学的研究者看来,这也许是对心理学研究的科学性和纯洁性的一个不容忽视的挑战,但实际上是对心理学研究的一个更具合理性和促进性的机遇。

第五节　多元文化心理学

有研究认为,建立在西方单一文化基础上的科学心理学的全球化,实质上是西方尤其是美国心理学的全球化,这种全球化在促进心理学繁荣的同时,也使心理学的发展陷入了误区。[1] 近年来,本土心理学的兴起对此起到了某种纠偏的作用。心理学应在反思全球化和本土化的基础上,建立一种多元文化的现代心理学观。

心理学的全球化过程实际上是西方(美国)本土心理学在全世界逐步推广和发展的过程。这一全球化在增进心理学的独立性和科学化,在促进世界心理学的发展与繁荣方面的确作出了巨大贡献,但其弊端也是显而易见的。由于受种族中心主义和西方单一文化局限性的影响,现代心理学的发展陷入了一种误区,还削弱了非主流文化尤其第三世界国家心理学的话语权利,进而使其在不同程度上患上了"失语症"。

中国传统文化中的心理学基本上是一种整体的、和谐的、人文的和生活的心理学,这与西方科学心理学强调的客观性、实证性、还原论、决定论、主

① 陈英敏,邹丕振. 在全球化与本土化之间:建构一种多元文化的现代心理学观[J]. 山东师范大学学报(人文社会科学版),2005(3):132-135.

客二分和元素主义等观点明显不同。这些植根于中国传统文化的心理学思想，对于弥补西方科学心理学的不足，对于多元地看待人的心理行为，无疑具有重大的启发意义。

　　无论是单一的西方文化还是单一的东方文化，都无法独立地解决目前心理学面临的问题，必须在全球化与本土化互动之间重新建构一种多元文化的现代心理学观。西方科学心理学已经面临重重危机，从其文化自身内部无法根本地加以解决，一些西方心理学家也已明显地意识到这一问题，并开始关注文化的影响。心理学本土化运动的兴起既是对西方科学心理学的反叛，更是一种启示和补充。全球化时代的到来使不同文化之间的交流成为可能，为建构多元文化的现代心理学观提供了历史的契机，但与此同时也出现了一些新的问题，这些问题用单一文化已经很难加以解释（如移民的文化适应问题），因此迫切需要一种多元文化的心理学观。兴起于 20 世纪西方的后现代思潮高举"去中心""解构""多元化"等大旗，展开了对西方现代性的全面反叛。这一思潮进一步渗透到了心理学研究领域，促成了后现代心理学的诞生。后现代心理学提倡研究视角的多样化和研究方法的多元化，反对把西方白人的主流文化看成是唯一合理和正确的，强调所有的文化群体和各种类型的文化价值观的平等性，这些观点为建构一种多元文化的心理学观提供了理论的支持。

　　心理学的发展曾经建立在单一文化的背景或基础之上。多元文化论认为，传统西方心理学就是建立在一元文化的基础上，只能适合西方白人主流文化。因此，多元文化论主张和坚持文化的多元性，强调把心理行为的研究同多元文化的现实结合起来。① 就世界范围来讲，存在不同的国家和地区，有着不同的文化传统。如东方国家的集体主义的文化传统，强调群体的一致性、个人的献身精神、群体成员之间的相互依赖等。如西方国家的个体主义的文化传统，强调个人的独立、目标、选择和自由等。就一个国家来说，存在不同的种族，也存在不同的文化。在美国这样的移民国家，文化的多元性就十分明显，存在白人文化、黑人文化、亚裔文化、同性恋文化、异性恋文化等多种文化，是典型的多元文化国家。在多元文化的国家里，如果仅以一种

---

① 叶浩生.多元文化论与跨文化心理学的发展[J].心理科学进展，2004(1)：144-151.

文化作为研究的范例,其研究结论就无法解释其他群体的心理行为,所以多元文化论者反对心理学中的普遍主义观点。传统的心理学研究排斥了文化的存在,其发现和成果被认为是可以忽略文化因素而通用的。有很多的研究者对普遍主义的假设有质疑,但由于文化因素在实验研究中很难加以控制,也就采纳了普遍主义的假设。这在社会心理学的研究中十分严重,尽管文化对群体行为有十分重要的影响,但实验的社会心理学家仍热衷于在实验室中研究社会行为,以得到一个普遍主义的研究结论。从反对心理学的普遍主义出发,多元文化论对西方心理学中的"民族中心主义"提出了强烈批评。①

　　心理学的发展或全球化发展面对的是多元文化的存在、多元文化的资源和多元文化的影响。这也是心理学必须面对的文化的多元化的存在,以及在多元文化背景之下,人的心理行为的多元化的体现和心理学在多元文化中的发展。心理学中的多元文化论运动强调文化的多样性,认为传统的西方心理学仅仅是建立在白人主流文化的基础之上的。心理学研究中的多元文化论的主张,反对心理学研究中盛行的普遍主义。文化的多元化也就是心理行为的多元化,也就是心理学研究的多元化。这也就导致认为在一种文化下的心理学研究的结果,不能够被无条件地和无选择地应用到另一种文化中去,心理学的研究应该同多元文化的现实结合起来。② 这是心理学与文化在交叉路口上的相遇,给了心理学的发展更宽广的空间。③ 正是因为多元文化论对于心理学发展的重要影响,多元文化论运动被称为继行为主义、精神分析和人本主义心理学之后心理学的"第四力量"。当然,不可否认,心理学中的多元文化论运动目前还面临着许多的问题。多元文化的交汇,多元文化的碰撞,多元文化的引导,是否就能够带来心理学研究和探索的繁荣和昌盛,这还需要时间的检验。

---

① 叶浩生.西方心理学中多元文化论运动的意义与问题[J].山东师大学报(人文社会科学版),2001(5):11-15.
② 叶浩生.关于西方心理学中的多元文化论思潮[J].心理科学,2001(6):680-682.
③ Adamopoulos, J. & Lonner, W. J. Culture and psychology at acrossroad: Historical perspective and theoretical analysis. In David Matsumoto (Ed.), *The Handbook of Culture and Psychology*. New York: Oxford University Press, 2001, pp. 15-25.

第十章　心性论的心理学资源

　　在中国本土的文化传统中,心性论是最根本最重要的文化资源、思想资源和学术资源,也是中国本土心理学可以依赖的、能够立足的心理学资源。当然,这种中国本土传统的资源需要进行心理学的开发。这涉及中国心理学的本土化、中国本土心理学传统、新心性心理学的创新、新心性心理学的建构、新心性心理学的扩展。

第一节　中国心理学的本土化

　　对于中国本土心理学的发展、演变和创新来说,会走入什么样的方向与道路,会面对什么样的热点与难题,会形成什么样的演变与趋势,会导致什么样的出路与结局,这都是中国本土心理学的未来展望要涉及的非常重要的方面。心理资源的问题,心理资源的挖掘、提取、转用的问题,将是关系到中国本土心理学未来的重要一环。

一、心理学本土化的热点与难题

　　心理学的科学性质是心理学本土化的核心问题。心理学的科学观是对如何建设和发展心理科学的基本认识,这决定着心理学家采纳的研究目标,以及为达成目标而采取的研究策略。这体现在这样一些问题的解决上,如:什么是心理科学?什么是心理学的研究对象?怎样确定心理学的研究方法?怎样构造心理学的理论知识?怎样干预人的心理行为?可以这样说,心理学的科学观构成了心理学家的视野,决定了心理学家的胸怀。在心理科学的开创和发展中,占有主导性和具有支配性的科学观是封闭的心理学观。这是从近代自然科学传统中抄袭而来的,并广泛地渗透到心理学家的科学研究中。封闭的心理学观在实证的心理学与非实证的心理学之间,在科学的心理学与非科学的心理学之间,划定了截然分明的边界。心理学要想成为科学,就必须把自己限制在边界之内。实证的心理学是以实证方法为核心建立起来的,客观观察和实验是产生心理学知识的有效程序。实证研究强调完全中立地、不承担价值地对心理行为事实的描述和说明。实证心理学的理论设定是从近代自然科学承继的物理主义和机械主义的世界观。这大大缩小了心理学的视野。科学心理学以封闭的心理学观来确立自己,是因为彼时心理学的发展还是处在幼稚期。持有封闭的科学观,与其说是为了保证心理学的科学性质,还不如说是为了抵御和消除对心理学不是一门严格意义上的实证科学的恐惧。

这种封闭的心理学观目前正在衰落和瓦解,正在受到有远见的心理学研究者的质疑和挑战。正因为封闭的科学观限制或阻碍了心理学的发展和进步,才使得心理学难以扩展自己的视野和疆界,才使得心理学的研究和应用受到更多的捆绑和束缚。重构或开放心理学的科学观,使心理学从封闭的科学观转向开放的科学观,这已经成为心理科学未来发展十分重要的基础性工作。

心理学的发展已经进入自己迷乱的青春期,但这也正是自己快速的成长期。心理科学正在经历寻找自己道路的成长的痛苦,但也正在经历开辟自己道路的创造的快乐。心理学的新科学观应该是开放的心理学观,心理学走向成熟体现在能够拥有自己开放的心理学观。开放的心理学观不是要否定心理学的实证性质,而是要开放实证心理学自我封闭的边界。开放的心理学观不是要放弃实证方法,而是要消解实证方法的核心性地位,使心理学从只重视受方法驱使的实证资料的积累,转向同时重视支配方法的使用和体现文化价值的大理论建树。开放的心理学观也将改造深植于实证心理学研究中的物理主义和机械主义的理论内核,使心理学从盲目排斥转向广泛吸收其他心理学传统的理论营养。开放的心理学观无疑会拓展心理学的视野。科学观的问题在心理学中国化的历程中也体现为本土化的标准问题,这也就是本土性契合的问题。①

---

① 杨国枢.心理学研究的本土契合性及其相关问题[J].本土心理学研究,1998(8):75-120.

　　心理学的文化转向是心理学本土化的方向问题。心理学曾经靠摆脱、放弃、回避或越过文化的存在来发展自己，但现在必须靠容纳、揭示、探讨或体现文化的存在来发展自己。这也就表明，心理学早期是通过排斥文化的存在来保证自己对所有文化的普遍适用性，而现在则是通过包容文化的存在来保证自己对所有文化的普遍适用性。毫无疑问，这是一个历史性的变化。问题就在于揭示这一变化的历程及其对发展心理科学的意义和价值。[①]心理学研究中的文化问题主要体现在两个方面：心理学的研究对象，即人的心理行为的文化内涵；心理学的研究方式，即心理学理论、方法和技术的文化特性。这就要转变心理学研究中把人的心理行为理解为自然现象而不是文化生活的观念，要转变把心理学的研究方式确立为自然科学的研究方式而不是社会和文化科学的研究方式的做法。

　　心理学的文化根基是心理学本土化的资源问题。心理文化是用以考察心理学成长的文化根基，探讨心理学发展的文化内涵，挖掘心理学创新的文化资源。心理学的产生和发展都是立足特定的文化，或者文化是心理学植根的土壤和养分的来源。在过去，无论是心理学的发展还是对心理学发展的探索，都缺失了文化的维度。其实，文化是考察当代心理学发展和演变的重要视角。当代心理学的发展越来越重视对文化资源、心理文化和文化心理的探讨。西方科学心理学和中国本土心理学生长于不同的文化根基，植根于不同的心理生活。起源于西方文化的科学心理学，立足实证的研究方法和客观的知识体系，提供了对心理现象的某种合理理论解释和有效技术干预，但是它仅揭示了人类心理的一个部分或侧面。起源于中国文化的本土心理学也是自成体系的心理学探索，揭示了具有意义的内心生活，给出了精神超越的发展道路。强调心理文化有利于探明和挖掘不同文化传统中蕴藏的心理学资源，有利于审视和改造西方心理学的文化适用性，有利于考察和解析中国本土的心理学传统。中国现代科学心理学主要来自西方科学心理学，问题是中国本土也有自己的心理学资源。探察该资源，就要扩展心理学的视野和设置文化学的框架，将中国本土心理学看成是与西方实证心理学具有同等文化价值的探索。要发展中国的心理学，就有必要去追踪中国

①　葛鲁嘉，陈若莉.当代心理学发展的文化学转向[J].吉林大学社会科学学报，1999(5)：79-87.

本土文化中的心理学传统,确定其蕴含的资源,具有的性质,包括的内容,起到的作用。心理文化的探索力图找到和深入挖掘心理学创新的文化根基。中国有自己的文化传统、心理文化、心理学探索和创新性资源。

心理学的研究方式是心理学本土化的方法问题。方法论是任何科学研究的基础,也就是理论、方法、技术的基础。心理学的方法论也是心理学研究的基础,方法论的探索是关系到心理学学科发展的核心问题。但是,传统心理学中的方法论探讨,主要考察心理学研究运用的具体研究方法,这包括心理学具体研究方法的不同类别、基本构成、使用程序、适用范围、修订方法等。心理学研究的基础而核心的方面就是方法论的探索。方法论的探索包括关于对象的立场,关于方法的认识,关于技术的思考。心理学的研究可以包括三个基本部分:一是关于对象的研究,涉及心理学的研究对象,是对心理行为实际的揭示、描述、说明、解释、预测、干预等;二是关于方法的研究,涉及心理学的研究者,探讨心理学研究者持有的研究立场、使用的具体方法;三是关于技术的研究,涉及对涉及的研究对象的干预和改变。心理学研究的方法论也应该包括三个基本方面:一是关于心理学研究对象的理解,也就是研究内容的确定,是力求突破对人的心理行为的片面理解;二是关于心理学研究方式的探索,也就是研究方法的创新,是力图突破和摆脱西方心理学的科学观的限制,为心理学的研究重新建立科学规范;三是关于心理学技术手段的考察,也就是干预方式的明确,是力争避免把人当作被动接受随意改变的客体。随着心理学的发展和进步,心理学方法论的探索必须跨越原有的范围,应该包括关于心理学研究对象的立场,关于心理学研究方法的认识,关于心理学技术应用的思考。因此,对心理学方法论的新探索,就是反思心理学发展的一些重大的理论问题和方法问题。这些问题的解决关系到中国心理学的发展与前途,而且关系到整个心理学的命运与未来。

二、心理学本土化的演变与趋势

在不同的文化传统、文化历史和文化环境中,实际上会存在不同的心理学。在中国本土的文化传统和文化环境中,就可以生成中国本土独特的心理学。心理学本土化的努力和历程,实际上就是为了建构植根于特定文化土壤或特定心理资源的本土心理学。可以说,文化既是具有多样性的存在,又是具有独特性的存在。文化的多样性和独特性就会构成独特的心理行为和心理学说。

文化是心理学产生和发展的土壤。这就必须承认,在不同的文化土壤和文化根基中会生长出不同的心理学,在不同的文化传统和文化资源里也会存在不同的心理学,在不同的文化环境和文化条件下也会创造出不同的心理学。应该说,西方的心理学就是在西方文化土壤中生长出来的。但是,在西方心理学的发展历程中,西方心理学就曾经把自己当成是唯一合理的、普适性的和世界性的心理学。这在心理学的发展中,在西方心理学的传播和推广中,体现为西方心理学的霸权主义。西方的科学心理学对其他文化传统中的心理学要么视而不见,要么极力排斥。①② 但是,在不同的文化传统和文化历史中,确实存在不同的本土心理学。

问题是,不同文化中的本土心理学是相互隔绝的还是彼此相通的。心理学本土化的进程导致心理学与本土文化建立了密切的联系。但是,不同社会文化之间的差异和区别,也很容易造成不同的本土心理学之间的隔绝和分离,甚至对立和排斥。那么,不同的本土心理学之间的交流就成为重要的任务。任何的交流都需要有共同的基础。如何寻找到共同的基础,就成为本土心理学之间有效交流的重要任务。这就必须开创性地揭示西方心理学的科学观问题,力图突破封闭的心理学观的限制,设置一个更宏观的文化历史框架,从而将西方实证心理学和中国本土心理学看成是具有同等价值的探索。

心理学的发展需要特定的文化与社会资源。心理学本土化非常重要的目的,就是建立起心理学与文化或社会资源的关联,或者使心理学植根于本土文化与社会的土壤中。其实,心理学的研究常常处于资源短缺的状态中。这并不是说心理学没有或者缺乏相应的社会文化资源,而是说心理学并没有意识到或自觉到自己的社会文化资源,或者并没有去挖掘和提取自己的社会文化资源。中国的文化传统中蕴藏着丰富的心理学资源,问题是没有得到充分的挖掘和利用。心理学的发展需要资源或文化资源。西方心理学就是植根于西方的文化传统,从本土的文化资源中获取了心理学的发展动

---

① 叶浩生. 西方心理学研究新进展[M]. 北京:人民教育出版社,2003:186.
② 郭本禹. 当代心理学的新进展[M]. 济南:山东教育出版社,2003:170.

力和研究方式。中国心理学的创新和发展也同样应植根于中国的文化传统,从本土文化资源中获取心理学的发展资源和研究启示。

心理学的发展怎样继承传统又寻求创新。其实,任何根源于本土文化的心理学发展,都有自己的历史传统。心理学的生存和演变不可能完全放弃或脱离自己的传统,或者心理学的发展和变革都是在传统基础上进行的。但是,心理学的发展又必须是对传统的超越,又必须是基于传统的创新。例如,在中国的文化历史中,就有十分重要的心理学传统,那就是心性心理学。在中国的思想传统中,不同的思想派别有不同的心性学说。不同的心性学说发展出对人的心理的不同解说。例如,儒家的心性说实际上就是儒家的心性心理学。儒家强调仁道。仁道不是外在于人的存在,而是存在于个体的内心。个体的心灵活动就应该是扩展的活动,就是体认内心的仁道。只有觉悟到心中的仁道,并按仁道行事,才可以成为圣人。这就是内圣外王的历程。中国心理学在新世纪的发展并不是要回到原有的老路上去,而是在汲取中国本土文化资源基础上的心理学创新,所以将其命名为"新心性心理学"。新心性心理学以探讨和揭示心理资源、心理文化、心理生活、心理环境、心理成长和心理科学为目标,以开创和建立中国自己的心理学学派、思想、理论、方法、技术和工具为己任,以推动和促进中国心理学的创新、创造、发展、成长、进步和繁荣为宗旨。

心理学的发展和演变既有分裂的现实,又有融合的努力。科学心理学或西方的科学心理学从诞生之日起,就处于分裂的状态中。心理学能否成为统一的学问,能否成为统一的学科,成为心理学发展中的重大问题。对心理学本土化的发展来说,不同的本土心理学是否会延续或加重心理学的分裂,就成为重要的问题。随着心理学学科的进步、发展和成熟,促进心理学统一就成为重大的问题和目标。心理学统一的关键在于建立共有的或开放的科学观。正是不同的科学观导致不同的心理学。心理学的科学观涉及心理科学的边界和容纳性,理论构造的合理和合法性,研究方法的可信和有效性,技术手段的限度和适当性。

三、心理学本土化的出路与结局
心理学本土化的出路与结局是对中国心理学发展的一种本土化的定

位。这使得中国心理学的发展必然要有自己本土的性质和特征，必然要有自己独特的偏重和特色，必然要有自己强调的内涵和方式。心理学本土化的出路与结局就在于将心理学定位为文化的心理学、历史的心理学、生活的心理学、创新的心理学和未来的心理学。

心理学本土化的发展将把心理学确立为广义的文化心理学。文化心理学是通过文化来考察和研究人的心理行为的一门心理学分支。近年来，文化心理学有了较为迅猛的发展，研究的成果正在受到人们越来越多的关注。文化心理学实际上经历了三个重要的发展时期或阶段。在不同的时期或阶段中，文化心理学的知识论立场、方法论主张、研究进路特色和研究方法特征都有重要的变化。在文化心理学发展的第一个时期，文化心理学的研究目标是在追求共同和普遍的心理机制。当时的文化心理学假定了人类有统一的心理机制，从而致力于从不同文化去追寻这一本有的中枢运作机制的结构和功能。在文化心理学发展的第二个时期，文化心理学开始去关注人类心理的社会文化的根源，转而重视人的心理行为与文化背景的联系，从社会文化出发去考察和说明人的心理行为。这一方面是指有什么样的社会文化，就有什么样的心理行为模式；另一方面是指运用特定文化的观点和概念来探讨和说明人的心理行为的性质、活动和变化。在文化心理学发展的第三个时期，文化心理学强调人的主观建构。文化不再是决定人的心理行为的外在存在，而是人的觉知、理解和行动的内在存在。正是人建构了社会文化，也因此建构了自己特定的心理行为的方式。[①] 其实，文化心理学不仅是一个心理学的分支，而且可以作为心理学研究和发展的理论范式。这就会实际影响到对心理学研究对象的理解和对心理学研究方式的确立。

心理学本土化的发展将把心理学确立为广义的历史心理学。任何心理学的发展都有自己的历史渊源、历史演变、历史传统和历史延续。心理学的本土化，也是在为心理学确定历史传统。这种历史传统给定了科学心理学的发展历程、发展道路、发展形态、发展方向和发展可能。其实，历史的心理学并不就是指过去的心理学、被超越的心理学、被扬弃的心理学，而是指心

---

① 余安邦. 文化心理学的历史发展与研究进路[J]. 本土心理学研究，1996(6)：2-60.

理学的历史根源、历史传统、历史进步和历史道路。最重要的就是，心理学应该有自己的历史资源。本土心理学应该成为自身未来发展的历史资源。心理学的发展应该重视自己的历史传统。这不是为了供后人来进行观赏，而是为了积累和开发学科自身的资源。

心理学本土化的发展将把心理学确立为广义的生活心理学。中国的学术的心理学有着十分清晰的引进国外发达国家的心理学的标签，这常常是与中国本土社会和文化的生活有着重要而清晰的界线。这就把生活本身出让给了常人的常识心理学。科学心理学的研究就成为了象牙塔里少数人的特权。中国心理学本土化的一个重要目标，就是能够使科学心理学的研究走入本土文化中普通人的日常生活，或者回归于本土文化中的历史与现实的生活。那么，科学心理学能不能成为生活的心理学，就成为心理学本土化的一个重要定位。中国本土的心理学应该成为生活的心理学。

心理学本土化的发展将把心理学确立为广义的创新心理学。中国心理学的本土化并没有现成的道路好走，并没有现成的东西可以继承，并没有现成的方式可以照搬。这就决定了中国心理学的本土化历程必须走创新的道路。对于中国本土心理学来说，原始性创新应该成为重要的学术目标。对于中国现代心理学来说，这却是非常薄弱的环节。对于许多心理学的研究者来说，似乎只有引进的才是心理学，创新的却很难被看成是心理学。心理学的理论、方法和技术都需要通过学术创新来保证其更新和发展，都需要通过学术创新来进行更替和置换。其实，创新才能发展，心理学的创新才能带来心理学的发展。

心理学本土化的发展将把心理学确立为广义的未来心理学。严格来说，中国心理学的本土化不只就是为了解决心理学发展的现实问题，而是为了解决心理学发展的未来问题。这种未来的心理学应该代表中国心理学的发展方向、发展可能、发展潜力和发展定位。中国心理学的本土化并不仅要确定自己发展的前行道路，而且要提供自己发展的可能空间。这包括创立、创建和创造新的学说理论、研究方法和技术手段。其实，未来的心理学就是资源形态的心理学，就是寻求资源、挖掘资源、提取资源、利用资源、更新资源、积累资源和创造资源的心理学。

第二节　中国本土心理学传统

儒家、道家和佛家各有其不同的思想源流。但是，这些学派共同作为中国文化的重要组成部分，也有其共同的探讨主题。这些学派均把心灵、社会和宇宙当成一个整体来加以说明和阐释，这些学派也常常吸收和借鉴别家的思想观点，进而更体现出不同学派的许多共同之处。

儒家、道家和佛家都努力寻求理解普遍的统一性。中国古代思想家通常把道看成是体现着这样的统一性。义理之道是儒家学说的根本和核心，自然之道则是道家学说的根本和核心，菩提之道则是佛家学说的根本和核心。

儒家、道家和佛家均不是把一以贯之的道看作人之外或心之外的对象化存在，而把一以贯之的道看作与人或与心相贯通的人本化存在。蒙培元先生提到，中国哲学的儒、道、佛三家都把心灵问题作为最重要的哲学问题来对待，并且建立了各自的心灵哲学。三家均认为天道与心灵是贯通为一的。天道内在于人而存在，内在于心而存在。心灵对天道的把握，不是通过外求的对象性认识，而是通过内求的存在性认识。中国哲学关注的是心灵的自我超越，是以心灵的自觉来提高精神境界，体认自身更高的存在，以及实现人的存在的意义和价值。[①]

儒家学派的主流所讲的心，同时是性，同时是理，也同时是道。人的本心就是性，所谓心性合一；而性则出于天，所谓天命之谓性。心、性、天实际上是通而为一的。正如蔡仁厚所说："这样的心，不但是一个普遍的心（人皆有之），是自身含具道德理则的心（仁义内在），而且亦是超越的实体性的心（心与性、天通而为一）。"[②]尽管人心与本性，本性与天道是相通的，但却是潜在的，这求则得之，舍则失之，人必须通过自己的内心修养来觉解和实现道，所以儒家强调"下学而上达"。这也就是孟子所说："尽其心者，知其性也。知其性，则知天矣。"[③]儒家内圣成德的功夫就在于"存心养性""养其大体"

---

① 蒙培元. 儒、佛、道的境界说及其异同[J]. 世界宗教研究,1996(2)：17-20.
② 蔡仁厚. 儒家心性之学论要[M]. 台北：文津出版社,1980：2.
③ 孟子·尽心上[M].

"先立其大"等,由此而达到"天人同德"或"天人合一",所谓"唯天下至诚,为能尽其性;能尽其性,则能尽人之性;能尽人之性,则能尽物之性;能尽物之性,则可以赞天地之化育;可以赞天地之化育,则则可以与天地参矣"。①

　　道家学派也主张道内在于心而存在,这就是与道合一的道德心。道德心来源于宇宙生生之道,具有超越之意。道德心的活动表现为神明心,具有创生之意。道德心是潜在的,而神明心则可以将其实现出来。道家的成圣之路,也是要达于天人合一的境界。与道合一,实际上是心灵不断的内在觉解,这就是老子所说的"涤除玄览"的功夫,也就是庄子谈到的"弃知"或"坐忘",进而便能做到"致虚极,守静笃"或"照之于天"。只要实现了道德心,或体认于道,就可以进入无为而无不为的境界。这也是心灵的自我超越,也是精神境界的提升。

　　佛家学派则讲宇宙之心,这是宇宙同根、万物一体的形上学本体,这也称为"本心"或"佛性"。禅宗主张众生皆有佛性,佛性就在每个人的心中,或者每个人的心中本来就有佛性。佛家也讲作用之心,作用之心是本性之心的作用,这是现实的或经验的,可以实现本体之心。佛家注重禅定修证的功夫,通过作用之心的活动,来觉悟内心的佛性,从生死轮回中解脱出来,这种解脱也叫"涅槃",即与佛性或宇宙之心相合一。佛家中有渐修成佛或顿悟成佛的修证上的分别。渐修成佛强调逐渐的禅定修行,积累的境界提升。顿悟成佛则强调自然的不修之修,一跃的大彻大悟。修证也有强调渐顿并举的,渐修是养心,顿悟是见佛。

　　儒家、道家和佛家均认为,人可以通过内心修养来提升自己的精神境界,可以通过超越自我来实现"大我"或"真我",可以通过明心见性来体认普遍的统一性,可以通过意义觉解来获取人生的真意和完美。人的存在是作为不同的个人或个体,很容易陷入一己的偏见、一己的私情、一己的利欲,这无疑会阻碍其觉悟和实现内心潜在的道。尽管每个人都有可能与道相合一,但并不是每个人都会实现这种潜在性。因此,存在人的精神境界的高下之分,达到最高境界的人是理想的人或拥有理想化的人格,儒家将其称为"圣人",道家将其称为"真人",佛家将其称为"佛陀"。每一家都强调由自我超越而实现的人格的超升。只有超越了一己之我，一个人就能成为圣人，成为真人，成为佛陀，从而把握宇宙的真实和融于永恒的道体。

有中国哲学史的研究者指出，中国传统的价值理念，特别是儒、释、道三教中的生活智慧，会提供许多重要的心理学资源。这无疑就给出了理解儒、释、道的思想、学说和理论的一条新途径，或者是一条"心"的途径。

儒家的仁心慈爱的理念，是中国传统儒学的思想核心和基本主张。它表达为儒家的"仁"，所谓"仁者爱人"。孔子的仁学是华夏文化的中心，是最重要的价值、最核心的理念。以"仁"为中心，仁义礼智信是中国人的基本价值系统。乐天知命，正是具有终极承担的人的一种豪情与放达。

道家的澄心凝思的玄观，是中国传统道学的思想核心和基本主张。它表达为老子"涤除玄览"的空灵智慧，意在启发人们去超越现实，去透悟无穷，去达到"虚、无、静、寂"的境界，凝敛内在生命的深度，除袪私欲逐物之累。老子倡导的"无为""无欲""无私""无争"，可救治生命本能的盲目冲动，目的在于平衡由人的自然本性和外物追逐引起的精神散乱。庄子则是一任自然，遂性率真；与风情俗世、社会热潮、政权架构、达官显贵保持距离；独善其身，白首松云，超然物外，恬淡怡乐。

佛家的菩提智慧的主张，是中国传统佛学的思想核心和基本主张。它表达为人生的解脱，是用否定、超拔的方法，破除人们对宇宙人生一切表层世界或似是而非的知识系统的执着，获得某种精神的解脱和自由。禅宗的返本归极、明心见性、自识本心、见性成佛等，都是要帮助自己或他人寻找心灵的家园，启发人内在的自觉，培养一种伟大的人格。

佛家的成菩萨或成佛陀，与儒家的成圣人或成贤人，道家的成至人或成真人，都是一种人格意境的追求。三家其实都是相通的。作为一个真正的人，总需要有深度的开悟，超越一切的束缚，得到自在的体验。这样的人才有大智大勇承担一切的挑战与痛苦，化烦恼为菩提，既而安身立命。①

在中国的文化传统中，哲学就是无所不包的学问，其中就包含关于人的心灵或心性的阐释和解说。正如有学者所指出的那样，从某种意义上来说，中国的哲学就是一种心灵哲学，就是回到心灵，解决心灵自身的问题。中国

---

① 郭齐勇.儒释道三教中的心理学原理[J].湖北大学学报(哲学社会科学版),2008(3)：3-5.

哲学赋予了心灵特殊的地位和作用,认为心灵是无所不包的、无所不在的绝对主体。① 其实,中国本土文化中的心性说,就是关于人的心灵的重要学说。从中国本土的心性学说中,就能够展现出关于人的心灵活动的一系列重要阐释。

儒家的心性论也是儒学的核心内容。通常认为,儒学就是心性之学。② 有研究就主张,心性论是儒学的整个系统的理论基石和根本立足点,所以儒学本身也就可以称为心性之学。③ 儒家的心性论强调人的道德心和仁义心是人的本心。对本心的体认和践行,就是对道德或仁义的体认和践行。人追求的是尽心、知性、知天。这也就是孟子所说的"尽其心者,知其性也。知其性,则知天矣。"④这也就是孔子所说的"下学而上达"。儒家所说的性是一个形成的过程——"成之者性",所以孔孟论"性"是从生成和"成性"的过程上着眼的。⑤

道家的心性论也把道看成是人的本性,也就是人的道心,也就是人的本心。它强调人的自然本性,也就是人的"真性",也就是人的自然本心,也就是人的本心。道家的心性论把无为视为根本的方式。无为是道的根本存在方式,也是人的心灵的根本活动方式。无为强调道的虚无状态,强调"致虚守静"的精神境界。无为从否定方面意味着无知、无欲、无情、无乐,从肯定方面意味着致虚、守静、澄心、凝神。道家也强调"逍遥"的心性自由境界。⑥ 老子强调人的心性的本然和自然,庄子强调人的心性的本真和自由。⑦

佛教的心性论强调佛性就在人的心中,是人的本性或本心。禅宗是佛教非常重要的派别。参禅的过程就是对自心佛性的觉悟过程。它强调自心的体悟、自心的觉悟的过程。禅宗也区分了真心和妄心,区分了净心和染心。妄心和染心会使人迷失了真心和污染了净心。⑧ 禅宗的理论和方法可以有明心见性、见性成佛两个基本命题。禅宗的修行强调无念、无相、无住。

① 蒙培元.心灵的开放与开放的心灵[J].哲学研究,1995(10):57-63.
② 杨维中.论先秦儒学的心性思想的历史形成及其主题[J].人文杂志,2001(5):60-64.
③ 李景林.教养的本原——哲学突破期的儒家心性论[M].沈阳:辽宁人民出版社,1998:2-3.
④ 孟子·尽心上[M].
⑤ 李景林.教养的本原——哲学突破期的儒家心性论[M].沈阳:辽宁人民出版社,1998:8.
⑥ 郑开.道家心性论研究[J].哲学研究,2003(8):80-86.
⑦ 罗安宪.中国心性论第三种形态:道家心性论[J].人文杂志,2006(1):56-60.
⑧ 方立天.心性论——禅宗的理论要旨[J].中国文化研究,1995(4):13-17,4.

"无念为宗,无相为体,无住为本。"①

因此,儒、释、道三家的心性论具有的一个相通地方就是,都有从自己的思想基础上关于人类心理的解说和阐释,都提供了关于人的心性的内涵、结构、构成、功能、活动、演变、发展的理论和学说。这成为体现中国本土文化特色的一种心理学传统、心理学探索和心理学学说。

第三节　新心性心理学的创新

当代的科学心理学是在西方文化的背景中诞生的。科学心理学诞生之后,就一直向当时相对成熟的自然科学特别是物理学靠拢。这导致两个必然的结果。一是把心理学的研究对象类同于其他的自然现象,或者把人的心理还原于物理或生理的基础。这无疑否弃了人的心理的社会文化属性或社会文化根源。二是把心理学的研究方式等同于西方心理学的研究方式,或者等同于自然科学的研究方式,而排除了其他不同方式的心理学探索。20世纪末期兴起的心理学本土化思潮,开始是为了探索在所谓正统的科学心理学之外的其他不同类型的心理学,随后是为了抵御西方科学心理学对其他文化的入侵,再后是为了改造西方心理学的科学观和扩展科学心理学的边界和范围,最后是为了促进科学心理学发展中的多样化学术创新。

中国心理学当代发展的一个重要目标是从对外国心理学的引进和模仿中解脱出来。中国现代心理学不是本土自生的,而是国外引入的,其发展经历了曲折的过程。这主要体现为三次模仿、复制和跟随,三次批判、转折和重建。第一次模仿、复制和跟随是在19世纪末和20世纪初期。当时,西方工业文明的昌盛与中国封建王朝的衰落形成了鲜明对照。许多中国学人奔赴欧美,寻找拯救中国的真理,其中一些人学习的就是科学心理学。他们的目标是要唤醒、改造和建设国人的心理,以使国家现代化、科学化和民主化。正是他们把西方的科学心理学引入中国,使中国开始有了科学心理学,为中国心理学的起步和发展带来了理论知识、研究方法和应用技术。第一次批

---

① 汤一介.禅宗的觉与迷[J].中国文化研究,1997(3):5-7.

判、转折和冲击是在 20 世纪 50 年代初期。当时知识分子必须确立自己的立场，接受思想改造，打击反动的学术，包括批判西方的心理学。第二次模仿、复制和跟随是在 20 世纪中期。当时苏联专家进入中国，包括苏联的心理学家进入中国的大学和科研机构。大学的心理学教学开始讲授苏联的唯物主义心理学，特别是巴甫洛夫的高级神经活动学说。第二次批判、转折和砸烂是在"文化大革命"期间。心理学被看成是唯心主义的"伪科学"，教研机构被解散，专业人员被打散，专业期刊被遣散。第三次模仿、复制和接受是在 20 世纪中后期。"文化大革命"结束之后，中国开始了新一轮对西方心理学的引进。西方心理学重被看作中国心理学的楷模。第三次批判、转折和创建是在 20 世纪末。中国的心理学者意识到中国心理学的西方文化印记，以及盲从西方心理学的不足。此时，心理学本土化的呼声高涨，探索兴起。

中国心理学的学术发展缺少创新，特别缺少理论框架或研究范式上的创新；缺少原始性创新，特别缺少植根于本土文化资源的原始性创新。中国现代科学心理学的发展，也走过了一个世纪的道路，但一直没有真正摆脱对西方心理学的跟随和模仿。目前，中国心理学的发展面临着在新世纪的选择，那就是进入原始性创新的阶段，进入思想框架和理论纲领的建构时期。新心性心理学的构想就是这样的学术努力。中国本土心理学传统是心性学说或心性心理学，但这仅是传统意义的古老心理学。心性心理学是对人的心灵的性质、特征和活动的独特理解和解说。强调人心同时是心，同时是性，同时是道。人可以通过心灵的内求来体认本性、体认天道。这是心灵的内在扩展，是精神的境界提升，但这还是传统意义上的心性学说。当代中国心理学的发展应开发传统资源和立足理论创新，因此可以将新的探索称为新心性心理学。新心性心理学会带来对学科性质、研究对象、生活环境的新认识。中国心理学在新世纪的发展并不是要回到老路上去，而是怎样把本土的传统转换成创新的资源，怎样开辟中国心理学创新发展的道路。新心性心理学就是立足本土资源的创新。

新心性心理学寻求超越物本与人本的分裂。当代西方心理学有物本和人本两种取向，即实证论和现象学两种立场。两者相互对立和竞争，构成心理学演变的独特景观。心理学研究取决于研究者的学术立场。这体现为关于研究对象和研究方式的理论设定。研究总是从特定起点出发，从特定视角入手,从特定预设开始。心理学理论、方法和技术会因立场的区别而不同。物本的取向持有物理主义的世界图景,运用实证论的研究方式。这是西方心理学主流,走自然科学的道路,使心理学研究盛行对心理的物化研究和还原阐释,为心理学研究带来方法中心、实验主义和操作主义。人本的取向持有人本主义的人生图景,运用现象学的研究方式。这是西方心理学非主流,走人文科学的道路,使心理学研究以人为本和从人出发,关涉人的本性、地位、尊严、价值、存在、潜能、自由、创造等,为心理学研究带来问题中心、心灵主义和整体主义。中国本土文化强调道的统一性,并没有分离和分裂物本和人本,而是主张心性一体的创造性生成。这为心理学带来主客统一、物我合一、心性如一的立场、主张、学说、理论、方法和技术。

新心性心理学倡导构建大科学观和统一观。当代西方心理学从诞生起就处于四分五裂中,心理学能否统一和怎样统一是心理学发展面对的课题。心理学的不统一体现在价值定位方面,即心理学是价值无涉的还是价值涉入的科学。价值无涉是指中立和客观的立场,它要求研究者不能把自己的取向强加给研究对象。价值涉入是指价值的导向和定位,它强调研究者与研究对象的一体化,突出人的意向性和主观性,重视人的自主性和主动性。心理学的不统一也体现在理论、方法和技术方面。理论不统一在于心理学拥有不相容的理论框架、假设、建构、思想、主张、学说、观点、概念等。方法不统一在于心理学容纳了多样化研究方法,而方法之间有巨大差异和分歧。技术不统一在于心理学进入现实社会、引领生活方式、干预心理行为、提供实用手段的途径和方式多样化。心理学不统一不在于多样化,而在于多样化形态和方式之间相互排斥和倾轧。随着心理学的进步、发展和成熟,促进心理学统一就成为重要目标。心理学统一的关键是建立共有的科学观。正是不同的科学观导致了不同的心理学。心理学科学观涉及心理科学的边界和容纳性,理论构造的合理和合法性,研究方法的可信和有效性,技术手段的限度和适当性。

新心性心理学倡导方法的多元性和多样化。心理学的研究方法是实验还是内省,怎样确立实验方法和内省方法的地位和作用,这是心理学演进中的重大问题。把实验或内省方法推向极端,排斥其他合理的方法,就是实验主义和内省主义。前者把实验看作衡量科学的唯一尺度,这限制了科学的范围,也限制了科学的途径。后者把内省看作把握对象的唯一方式,这限制了心理学成为现代意义上的科学。实验方法的运用重要的是定量与定性的问题。内省方法的运用重要的是私有与普遍的问题。心理学独立之后,逐渐放弃了内省方法。心理学家认为内省是个体私有化的,无法达到科学追求的普遍性。心理学力图以实证科学观来衡量自身的科学性,是否采纳实证方法就成为研究是否科学的根本尺度。中国本土文化中的心理学运用的不是实证的方法,而是体证的方法;不是实验的方法,而是体验的方法。体证就是通过意识自觉的方式,直接确立起自身的目标,直接体验到自身的活动,直接构造出自身的心理。所以,体证包含心理的自我觉知和自我筑构。中国本土的心理学传统强调知行合一的原则,主张内在对道的体认和外在对道的践行。体道于自己的内心,行道于公有的天下。人心与天道是内在相通的,个体的修为就是对天道的体认。天道贯注给个体成为人的性命。对天道的体认就是修性与修命。个体的修为或觉悟有渐修与顿悟。这是体道的不同途径和方式。

新心性心理学力求拓宽视野,放开边界,吸纳文化资源,奠定学科基础,扩展应用规模,提供对科学的促进,贡献对人类的服务。科学心理学诞生后,其基本追求就是科学化或成为符合规范的科学,其重要发展就是本土化或成为普遍适用的科学。为了追求科学化,西方心理学走向自然科学化,把人类心理等同于其他自然物和还原为物理或生理,排斥和超越了人类的文化历史存在和心理的文化历史属性。为了达到普适性,西方心理学通过世界性传播来确立文化霸权。这是按照自己的科学观,划定了科学与非科学心理学的边界,并把植根和起源于非西方文化的心理学都推入了非科学,忽视和排斥了其他文化中的心理学贡献。心理学的发展不但经历了科学化和西方化,也经历了地域化和本土化。中国心理学的发展就面临科学化和本土化两大主题。这两大主题表面上是矛盾和冲突的。科学化强调心理学作为科学是没有国界和普遍适用的,因此本土化就十分多余和毫无价值。本土化强调心理学研究应消除西方霸权和寻求本土根基。这是心理学发展在地域上的转移,而与科学化无关。这两大主题其实是相关和一致的。强调科学化就要推进本土化,强调本土化就要确立科学化。中国心理学对科学化的追求从西方化走向本土化之后,本土化就不仅是心理学发展在地域上的转移,而是对西方心理学的科学观的突破。正因为心理学科学观存在问题,才会有心理学本土化的兴起。心理学当代的主题是反对文化侵略和霸权,促进文化交流和共享。现代科学心理学是西方文化中产生的,在其传播和扩展过程中,既表现出对非西方心理学传统的轻视、歧视、排挤和排斥,也表现出要求非西方文化对西方心理学的输入、接受、照搬和套用。目前在许多非西方国家,西方心理学仍具有霸主地位,本土心理学仍面临发展困境。但是,交流与共享已成为文化的主题,已是文化发展、科学发展和心理学发展的重要目标。

第四节 新心性心理学的建构

对本土心理学的关注和心理学的本土化发展,已经成为世界性的潮流。从理论心理学的视角,对中西心理学交汇的探讨,也已经成为研究的热点。中国心理学在新世纪的发展面临着一个非常重要的选择,那就是从对西方心理学或对外国心理学的模仿中解脱出来,使之植根于中国本土心理文化的传统。新心性心理学就是一种植根于本土文化资源的创新努力,试图开辟中国心理学自己的新世纪发展的道路,新心性心理学有其基本的内涵和主张,对于心理学研究对象的理解和对于心理学研究方式的确立有一个基本的变化。新心性心理学论及心理资源论析、心理文化论要、心理生活论纲、心理环境论说、心理成长论本和心理科学论总这六个部分的内容。这六个部分的内容涉及心理学的学科资源、心理学的文化基础、心理学的研究对象、心理学的环境因素、心理学的对象成长和心理学的学科内涵。心理资源论析是对心理学立足的资源的考察,心理文化论要是对西方的心理学传统和中国的心理学传统的跨文化解析,心理生活论纲是对心理学研究对象的一种新视野、新认识和新理解,心理环境论说是对心理与环境关系的一种新的思考和分析,心理成长论本是对人的心理超越了发展变化的考察和认识,心理科学论总是对心理学的科学性质和学科发展的理解和探讨。

一、心理资源论析

心理学的发展有着自己的文化历史资源。心理学展现出十分不同的历史发展和长期演变的形态。所有不同的心理学形态都是心理学的发展可以借用的文化历史资源,如常识形态的心理学、哲学形态的心理学、宗教形态的心理学、类同形态的心理学、科学形态的心理学和资源形态的心理学。当代心理学的发展不应该抛弃特定形态的心理学,而应该将其当作自己学术创新的文化历史资源。心理资源是指可以生成和促进心理学发展的基础条件。如心理学的成长要有自己植根的社会文化土壤,这就是心理学的社会文化资源。心理资源既可以成为心理生活的资源,也可以成为心理科学的资源。心理学面临着如何理解、看待、保护、挖掘、提取和转用资源的问题。心理学的发展应该将自己的文化历史传统当作可以借用的文化历史资源,从而扩大自己的视野,挖掘自己的潜能,丰富自己的研究,完善自己的功能。

科学心理学只有很短的一百多年的历史,但是心理学的探索有着久远的过去。通常认为,心理学的发展只是连续的线性更替关系,现代的科学心理学淘汰和取代了原有的传统形态的心理学。但是,实际情况并非如此。科学心理学诞生之后,其他不同形态的心理学仍然与其并存着,各自发挥着自己的功能。历史上出现过六种形态的心理学,这些不同形态的心理学并没有随着现代科学心理学的出现而消亡,而是依然存在于现实生活当中和学术研究中,并在不同的生活领域和学术领域中发挥着重要的作用。解读这六种不同形态的心理学,考察不同形态心理学之间的关系,对心理学的发展有着至关重要的作用。心理学的未来发展应该把自己建设成为资源合理开发和有效利用的新型学科门类。心理学的未来形态就是资源形态的心理学。这可以称为心理学的第六种形态,是立足心理资源的开发和利用的心理学。

二、心理文化论要

心理文化论要从跨文化的角度,对生长于不同文化根基和相应于不同心理生活的中西心理学传统进行比较和分析,探讨两者之间沟通的可能性和心理学发展的新道路。起源于西方文化的科学心理学,立足实证的研究方法和客观的知识体系,提供了对心理现象的合理的理论解释和有效的技术干预,但这仅仅揭示了人类心灵和精神生活的一个部分或侧面。起源于中国文化的本土心理学也是自成体系的心理学探索,揭示了有意义的内心生活和给出了自我超越的精神发展道路。西方实证的心理学传统是中国现代科学心理学的直接来源,目前则正在经历本土化的历程和改造。中国本土的心理学传统在西方文化中的流传,也使西方的科学心理学得到启示和受到影响。促进两者的沟通,将有助于形成一种新的心理学科学观,并推动心理学的新发展。确立心理文化的概念,可以重新审视西方心理学的文化适用性,并推进对其进行改造;可以重新审视中国本土的心理学传统,并推进对其进行深入的挖掘。这有利于正确对待从西方引入的心理学,并开创中国自己的心理学发展道路。

心理文化概念的提出是用以考察心理学成长的文化根基,探讨心理学发展的文化内涵,挖掘心理学创新的文化资源。心理学的产生和发展都是立足特定的文化,或者文化是心理学植根的土壤和养分的来源。在过去,无论是心理学的发展还是对心理学发展的探索,都缺失了文化的维度。其实,文化是考察当代心理学发展和演变的重要视角。当代心理学的发展越来越重视对文化存在、心理文化和文化心理的探讨。心理文化的强调有利于探明不同文化传统中蕴藏的心理学资源和推进对其挖掘,有利于审视西方心理学的文化适用性和推进对其改造,有利于考察中国本土的心理学传统和推进对其解析。中国现代科学心理学主要来自西方科学心理学,问题是中国本土也有自己的心理学资源。探察该资源,就要扩展心理学的视野和设置文化学的框架,将中国本土心理学看成是与西方实证心理学具有同等文化价值的探索。心理文化的探索力图找到和深入挖掘心理学创新的文化根基。中国有自己的文化传统、心理文化、心理学探索和创新性资源。

三、心理生活论纲

西方科学心理学一直将心理学的研究对象确定为心理现象,心理生活的探索则将心理学的研究对象确定为心理生活。这就必须改变研究者与研究对象的绝对分离,改变科学心理学现有关于研究对象的分类标准和分类体系。中国的本土文化传统提供了一种独特的解说心灵或心理的心性学说。这涉及和解说的是心性一体和心性自觉的心理生活。心理生活是立足人的心理的觉的性质。觉的活动是一种生成意义的活动,实际上就是一种创造性生成的活动。心理生活有其基本内涵和体证方法。心理学的研究就在于合理地揭示心理生活,提高心理生活的质量。

现代科学心理学产生于西方的文化传统。心理学在成为独立科学门类之后,就有了自己相对明确的研究对象和研究领域。西方的科学心理学把研究对象确定为心理现象,即心理学是研究心理现象的科学。但是,目前这种关于心理学研究对象的理解是不是唯一合理的,还值得进一步思考。随着心理科学的发展和进步,关于研究对象的理解也在不断深入和更加全面。心理学成为独立学科的时间很短,对研究对象的认识也并不合理和完善。心理学独立后,就一直在向相对成熟的自然科学特别是物理学靠拢。如同自然科学对自然现象的理解和物理科学对物理现象的理解,心理科学把研究对象理解为心理现象。心理现象建立在两个基本设定上:研究者与研究对象绝对分离,研究者仅是旁观者、观察者,是中立的、客观的;研究者必须通过感官来观察对象,而不能加入思想的臆断推测。心理现象的分类分离了人的心理过程和个性心理,分离了智力因素和非智力因素。这种分类标准和分类体系,导致对人的心理的理解和干预,对青少年心理的培养和教育,都产生了严重问题。这必然迫使科学心理学去重新理解关于研究对象的定位和分类。

中国的本土文化提供了对人的心理完全不同的理解。这就是本土的心性学说,就是本土的心性心理学,就是文化的心理学资源,就是新心性心理学创新的基础。新心性心理学把心理学的研究对象确立为心理生活。心理生活也建立在两个基本设定上:研究者与研究对象彼此统一;生活者通过心理本性的自觉来创造心理生活。心理生活的性质是觉解,方式为体悟,探索在体证,质量是基本。这说明心理生活就是自觉的活动,就是心性的觉解,就是自我的构筑。人的心性自觉能否成为心理学的研究对象,在心理学发展中一直是有争议的问题。中国本土心理学的创新发展有必要去重新理解和思考心理学的研究对象,以开拓心理学发展的新方向和新道路。心理学的变革在于对研究对象的重新理解和定位,在于对研究方式的重新思考和确立。把心理学的研究对象从心理现象转向心理生活,是根源于中国本土文化的对研究对象的另类考察。

四、心理环境论说

环境是心理学研究中的重要内容。心理学家常常把环境理解为外在于人的存在,是客观的、独立的、自然的。对于心理的、意识的、自我意识的存在来说,环境不仅是物理意义的、生物意义的、社会意义的,而且是心理意义的。心理环境就是被觉知到、被理解为、被把握成和被创造出的环境。心理环境是对人来说最切近的环境。这种环境超出了物理、生物和社会意义上的环境。环境决定论和心理决定论都无法真正揭示人的心理发展的实际过程。环境对人来说,常被看成是自生自灭的过程,是独立于人的存在。但是,如果从心理环境去理解,环境的演变就是属人的过程,是人对环境的把握、人对环境的建构、人对环境的创造。环境与心理是共生的过程。这不仅是环境决定或塑造了人的心理,而且是心理理解或创造了人的环境。心理与环境是共生的关系,这就是中国文化传统中的天人合一。

环境在通常意义上被理解为物理的环境,或者物理意义上的环境。物理意义上的环境把环境看成是物理的存在、物理的刺激。物理的环境是可见的、直接的,所以物理环境就成为心理学家最关注的,甚至物理环境成为了环境的唯一含义。在许多心理学的研究中,涉及的环境因素就是物理的环境。物理的环境仅仅是最基础意义上的环境。涉及心理行为,就必然要涉及有机体,也就是生物意义上的存在。与生物有机体直接相联系的环境并不是物理意义上的环境,而是生物意义上的环境。生物意义上的环境是直接关系到有机体生存和发展的环境,或者是对于生物有机体来说,具有最直接生物学意义的环境。例如,食物对于生物有机体来说,就不仅具有物理的意义,或者是物理的存在,而且具有生物的意义,或者是生物的存在。在心理学的研究中,有许多的研究就把人理解成为生物学意义上的存在,进而涉及与生物有机体有关的环境就是生物的环境。生物的环境是对生物有机体来说的环境。对于心理的存在,对于意识的存在,特别是对于自我意识的存在来说,环境还不仅是生物意义上的,而且还是社会意义上的、文化意义上的。人是社会和文化中的存在,人构建了社会现实和文化历史,这又反过来决定着人的心理生活。环境不仅是社会和文化意义上的,而且是心理意义上的。这就是心理环境,也就是被人的心理觉知到的、理解到的、创造出的和把握到的环境。心理环境对人的影响是最直接的。人可以在心理上分离出自己所处的环境,并针对这样的环境调整或调节自己的心理行为,所以意识觉知到的或自我意识到的环境是人构造出来的环境。心理环境加入了人的创造性活动,这就使得心理环境的含义远远超出物理、生物和社会环境的界限。人的创造性活动主要体现在两个方面:心性的创造性构想可以突破环境的限制;心性的创造性建构可以实际改变物理环境或生物环境。

五、心理成长论本

心理成长的概念是对心理发展的概念的超越。在心理学关于人的心理的研究中,发展心理学是对人的心理发展变化的考察和研究。发展心理学经历了自己的发展,提供了关于人的心理发展的学说。但是,发展心理学的研究一直存在重要的缺失。补足这些缺失是发展心理学未来发展的重要学术任务。发展心理学关于心理发展的理解曾经非常关注人的早期心理发展,特别是婴幼儿期的心理发展;也曾经主要关注伴随着身体发育和生理成熟的心理发展;也曾经分割对待人的认知发展、情感发展、意志发展、个性发展,等等;也曾经特别注重个体的心理发生和发展;也曾经主要突出生物本能和社会环境的决定作用,等等。尽管发展心理学的进步在逐渐地完善自己的研究,但是怎么才能更好地解释人的心理变化和扩展,这成为心理学研究非常关键的核心。如何才能突破关于心理发展的现有研究,特别是在理论框架上重构关于人的心理变化的解说,这已经成为心理学研究至关重要的课题。问题就在于,如何才能超越心理发展的概念、理论和研究。核心的方面应该是用成长的概念去替代发展的概念,也就是用心理成长的概念去替代心理发展的概念。这应该成为考察人的心理行为的一个重大转换。

新心性心理学就会带来这样的重大转换。这包括把着重于成熟和发展转向着重于成长和提升,把着重于生物和生理转向着重于心理和心性,把强调心理的直线发展转向全面扩展,把强调心理的平面扩展转向纵向提升。心理成长的概念含义涉及心理成长的基础、过程、目标和阻滞。心理成长有着特定的文化内涵、文化创造、文化思想、文化方式和文化源流。心理成长与心理文化的关系就在于心理成长的心理文化资源、心理文化差异、心理文化沟通和心理文化促进。心理成长与心理生活的关系就在于考察人的心理生活的含义、扩展和丰富,探索人的心理环境的含义、建构和影响,挖掘心理资源的含义、构成和价值。心理成长实际上就是心理生成的过程,是生成的存在,是创造的生成。心理成长会关系到个体的心理成长,是个体生活的建构,是心理生活的建构。心理成长也关系到群体的心理成长,是群体的共同成长,是群体的心理互动,是群体的心理关系,是群体的成长方式。心理成长也会关系到人类的心理成长,是种族的心理,是民族的成长,是心理的成熟,是生活的质量。

六、心理科学论总

心理科学论总是新心性心理学关系到心理科学本身的学术反思、学术突破和学术建构。这可以带来关于如何推进心理学的学术进步、如何扩展心理学的学术空间、如何引领心理学的学术未来、如何确立心理学的本土根基、如何激发心理学的学术创新等一系列方面的最重要的学术突破。对于心理科学及其发展来说,最重要的是心理学的科学理念。这涉及心理学的科学观,包括科学观的含义、功能、变革和确立。心理学的科学观存在对立,也就是小科学观与大科学观的对立,封闭的科学观与开放的科学观的对立。心理学的科学观经历着演变和变革,其中就包括自然科学的科学观、社会科学的科学观、人文科学的科学观。科学观或心理学的科学观具有文化的内涵或性质。心理学的科学尺度则彰显着心理学的科学内核和科学标准。这在心理学的研究中有强调和偏重理论中心、方法中心和技术中心的不同。心理学有着自己的科学基础,这包括哲学思想的基础、科学认识的基础、科学技术的基础、科学创造的基础和科学发展的基础。心理学的科学内涵涉及学科的科学性、研究的科学性和应用的科学性。心理学具有自己的学科或科学资源,这涉及心理资源、资源分类、文化资源、思想资源和历史资源。心理学的科学发展涉及追踪的线索、学科的起源、学术的演变、成长的历程和发展的前景。心理学拥有的科学理论涉及心理学的理论建构、理论构造、理论形态、理论演变和理论创新。心理学的科学方法涉及心理学的方法论、心理学的方法中心、心理学的研究方法、研究方法的科学性、研究方法的多样性和研究方法的适用性。心理学的科学技术涉及心理学的技术思想、技术应用、技术手段、技术工具和技术变革。心理学的科学创新则涉及创新的基础、创新的途径、创新的氛围、创新的方法和创新的体现。

中国本土心理学的命运与希望就在于创新性的发展。新心性心理学就是中国本土心理学的理论创新,就是原创性的理论建构。中国本土心理学的创新性发展,可以体现在理论、方法和技术等各个方面。中国本土心理学的理论创新涉及心理学的理论框架、理论范式、理论探索、理论核心、理论思想、理论内容、理论体系、理论构造、理论发展、理论更替、理论变革、理论演进、理论突破和理论建构。心理资源论析、心理文化论要、心理生活论纲、心理环境论说、心理成长论本和心理科学论总,就是新心性心理学的核心性的理论构成。中国本土心理学将会告别没有自己的系统理论的时期,而会迎来和进入自己的理论繁荣的时代。

第五节　新心性心理学的扩展

新心性心理学是奠定和确立在中国本土文化的心性学、中国本土心理文化的心性心理学基础之上的中国本土心理学的理论创新和理论建构。新心性心理学的创立和建构有不同的成长时期和发展阶段,也不断经历了思想内容和理论构成的扩充和扩展,也持续得到了研究上的逐渐细化和不断深化。可以从发展阶段、心性基础和核心理论三个方面去了解和理解新心性心理学的扩展。

一、新心性心理学的发展阶段

新心性心理学的创立实际上经历了一个不断扩展和丰满的过程。正是在这样的思想扩展和理论延伸的过程中,新心性心理学有了自己更完整的理论构成。如果从时段上去划分,新心性心理学的理论建构可以说经历了三个时期的发展和演变。

第一个时期是新心性心理学的创立期,时段是从 1991 年开始。这是新心性心理学的开创时期。在这个期间,新心性心理学试图立足中国本土文化的心性论的思想资源,并将新心性心理学的核心理论确立为由心理文化论要、心理生活论纲和心理环境论说三个部分构成。例如,1995 年出版的学术专著《心理文化论要——中西心理学传统跨文化解析》,2008 年出版的学术专著《新心性心理学宣言——中国本土心理学原创性理论建构》,

2013 年出版的学术专著《心理生活论纲——心理生活质量的新心性心理学探索》。

第二个时期是新心性心理学的接续期，时段是从 2008 年开始。这是新心性心理学的扩充发展时期。在前期研究的基础之上，新心性心理学的核心理论又进行了新的扩充。研究将原有的三个组成内容又扩展为六个组成内容，即心理资源论析、心理文化论要、心理生活论纲、心理环境论说、心理成长论本和心理科学论总。例如，2008 年出版了学术专著《心理资源论析——心理学的历史、现实和未来的形态》，2012 年出版了学术专著《心理成长论本——超越心理发展的新心性心理学主张》。

第三个时期是新心性心理学的扩展期，时段是从 2012 年开始。这是新心性心理学的系统化和完善化的时期。在前述的新心性心理学的六个部分内容的基础上，新心性心理学又进行了重大的扩充。在新心性心理学的扩展期，进行的理论建构是属于中国本土心理学核心理论的建构。新心性心理学的核心理论建构包括六个系列的研究：第一个系列是本土心理学的研究，包括五个部分的内容，即心性心理学、智慧心理学、儒家心理学、道家心理学和佛家心理学。第二个系列是新心性心理学的研究，包括七个部分的内容，即新心性心理学宣言、心理资源论析、心理文化论要、心理生活论纲、心理环境论说、心理成长论本和心理科学论总。这七个部分的内容涉及心理学的本土建构、心理学的学科资源、心理学的文化基础、心理学的研究对象、心理学的环境因素、心理学的对象成长和心理学的学科内涵。第三个系列是心理学形态的研究，包括六个部分的内容，即常识形态的心理学、哲学形态的心理学、宗教形态的心理学、类同形态的心理学、科学形态的心理学和资源形态的心理学；第四个系列是理论心理学的研究，包括六个部分的内容，即新理论心理学、心理学科学观、心理学新思潮、心理学本土化、心理学方法论和心理学价值论；第五个系列是心理学新探的研究，包括五个部分的内容，即科学心理学、本土心理学、东方心理学、文明心理学和体证心理学。第六个系列是心理学分支的研究，包括十个部分的内容，即新本土心理学、新文化心理学、新社会心理学、新历史心理学、新民族心理学、新应用心理学、新宗教心理学、新环境心理学、新创造心理学和新管理心理学。

二、新心性心理学的心性根基

关于中国本土心性心理学的研究和探索,无论是对于中国本土心理学的发展,还是对于世界心理学的进步,都具有非常重要的理论价值和实际贡献。真正立足本土的心理学研究,实际上会产生超越本土界线的更大影响。中国本土的心性心理学就会具有这样的价值。那么,捕捉或挖掘中国本土的心性心理学,就具有非常重要的学术价值和现实意义。

中国本土心性心理学的研究将会奠定中国本土心理学快速发展的理论基础,形成中国本土心理学理论创新的思想框架,确立中国本土心理学学术地位的研究积累。中国心理学的发展来自对西方发达国家的现代心理学的引进。这包括全面引进了西方心理学的思想框架、理论预设、哲学思想、基本理论和研究传统。这严重限制了中国本土心理学的创新性的发展。那么,最为重要的方面就是能够寻找和确立中国本土心理学创新性发展的思想根基、思想前提、理论预设和理论框架。这决定的是中国本土心理学的未来长远发展。

中国现代意义上的科学心理学是从国外引入的,包括近代从欧美等科学心理学先导和发达的国度引入的实证科学的心理学,也包括在 20 世纪 50 年代初期开始从苏联引进的以巴甫洛夫的高级神经活动学说为代表的唯物主义心理学,它们都存在于中国现代心理学的研究中。在中国的改革开放之后,中国心理学开始了对中国本土传统心理学思想进行挖掘和整理,但是这方面的研究还存在重大的缺失,那就是认为中国本土文化中并没有心理学,只有一些零散的、猜测的心理学思想。这方面的研究仅在于证明现代心理学研究的古代猜想。这就形成了两个巨大的鸿沟:翻译、引进和介绍的国外研究与中国本土文化和生活之间的鸿沟;中国古代的心理学思想与中国当代的心理学创新之间的鸿沟。这也就导致了中国本土心理学两个重大的缺失:长期从国外引进和模仿,导致中国本土心理学研究的原创性的严重缺失和极度弱化;中国古代心理学思想研究仅仅是为现代心理学研究提供历史的佐证,导致中国本土心理学根基的垮塌和资源的流失。

中国本土心理学缺失的,是建立在中国本土心理学文化资源、思想资源、理论资源等基础上的,心理学的原始性的思想创新和理论建构。新心性心理学最核心的学术价值和创新意义就在于,通过立足本土文化传统的思想创新和理论建构,奠定中国本土心理学未来的学科发展和学术创造的理论演进的道路。

对中国本土心性心理学的研究,与全球文化的多元、互动、交流和共生的大趋势是相吻合或相一致的,与世界心理学发展的多元化取向、文化学转向和本土化演变是相匹配或相呼应的,与中国本土心理学的正常化发育、创新性成长和突破性导向是相协同或相合拍的。一是对西方心理学研究在当代的考察、反思和批判。心理学本土化是世界性的潮流,这是对西方实证心理学的文化基础和文化霸权的历史性反思。世界心理学在相当长的时期中,一直是西方心理学占据主导和主流。对于非西方文化和国家来说,常常是不加反思和批判地引进、模仿和抄袭西方心理学。这严重限制了世界心理学的正常发展。二是对不同文化传统中的心理学探索的考察和探索。在西方的文化传统之外,也同样存在独特的心理学探索。这是在后现代思潮的背景下,在多元文化的环境中,对立足本土的心理学的探索进行的把握。这在短短的时间中,就成为了世界心理学发展的重要潮流和重要力量。三是对中国本土的心理学传统和资源的挖掘和探索。这主要集中于中国心理学思想史的研究和探索,对中国本土心理学理论、方法和技术的考察和分析。这方面的研究已经历和延续了较长的时间,已经拥有了很好的积累,已经奠定了重要的基础。这种心理学史的研究也可以进而推展到理论心理学的探索。这也就使研究逐步趋向将中国本土文化传统中的心理学,转换成为中国本土心理学当代发展的传统资源、文化资源、历史资源、思想资源和理论资源。四是在本土心理学资源之上的原始性理论创新进程。中国心理学长期缺失属于自己本土的理论创建。尽管在近些年来,中国心理学的发展已经开始了学术创新的历程,但这还是属于很零散的和分学科的学术努力。基于中国本土心理文化的系统化的、基础性的原始性理论创新,就成为中国心理学的发展重心和中心。五是将中国本土心理学的探索汇入心理学的整体演变。中国心理学的发展长期依附于国外的研究,反过来却对世界心理学或西方心理学的发展缺乏影响力。中国本土心理学的这种学术影响,应该是依赖于本土文化中的心理学资源的扩展和输出。这就需要对中国本土的心性心理学资源进行提取和推广。

总之,中国本土心理学的发展已经进入必须确立自己的文化资源、思想传统、研究基础和理论框架的阶段。尽快和稳妥地在中国本土文化传统中，将心性论转换成为中国本土心理学的资源、传统、基础和框架，就是必然的研究进程和研究走势。而且，能够在此基础上来把握中国本土的文化历史环境，来理解中国人的心理行为，来构造中国本土心理学的理论、方法和技术，就成为当务之急和当务之需。

当代世界心理学的发展和演变已经有了多元化的趋势，也已经有了多元文化的取向。这也就能够将原有在心理学研究中盛行的分离的和分裂的研究，对立的和对抗的研究，单一的和一元的研究，转换成为整合的和统一的研究，多元的和合作的研究，协同的和共生的研究。因此，怎样在中国本土文化传统中确立属于自己的心理学资源、心理学原则和心理学预设，怎样在中国本土心性心理学的基础上来重新定位心理学的研究对象和研究方式，就成为了非常重要的研究课题。中国本土心理学的发展需要原始性的理论创新。中国本土心理学的原始性理论创新需要自己的文化基础和文化资源。这方面的研究将会促进中国本土心理学的研究去汇合和集纳不同学科的研究资源，形成多学科的研究整合；也将会整合心理学研究中的众多研究分支的探索，形成多分支、多元化和多样化的研究基础。

在心理学的研究中，关于心理学的理论根基和理论资源的探索，在中国本土心理学的研究中，关于中国本土文化传统中的心理学的理论根基和理论资源的探索，都属于心理学未来研究的重要走向，都属于中国本土心理学未来研究的核心内容。研究就应该迎合心理学这样的发展趋势。研究的总目标就在于挖掘、把握和奠定中国本土的心理学资源、心理学传统和心理学根基。在中国古老、悠久、本土的文化传统中，存在丰富的心理学资源、特定的心理学传统和深厚的心理学根基，这就是中国文化的心性学说。从心理学的角度考察和挖掘，也可以把这种心性学说称为心性心理学。这是中国文化非常独特和重要的心理学理论贡献。中国本土的心性学说或心性心理学有着非常重要的学术性价值，问题是怎样把这种心性心理学的传统转换成心理学创新的资源。

在总目标之下，有四个子目标。第一个子目标是对中国本土心理学研究进行重新定位。在心理学多元化和心理学本土化的背景之下，去重新确立中国本土心理学的存在、内涵、地位、价值、演变、发展和未来。第二个子目标是要厘清中国本土心性心理学的内涵。这是在东方或中国文化的根基之上,去探讨处于中国文化核心的心性论,以及其中蕴含的心性心理学。第三个子目标是对中国本土心性心理学进行深入挖掘。这从中国传统文化中的儒家文化、道家文化和佛家文化中去引出儒家心性心理学、道家心性心理学和佛家心性心理学。第四个子目标是将中国本土心性心理学的研究内容和研究方式引入到现有心理学的研究中。这包括关于心理学研究对象的理解和关于心理学研究方式的确定。第五个子目标是将中国本土心性心理学的思想理论引入到中国本土心理学的具体研究中。这也就是要在关于心理学研究对象的理解和定位、在心理学研究方式的变革和改进等方面,推广运用中国本土心性心理学的研究原则和思想框架。

　　首先是本土的心理学资源的考察。对于心理学的学科发展来说,资源或学科资源是指学科生成或演化的基础条件,或者是指学科创生或创造的前提条件。任何的存在都有自己的生成和发展,任何的生成和发展都需要一定的条件或基础。资源就是这样的基础条件或前提条件。资源是长期的历史积淀,是不断的条件积聚。这种资源的存在是促成进一步发展所必需的。关于本土的心理学资源,关于中国本土的心理学资源,包括四个方面的探讨。一是关于本土心理学的探讨。本土心理学有自己的传统,这是文化的传统,历史的传统,学术的传统,思想的传统,研究的传统。中国本土的文化传统中,也有自己独特的心理学传统。最重要的问题就在于,中国本土的心理学传统能否成为中国科学心理学发展和创新的有益资源。如何理解中国本土的心理学传统,就成为决定中国心理学未来发展的一项基础性的、发展性的研究任务。二是关于东方心理学的探讨。西方文明与东方文明是相对应的,西方心理学与东方心理学也是相对应的。东方心理学就是蕴含在东方文化中的心理学的传统构成。关于东方心理学的探索是为了对抗西方心理学的霸权,是为了揭示东方文化传统中独特的心理学的探索内容和研究方式。三是关于文明心理学的探讨。这涉及心理的文明方式和文明的心理基础,内容包括文明心理的构成、养成、表达、传递和创造。文明心理学涉及文明心理的构成、文明行为的养成、文明社会的心理、文明社会的心病、文明心理的演变、文明心理的文化、文明心理的表达、文明心理的传递、文明心理的创造。这是从心理学的视角对人类文明的系统化的探索和考察,是从人类文明的视角对心理学研究的变革性的反思和重构。四是关于体证心理学的探讨。中国本土文化中的传统心理学运用的方法不是实验的方法，而是体验的方法；不是实证的方法，而是体证的方法。体证的或体验的方法，就是通过心性自觉的方式，直接体验到自身的心理，并直接构筑了自身的心理。实证与体证在心理学具体研究中的体现，就是实验与体验的不同。

其次是本土的心性心理学的探索。涉及的内容包括心性心理学、智慧心理学、儒家心理学、道家心理学和佛家心理学。这是中国本土文化中的心性学说在心理学领域中的体现和展现，也是中国本土心性心理学的重要内容和构成。一是关于心性心理学的研究。内容涉及中国本土文化资源中的心性论具有的心理学内涵，心性论的传统文化思想中体现出来的心理学，从心性论中能够挖掘出的当代心理学的价值，以及心性论在民众生活中具有的传统心理学影响。二是关于智慧心理学的研究。智慧心理学是人类心理在人类生活中的合理化运用和创造性实现，这并不同于西方心理学中的智力心理学的研究。智力与智慧有着重要的不同，智力心理学的研究也就与智慧心理学的探索有着重大的区别。可以说，中国文化传统中具有丰富的智慧心理学的资源。这体现在中国本土的生活智慧、处事智慧和交往智慧中。三是儒家心性心理学的探讨。儒家心理学所讲的心，同时是心，同时是性，同时是理，同时是道。人的本心就是性，所谓心性合一；而性则出于天，所谓天命之谓性。心、性、天就是通而为一的。这也就是儒家的心性心理学。这成为引领、改变和定位中国本土的心理生活和心理的探索方式的重要资源。四是道家心性心理学的探讨。道家心理学主张道内在于心而存在，这就是与道合一的道德心。道德心来源于宇宙生生之道，具有超越之意。道德心的活动表现为神明心，具有创生之意。道德心是潜在的，而神明心则可以将其实现出来。这也就是道家的心性心理学。这也同样影响了中国人的心理行为方式，以及探索人的心理的基本方式。五是佛家心性心理学的探讨。佛家心理学讲宇宙之心，这是宇宙同根、万物一体的形上学本体，这也称为本心或佛性。禅宗主张众生皆有佛性，佛性就在每个人的心中，或者每个人的心中本来就有佛性。这也就是佛家的心性心理学。这也广泛影响到了中国人的心理行为方式，以及了解、理解、影响和干预人的心理行为的重要方式。

中国本土的心性心理学就是中国心理学当代发展和理论创新的文化基础、历史传统、思想资源和理论根源。中国现代的心理学是从西方或国外引入的,这种引入的心理学有着西方或国外文化的基础和资源。问题在于如何立足中国本土来发展、构造和研究心理学。

在中国本土文化的传统中,心性论、心性说、心性学是核心的内容。中国本土心理学可以把自己置于中国本土文化的心性资源、心性思想、心性设定的根基和传统中。对中国本土的心理学传统的探讨,应该能够确立中国本土文化的核心内容,以及这种核心内容的心理学定位。

中国本土的心性心理学就是一种具有本土文化独特性的心理学传统,可以从中开发出心理学的特定资源。这可以导出中国本土心理学学科发展的本土文化的源流,可以奠定中国本土心理学理论建构的本土文化的基础。

中国本土心理学最为需要的是理论的预设、理论的前提、理论的原则和理论的构造。中国本土心性心理学就可以构成这样的思想理论的基础。这可以成为中国本土心理学理论构成的一个基本框架。这个框架可以提供中国本土心理学的基本理论预设和重要理论路径。

理论与历史的研究涉及心理学的思想前提、理论基础和研究框架。因此,最为重要的研究方法就在于采纳理论建构、前提反思、理论预设、思想架构、历史考察、历史文献、当代解读、当代转换等多种理论心理学的研究方式和方法的组合。

中国本土心理学的创新和发展目前最为需要的就是厘清自己的本土历史传统、本土文化根基、本土哲学基础和本土思想方法。对心性心理学的研究考察,可以明确心性心理学的基本研究内容的构成。

最重要的步骤是需要把相关的研究划分为四个基础的类别:一是西方心理学乃至世界心理学发展演变的趋势、优势、缺失、评述、批判,等等。这是为了能够从新的基础和思路来定位中国本土的心性心理学的学术价值和学术功用。二是心理学本土化思潮的兴起、推进和流变过程。这包括在西方心理学发展中的本土化源流,也包括在中国心理学发展中的本土化运动。三是中国本土文化传统中的心性论、心性说或心性学,以及将其开发和转换为中国本土心理学创新发展的资源。四是涉及关于心理学研究对象的理解,以及关于心理学研究方式的定位。这也就是怎样从中国本土心性心理学的角度来重新理解心理学的研究对象和心理学的研究方式。

　　研究包括核心理论的系统建构。最重要的是全面深入地挖掘和阐释中国本土心性心理学。这包括确定中国本土心性心理学的核心理论框架和基本理论设定,从而将中国本土心理学的探索定位于心性心理学,包括儒家心性心理学、道家心性心理学和佛家心性心理学,进而将心性心理学的探索引入到当代心理学的框架中。将中国本土心理学的探索推进到原始性思想创新和理论建构的阶段。

　　研究也包括将中国本土心性心理学的理论构造,运用于关于人的心理行为的理解,以及运用于关于心理学的研究方式的变革和改进中,从而能够形成关于人的心理行为的新的理解和研究定位,能够形成关于心理学的研究方式,包括心理学的理论构造、研究方法和技术工具的创造和开发。本土心理学研究涉及有关心理学的本土文化、历史、学术、思想和研究的传统和资源。心性心理学研究涉及中国本土文化资源中心性论的心理学内涵、心理学价值和心理学影响。

　　中国本土心性论的研究是根本性、基础性和资源性的探索和考察,对心理学的研究有广泛的影响。这可以为研究者提供中国本土心理学的文化资源,可以为文化心理学、跨文化心理学、理论心理学、心理学史等心理学研究分支,提供理解中国文化传统、中国文化背景、中国文化环境的思想和理论资源。这可以提供给与心理学研究密切相关的文化学、历史学、社会学、人类学、哲学等人文社会科学学科。这可以形成海外的研究影响,即影响到国外心理学的相关学科去关注中国的文化传统,中国的本土心理学,中国的心理文化创造。

三、新心性心理学的核心理论

　　植根中国本土文化传统土壤,依据中国本土社会生活基础,立足中国本土科学发展,中国本土心理学的核心理论建构,包括一个基本的理论核心,六个相互衔接的研究系列,三十九个分别论述的研究课题。这也就成为系统化的、系列化的、连贯性的、衔接性的、推进式的、递进式的探索和研究。

　　中国本土心理学的核心理论建构是立足中国本土的文化资源。一个基本的理论核心就是中国本土文化传统中的天人合一、心道一体、心性修养和创造演生。这也就是心性论、心性说、心性学。这是中国本土心理学核心理论建构的基础和资源。问题就在于怎样从中国本土的心性学说中开发和创造出中国本土的心理学。新心性心理学就是一种植根中国本土文化资源或依据中国本土心性学说的创新努力,试图开辟中国心理学自己的发展道路。新心性心理学有其基本的内涵和主张,对于心理学研究对象的理解和对于心理学研究方式的确立有一个创新的变化。

一是本土心理学的系列研究。在中国本土的文化传统中,存在丰富的心理学的资源。这关系到的内容包括心性心理学、智慧心理学、儒家心理学、道家心理学和佛家心理学。这是中国本土文化中的心性学说在心理学领域中的体现和展现。该研究系列涉及五个研究课题。第一是心性心理学。内容涉及中国本土文化资源中的心性论具有的心理学内涵,心性论的传统文化思想中体现出来的心理学,从心性论中能够挖掘出的当代心理学的价值,以及心性论在民众生活中具有的传统心理学影响。第二是智慧心理学。智慧心理学是人类心理在人类生活中的合理化运用,这并不同于智力心理学的研究。中国文化传统具有丰富的智慧心理学的资源。第三是儒家心理学。儒家心理学所讲的心,同时是心,同时是性,同时是理,同时是道。人的本心就是性,所谓心性合一;而性则出于天,所谓天命之谓性。那么,心、性、天就是通而为一的。第四是道家心理学。道家心理学主张道内在于心而存在,这就是与道合一的道德心。道德心来源于宇宙生生之道,具有超越之意。道德心的活动表现为神明心,具有创生之意。道德心是潜在的,而神明心则可以将其实现出来。第五是佛家心理学。佛家心理学讲宇宙之心,这是宇宙同根,万物一体的形上学本体,这也称为本心或佛性。禅宗主张众生皆有佛性,佛性就在每个人的心中,或者说每个人的心中本来就有佛性。

二是新心性心理学系列研究,涉及七个研究课题。第一是新心性心理学。新心性心理学就是一种植根本土文化资源的创新努力,试图开辟中国心理学自己的创新发展的道路,新心性心理学有其基本的内涵和主张,对于心理学研究对象的理解和对于心理学研究方式的确立有一个基本的变化。第二是心理资源论析。心理学的发展有着自己的文化历史资源。心理学有着十分不同的历史发展和长期演变的形态,这都是心理学的发展可以借用的资源。心理资源可以体现为不同的心理学历史形态、现实演变和未来发展。第三是心理文化论要。这是从跨文化的角度,对生长于不同文化根基和相应于不同心理生活的中西心理学传统进行比较和分析,探讨两者之间沟通的可能性和心理学发展的新道路。第四是心理生活论纲。西方科学心理学一直将心理学的研究对象确定为心理现象。心理生活的探索则将心理学的研究对象确定为心理生活。这就必须改变研究者与研究对象的绝对分离,改变科学心理学现有关于研究对象的分类标准和分类体系。中国的本土文化传统提供了一种解说心理生活的心性学说。心理生活是立足人的心理的觉的性质。觉的活动是一种生成意义的活动,这实际上就是一种创造性生成的活动。心理生活有其基本内涵和体证方法。心理学的研究就在于科学地揭示心理生活,提高心理生活的质量。第五是心理环境论说。心理环境是对人来说最切近的环境。这种环境超出了物理、生物和社会意义上的环境。从心理环境去理解,环境的演变就是属人的过程,是人对环境的把握、人对环境的作为、人对环境的创造。环境与心理是共生的过程。第六是心理成长论本。心理成长的概念是对心理发展的概念的超越。这应该成为考察人的心理行为的一个重大转换。新心性心理学就会带来这样的重大转换。这包括把着重于成熟和发展转向着重于成长和提升,把着重于生物和生理转向着重于心理和心性,将强调心理的直线发展转向全面扩展,将强调心理的平面扩展转向纵向提升。第七是心理科学论总。这是新心性心理学关系到心理科学本身的学术反思、学术突破和学术建构。这可以带来关于如何推进心理学的学术进步、如何扩展心理学的学术空间、如何引领心理学的学术未来、如何确立心理学的本土根基、如何激发心理学的学术创新等一系列方面的最重要的学术突破。

三是心理学形态的系列研究。中国本土心理学的研究涉及心理学创新和建构的学术资源或资源获取。当代心理学的发展应该将不同形态的心理学当作自己学术创新的文化历史资源,从而扩大自己的视野,挖掘自己的潜能,丰富自己的研究,完善自己的功能。该研究系列包含了六个专题的研究。第一是常识形态的心理学。常识形态的心理学是普通人在日常生活中创建的心理学,是存在于普通人生活经验中的心理学。它既是普通人心灵活动的指南,也是普通人理解心灵的指南,还是科学心理学发展的文化资源。第二是哲学形态的心理学。哲学形态的心理学是心理学最古老的形态之一。在科学心理学诞生之前，心理学就寄生在哲学中，是哲学的一个探索的领域。对心理学研究的理论前提或理论预设的反思就是心理学哲学的探索。这种探索的目的就在于使心理学的研究能够从盲目走向自觉。第三是宗教形态的心理学。宗教形态的心理学有两种不同而又关联的含义：科学的含义或是科学传统中的宗教心理学，是科学家运用科学方法对宗教心理的研究，这是科学心理学的一个分支；宗教的含义或是宗教传统中的宗教心理学，是宗教家按照宗教的方式对人的心理行为的说明、解释和干预。第四是类同形态的心理学。类同形态的心理学是在与科学心理学相类同或相类似的其他科学分支中的心理学思想、心理学理论、心理学方法和心理学技术。心理学发展应该去吸取、提炼、接受、消化和融会类同形态的心理学研究。第五是科学形态的心理学。心理学作为科学是通过科学的理论、方法和技术来考察、描述、说明和干预心理行为。科学形态的心理学在很短的进程中取得了飞速的发展，但依然面临着重大的难题。第六是资源形态的心理学。这探讨和论述的是心理学未来发展的基本形态。资源形态的心理学是科学形态的心理学的进步、扩展和提升，并把心理学的学术性资源的开发、累积、运用等作为心理学的核心性任务。

四是理论心理学的系列研究。理论心理学的探索是心理学研究的主干部分，支撑着心理学众多分支的具体研究。中国本土的理论心理学应该超越西方理论心理学的探索，并对心理学科学观、心理学新思潮、心理学本土化、心理学方法论和心理学价值论进行深入探析。该研究系列涉及六个研究课题。第一是新理论心理学。新理论心理学是超越西方理论心理学的新建构。这是心理学研究的基本构成部分和重要分支学科。理论心理学的研究主要涉及两个方面的内容：对心理学研究对象和研究方式的理论预设或前提假设的哲学反思；对心理学研究对象的理论描述、理论解说和理论建构。第二是心理学科学观。心理学的科学观问题是心理学的科学身份的确立和认同的问题。心理学的科学观决定着心理学家采纳的研究目标，决定着为达成目标而采取的研究策略，决定着心理学家沿循的学术路径。第三是心理学新思潮。心理学的思想潮流会在相当长的时间里，会在相当广的范围内，影响和支配心理学的研究。在当代心理学的发展中，后现代主义思潮、多元文化论思潮、社会建构论思潮、女权主义的思潮、进化取向的思潮、积极心理学思潮,都极大地冲击和影响了心理学的发展和演变。第四是心理学本土化。心理学本土化是对心理学西方化的历史性的反叛。心理学的本土化也是心理学在更大的范围内,去寻求和寻找自己的学科和学术发展的资源。关于心理学的本土走向会涉及心理学研究的本土定位、本土资源、本土理论、本土方法和本土技术。心理学的本土化实际上就是心理学的一个新生过程。第五是心理学方法论。心理学的方法论涉及关于心理学研究对象的立场,关于心理学研究方法的认识,以及关于心理学应用技术的思考。第六是心理学价值论。当代心理学的发展和演变,都有着独特的价值定位或价值取向。这关系到心理学是价值无涉的还是价值涉入的,心理学研究是价值中立的还是价值导向的。

五是心理学新探的系列研究。心理学新探涉及对心理学现存的方式进行创新探索,并考察心理学的本土根基,探讨东方心理学的独特之处,开辟文明心理学的探索内容,挖掘体证心理学的探索方式。该研究系列涉及五个研究课题。第一是科学心理学。科学心理学有着众多的学科分支,有着众多的心理学家,有着丰富的学术资源,有着丰富的学说理论,有着复杂的研究方法,有着复杂的技术手段。第二是本土心理学。本土心理学有自己的传统。这是文化的传统,历史的传统,学术的传统,思想的传统,研究的传统。第三是东方心理学。西方文明与东方文明是相对应的,西方心理学与东方心理学也是相对应的。东方心理学就是蕴含在东方文化中的心理学的传统构成。第四是文明心理学。这涉及心理的文明方式和文明的心理基础,内容包括文明心理的构成、养成、表达、传递和创造。第五是体证心理学。中国本土文化中的传统心理学运用的方法不是实验的方法,而是体验的方法;不是实证的方法,而是体证的方法。体证的或体验的方法,就是通过心性自觉的方式,直接体验到自身的心理,并直接构筑了自身的心理。实证与体证在心理学具体研究中的体现,就是实验与体验的不同。

六是心理学分支的系列研究。中国本土心理学的发展,中国心性心理学的创新,会涉及一系列心理学的分支学科,并会给这些分支学科带来一系列的突破和变革。这些分支学科的研究也会给中国本土心性心理学的创新提供支撑。这关系到心理学的资源定位、本土定位、未来定位和创新定位,也关系到中国本土心理学的发展，还关系到全球整体心理学的进步。这些分支学科的新探包括了新本土心理学、新文化心理学、新社会心理学、新历史心理学、新民族心理学、新应用心理学、新宗教心理学、新环境心理、新创造心理学和新管理心理学。

中国本土心理学的命运与希望就在于创新性的发展。新心性心理学就是中国本土心理学的理论创新，就是原创性的理论建构。中国本土心理学的创新性发展可以体现在理论、方法和技术等各个方面。中国本土心理学的理论突破涉及心理学的理论框架、理论范式、理论探索、理论核心、理论思想、理论内容、理论体系、理论构造、理论发展、理论更替、理论变革、理论演进、理论突破和理论建构。

新心性心理学为中国本土心理学的发展提供全新的思想基础、创新的理论追求和推新的研究理念。它填补中国本土心理学研究中的理论空白，搭建中国本土心理学合理的理论框架，形成中国本土心理学研究的系统理论，奠定中国本土心理学未来发展的理论根基，从而极大地激发中国的理论心理学研究、本土心理学研究、文化心理学研究、跨文化心理学研究、心理学思想史研究、心理学方法论研究等，可以达成中国本土心理学独立自主的发展，引领中国本土心理学未来百年的历程，并为世界心理学的进步提供中国的样板、思想的框架和理论的模式。

参考文献

一、中文部分

包开亮,霍涌泉.认知神经科学的心理学理论价值[J].心理科学,2012(5).

宝贵贞.从合法性到新范式——中国少数民族哲学研究困境与出路[J].内蒙古师范大学学报(哲学社会科学版),2009(1).

蔡仁厚.儒家心性之学论要[M].台北:文津出版社,1980.

常若松.论中国心理学统一理论追求的终结[J].心理科学,2007(2).

曹德本.中国传统修身文化研究[J].清华大学学报(哲学社会科学版),2004(5).

陈海波,汪凯.神经心理学发展的机遇[J].中华神经科杂志,2004(2).

陈平.多元文化的冲突与融合[J].东北师大学报(哲学社会科学版),2004(1).

陈英敏,邹丕振.在全球化与本土化之间:建构一种多元文化的现代心理学观[J].山东师范大学学报(人文社会科学版),2005(3).

陈巍,等.进化认知神经科学:人类行为研究的新视域[J].自然辩证法通讯,2011(5).

道金斯.自私的基因[M].卢允中,等,译.长春:吉林人民出版社,2001.

丁道群.库恩范式论的心理学方法论蕴涵[J].自然辩证法研究,2001(8).

杜林致,乐国安.中国社会心理学发展问题的反思及其出路[J].江海学刊,2004(2).

段海军,霍涌泉.心理学的多元化之路:问题与前景[J].西北师大学报(社会科学版),2010(4).

范会勇.应用心理学的学科性质——基于钱学森学科结构模型的分析[J].

心理科学,2012(1).

　　方立天. 心性论——禅宗的理论要旨[J]. 中国文化研究,1995(4).

　　高峰强. 论后现代视界对科学主义心理学研究法则的超越[J]. 山东师大学报(社会科学版),2000(4).

　　高觉敷. 中国心理学史[M]. 北京:人民教育出版社,1985.

　　高觉敷. 西方社会心理学发展史[M]. 北京:人民教育出版社,1991.

　　高岚,申荷永. 中国文化与心理学[J]. 学术研究,2008(8).

　　高尚仁,杨中芳. 中国人·中国心——传统篇[M]. 台北:远流出版公司,1991.

　　高新民. 现代西方心灵哲学[M]. 武汉:武汉出版社,1994.

　　高新民. 广义心灵哲学论纲[J]. 华中师范大学学报(人文社会科学版),2000(4).

　　高新民. 意向性·意义·内容——当代西方心灵哲学围绕心理内容的争论及其思考[J]. 哲学研究,2003(2).

　　高媛媛,高峰强. 试析心理学中的多元文化论对后现代心理学的贡献[J]. 山东师范大学学报(人文社会科学版),2007(6).

　　葛鲁嘉. 心理文化论要——中西心理学传统跨文化解析[M]. 大连:辽宁师范大学出版社,1995.

　　葛鲁嘉. 本土传统心理学的两种存在水平[J]. 长白学刊,1995(1).

　　葛鲁嘉. 大心理学观——心理学发展的新契机与新视野[J]. 自然辩证法研究,1995(9).

　　葛鲁嘉,周宁. 从文化与人格到文化与自我——心理人类学研究重心的转移[J]. 求是学刊,1996(1).

　　葛鲁嘉. 超个人心理学对西方文化的超越[J]. 长白学刊,1996(2).

　　葛鲁嘉. 心理学的科学观与统一观[J]. 吉林大学社会科学学报,1996(3).

　　葛鲁嘉. 中国本土传统心理学的内省方式及其现代启示[J]. 吉林大学社会科学学报,1997(6).

　　葛鲁嘉,陈若莉. 当代心理学发展的文化学转向[J]. 吉林大学社会科学学报,1999(5).

　　葛鲁嘉,陈若莉. 论心理学哲学的探索——心理科学走向成熟的标志[J]. 自然辩证法研究,1999(8).

葛鲁嘉.中国心理学的科学化和本土化——中国心理学发展的跨世纪主题[J].吉林大学社会科学学报,2002(2).

葛鲁嘉.追踪现代科学心理学发展的十个线索[J].心理科学,2004(1).

葛鲁嘉.心理学的五种历史形态及其考评[J].吉林师范大学学报(人文社会科学版),2004(2).

葛鲁嘉.中国本土传统心理学术语的新解释和新用途[J].山东师范大学学报(人文社会科学版),2004(3).

葛鲁嘉.对心理学方法论的扩展性探索[J].南京师大学报(社会科学版),2005(1).

葛鲁嘉.类同形态的心理学总评[J].西北师大学报(社会科学版),2005(3).

葛鲁嘉.理论心理学研究的理论功能[J].山西师大学报(社会科学版),2005(4).

葛鲁嘉.哲学形态的心理学考评——心理学的五种历史形态考察之二[J].河北师范大学学报(教育科学版),2005(4).

葛鲁嘉.新心性心理学的理论建构——中国本土心理学理论创新的一种新世纪的选择[J].吉林大学社会科学学报,2005(5).

葛鲁嘉.体证和体验的方法对心理学研究的价值[J].华南师范大学学报(社会科学版),2006(4).

葛鲁嘉.心理学中国化的学术演进与目标[J].陕西师范大学学报(哲学社会科学版),2007(4).

葛鲁嘉.心理资源论——心理学的历史、现实和未来的形态[J].陕西师范大学学报(哲学社会科学版),2008(6).

葛鲁嘉.新心性心理学宣言——中国本土心理学原创性理论建构[M].北京：人民出版社,2008.

葛鲁嘉.心理学研究的生态学方法论[J].社会科学研究,2009(2).

葛鲁嘉.心理学与相关学科的关系探讨[J].吉林大学社会科学学报,2009(5).

葛鲁嘉.文化心理学的多重含义与多元取向[J].阴山学刊,2010(4).

葛鲁嘉.心理资源论析——心理学的历史、现实和未来的形态[M].北京：中国社会科学出版社,2010.

葛鲁嘉.从心理环境的建构到生态共生原则的创立[J].南京师大学报(社会

科学版),2011(5).

葛鲁嘉.心理学演进的当代思想潮流[J].陕西师范大学学报(哲学社会科学版),2012(2).

管健.现象学心理学评述[J].国外社会科学,2001(3).

郭爱妹.库恩的范式论与心理学的发展[J].江海学刊,2001(6).

郭爱妹.试析女性主义心理学的三种研究取向[J].南京师大学报(社会科学版),2001(6).

郭本禹.当代心理学的新进展[M].济南:山东教育出版社,2003.

郭齐勇.儒释道三教中的心理学原理[J].湖北大学学报(哲学社会科学版),2008(3).

郭英.跨文化心理学研究的历史、现状与趋势[J].四川师范大学学报(社会科学版),1997(4).

郭永玉.论物理学作为心理学的榜样[J].教育研究与实验,2002(4).

韩家炳.多元文化、文化多元主义、多元文化主义辨析——以美国为例[J].史林,2006(5).

韩在柱,等.认知神经心理学的基本假设和研究方法[J].心理科学,2002(6).

韩忠太,张秀芬.学科互动:心理学与文化人类学[J].云南社会科学,2002(3).

何中华.关于全球化的文化反思[J].山东社会科学,2001(1).

亨廷顿,等.全球化的文化动力:当今世界的文化多样性[M].康敬贻,等,译.北京:新华出版社,2004.

黄光国.全球化与本土化:论心理学本土化的意涵[J].阴山学刊,2010(1).

黄力之.多元文化主义的悖论——对亨廷顿理论的再评价[J].哲学研究,2003(9).

霍涌泉.心理学文化转向中的方法论难题及整合策略[J].心理学探新,2004(1).

霍涌泉.后现代主义能否为心理学提供新的精神资源?[J].南京师大学报(社会科学版),2004(2).

霍涌泉,李林.当前心理学文化转向研究中的方法论困境[J].四川师范大学学报(社会科学版),2005(2).

霍涌泉,刘华.心理学理论研究的范式转换及其意义[J].陕西师范大学学报(哲学社会科学版),2007(4).

霍涌泉,段海军.认知科学范式的意识研究:进路与发展前景[J].陕西师范大学学报(哲学社会科学版),2008(6).

纪海英.文化与心理学的相互作用关系探析[J].南京师大学报(社会科学版),2007(4).

蒋京川,叶浩生.论后现代心理学的定位与理论存疑[J].南京师大学报(社会科学版),2006(2).

焦璇,陈毅文.解释心理起源的新理论范式——进化心理学[J].心理科学进展,2004(4).

解战原,文兵.反中心化:后现代主义哲学的总体特征[J].新视野,2005(5).

荆其诚.现代心理学发展趋势[M].北京:人民出版社,1990.

况志华,叶浩生.当代西方心理学的三种新取向及其比较[J].心理学报,2005(5).

乐国安.中国社会心理学研究进展[M].天津:天津人民出版社,2004.

乐国安.后现代主义思潮对社会心理学的影响[J].南开学报(哲学社会科学版),2004(5).

乐国安,纪海英.文化与心理学关系的三种研究模式及其发展趋势[J].西南大学学报(社会科学版),2007(3).

李兵.少数民族哲学:何为?为何?[J].云南民族大学学报(哲学社会科学版),2004(3).

李炳全,叶浩生.文化心理学的基本内涵辨析[J].心理科学,2004(1).

李炳全,叶浩生.主流心理学的困境与文化心理学的兴起[J].国外社会科学,2005(1).

李炳全.论文化心理学在心理学方法论上的突破[J].自然辩证法通讯,2005(4).

李炳全.文化心理学与跨文化心理学的比较与整合[J].心理科学进展,2006(2).

李炳全.当代认知心理学新取向之比较[J].南京师大学报(社会科学版),2007(5).

李恒威,黄华新."第二代认知科学"的认知观[J].哲学研究,2006(6).

李景林.教养的本原——哲学突破期的儒家心性论[M].沈阳:辽宁人民出版社,1998.

李秦秦.利己还是利他——索博·威尔逊的利他主义进化模型[J].自然辩证法研究,2005(11).

李薇,徐联仓.混沌现象及其在生理心理系统中的意义(一)[J].心理学报,1987(3).

李薇,徐联仓.混沌现象及其在生理心理系统中的意义(二)[J].心理学报,1987(4).

李亦园,杨国枢.中国人的性格:科际综合性的探讨[M].台北:"中央研究院"民族学研究所,1992.

李铮.后现代思潮与心理学[J].安徽师范大学学报(人文社会科学版),1999(1).

李仲涟.耗散结构论与心理学[J].湖南师范大学社会科学学报,1989(5).

里奇拉克.发现自由意志与个人责任[M].许泽民,等,译.贵阳:贵州人民出版社,1994.

梁漱溟.人心与人生[M].上海:上海人民出版社,2005.

林崇德,等.计算机与智力心理学[M].杭州:浙江人民出版社,1996.

刘金平.试论后现代主义思潮与后现代心理学[J].河南大学学报(社会科学版),2003(5).

刘金平,乐国安.文化心理学的三种研究取向[J].心理科学,2005(6).

刘涛,陈省平,罗轶.大科学研究的现状及其发展趋势[J].科技进步与对策,2005(1).

刘燕青.科学结构、科学革命与科学家的创新精神[J].江南大学学报(人文社会科学版),2009(3).

刘毅.论民俗及其心理分析的可能性与途径——民族心理学研究的新视角[J].贵州民族研究,1994(1).

罗安宪.中国心性论第三种形态:道家心性论[J].人文杂志,2006(1).

吕晓峰,孟维杰.多元文化心理观:全球化语境下心理学观的选择[J].山东师范大学学报(人文社会科学版),2010(3).

麻彦坤.文化转向:心理学发展的新契机[J].南京师大学报(社会科学版),

2003(3).

麻彦坤.当代心理学文化转向的动因及其方法论意义[J].国外社会科学，2004(1).

马川,李晓文.文化发展心理学的基本观点和研究取向[J].华东师范大学学报(教育科学版),2011(3).

马怡,翟学伟.社会学的社会心理学：研究取向及其现状[J].内蒙古社会科学,2003(3).

蒙培元.心灵的开放与开放的心灵[J].哲学研究,1995(10).

蒙培元.儒、佛、道的境界说及其异同[J].世界宗教研究,1996(2).

孟轲.孟子(国学基本丛书)[M].杨伯峻,注.长沙：岳麓出版社,2000.

孟维杰.从文化转向到跨文化对话：心理学发展新思维[J].南通大学学报(教育科学版),2006(2).

孟维杰.关联与互动：20世纪的科学心理学与分析哲学[J].心理学探新,2007(3).

孟维杰.现代心理学自然科学品性探析[J].南京师大学报(社会科学版),2007(5).

孟维杰,葛鲁嘉.论心理学文化品性[J].心理科学,2008(1).

米德.文化与承诺[M].周晓虹,等,译.石家庄：河北人民出版社,1987.

莫阿卡西.荣格心理学与西藏佛教[M].江亦丽,等,译.北京：商务印书馆,1994.

南怀瑾.禅宗与道家[M].上海：复旦大学出版社,1991.

欧阳常青.原创性：心理学研究的理性诉求[J].心理学探新,2005(4).

彭新波,高华.后现代主义思潮与认知心理学研究的新取向[J].广西社会科学,2003(11).

彭彦琴.另一种声音：现代新儒学与中国人文主义心理学[J].心理学报,2007(4).

彭运石,刘慧玲.超越传统：动态进化心理学研究进展[J].心理学探新,2008(2).

邱惠丽.当代心智哲学研究的12个问题及其他[J].哲学动态,2006(1).

邱梦华.从"小科学"到"大科学"——科学中立吗？[J].科学·经济·社会,2003(2).

沙莲香. 中国社会心理分析[M]. 沈阳：辽宁教育出版社,2004.

沙莲香. 关于社会心理学学科性质的思考[J]. 社会心理科学,2006(1).

商卫星. 脑科学与心理学研究[J]. 医学与哲学(人文社会医学版),2007(1).

申丹娜. 大科学与小科学的争论评述[J]. 科学技术与辩证法,2009(1).

申荷永,高岚.《易经》与中国文化心理学[J]. 心理学报,2000(3).

沈杰. 论心理学取向的社会心理学[J]. 思想战线,1992(4).

沈杰. 社会心理学两种研究取向的历史作用及其综合趋势[J]. 社会科学辑刊,1996(3).

沈杰. 两种不同研究倾向的社会心理学[M]//乐国安,沈杰. 社会心理学理论. 兰州：兰州大学出版社,1997.

沈杰. 关于两种不同取向的社会心理学的理论研究综述[M]//李培林,覃方明. 社会学——理论与经验(第1辑). 北京：社会科学文献出版社,2005.

史莉洁,李光玉. 走向"共生"——人与自然,人与人的生存哲学[J]. 华中农业大学学报(社会科学版),2006(1).

宋晓东,叶浩生. 本土心理学与多元文化论——在人类心理学理论前景中的相遇[J]. 徐州师范大学学报(哲学社会科学版),2008(1).

宋晓东,叶浩生. 本土心理学与多元文化论——"去文化"范式的多元文化论心理学[J]. 天中学刊,2008(1).

苏国勋. 全球化背景下的文化冲突与共生(上)[J]. 国外社会科学,2003(3).

苏国勋. 全球化背景下的文化冲突与共生(下)[J]. 国外社会科学,2003(4).

苏屹,李柏洲. 原始创新研究文献综述[J]. 科学管理研究,2012(2).

孙慕天. 作为科学哲学概念的创新——发现与创新的关系辨析[J]. 自然辩证法研究,2002(1).

汤一介. 禅宗的觉与迷[J]. 中国文化研究,1997(3).

唐孝威. 关于心理学统一理论的探讨[J]. 应用心理学,2005(3).

田浩. 文化心理学的双重内涵[J]. 心理科学进展,2000(5).

田浩. 文化心理学的方法论困境与出路[J]. 心理学探新,2005(4).

田浩,葛鲁嘉. 文化心理学的启示意义及其发展趋势[J]. 心理科学,2005(5).

田浩. 文化心理学的发展线索[J]. 内蒙古师范大学学报(哲学社会科学版),2005(6).

瓦西留克. 体验心理学[M]. 黄明, 等, 译. 北京: 中国人民大学出版社, 1989.

万明钢. 文化视野中的人类行为: 跨文化心理学导论[M]. 兰州: 甘肃文化出版社, 1996.

汪凤炎, 郑红. 中国文化心理学[M]. 广州: 暨南大学出版社, 2005.

汪凤炎, 郑红. 论中西方自我的差异[J]. 西南大学学报(人文社会科学版), 2007(1).

汪凤炎, 郑红. "知而获智"观: 一种经典的中式智慧观[J]. 南京师大学报(社会科学版), 2009(4).

汪云九, 杨玉芳, 等. 意识与大脑——多学科研究及其意义[M]. 北京: 人民出版社, 2003.

王明飞. 文化心理学发展历史及其三种研究取向[J]. 科教文汇, 2006(6).

王小章. 后现代景观下的心理学[J]. 心理科学, 1998(4).

王小章. 中国社会心理学[M]. 杭州: 浙江大学出版社, 2008.

王延松, 霍涌泉. 后现代主义心理学在元理论方面的反思[J]. 宁夏大学学报(人文社会科学版), 2007(6).

王勇慧, 张莉琴, 霍涌泉. 认知科学研究取向的转换及其意义[J]. 西北师大学报(社会科学版), 2011(5).

王宇中. 医学心理学学科性质和课程性质的探讨[J]. 医学与社会, 2002(2).

王志良. 人工心理学——关于更接近人脑工作模式的科学[J]. 北京科技大学学报, 2000(5).

王志良. 人工心理与人工情感[J]. 智能系统学报, 2006(1).

王治河. 论后现代主义的三种形态[J]. 国外社会科学, 1995(1).

王忠武. 试论全球化的基本内涵及其表现[J]. 东方论坛(青岛大学学报), 2001(1).

威尔逊. 社会生物学: 新的综合[M]. 毛盛贤, 等, 译. 北京: 北京理工大学出版社, 2008.

魏屹东. 认知科学与哲学关系的历史审视[J]. 文史哲, 2005(2).

文军. 西方多学科视野中的全球化概念考评[J]. 国外社会科学, 2001(3).

夏学銮. 整合社会心理学发微[J]. 北京大学学报(哲学社会科学版), 1998(4).

熊哲宏,杨慧.是认知心理学,还是进化史——论"进化心理学"研究方法的内在矛盾[J].华中师范大学学报(人文社会科学版),2003(4).

徐冰.心理学与社会学之间的诠释学进路[J].中国农业大学学报(社会科学版),2007(3).

徐黎丽.关于民族心理学研究的几个问题[J].民族研究,2002(6).

严瑜.进化心理学对主流心理学的反思和批判[J].武汉大学学报(人文科学版),2008(4).

燕国材.关于中国古代心理学思想研究的几个问题[J].心理科学,2002(4).

燕国材.中国心理学史[M].杭州:浙江教育出版社,2002.

燕良轼,曾练平.中国理论心理学的原创性反思[J].心理科学,2011(5).

杨国枢.我们为什么要建立中国人的本土心理学[J].本土心理学研究,1993(1).

杨国枢,余安邦.中国人的心理与行为——理念及方法篇[M].台北:桂冠图书股份有限公司,1993.

杨国枢,余安邦.中国人的心理与行为——文化、教化及病理篇[M].台北:桂冠图书股份有限公司,1994.

杨国枢.心理学研究的本土契合性及其相关问题[J].本土心理学研究,1998(8).

杨国枢,黄光国,杨中芳.华人本土心理学(上册)[M].重庆:重庆大学出版社,2008.

杨国枢,黄光国,杨中芳.华人本土心理学(下册)[M].重庆:重庆大学出版社,2008.

杨洪贵.多元文化主义的产生与发展探析[J].学术论坛,2007(2).

杨莉萍.范式论对于心理学研究的双重意义[J].南京师大学报(社会科学版),2001(3).

杨莉萍.当代西方社会心理学的危机与文化转向[M]//叶浩生.西方心理学研究新进展.北京:人民教育出版社,2003.

杨莉萍,叶浩生.心理学史的双重意义[J].内蒙古师范大学学报(哲学社会科学版),2007(4).

杨维中.论先秦儒学的心性思想的历史形成及其主题[J].人文杂志,2001(5).

杨鑫辉.中国心理学思想史[M].南昌：江西教育出版社,1994.

杨鑫辉.心理学通史(第一卷)[M].济南：山东教育出版社,2000.

杨鑫辉.中国心理学史论研究[J].江西师范大学学报,2001(4).

杨鑫辉.诠释与转换——论中国古代心理学思想史研究方法的新发展[J].南京师大学报(社会科学版),2002(4).

杨伊生.对我国心理学研究原创性的思考[J].内蒙古师范大学学报(哲学社会科学版),2006(2).

杨英,郭永玉.后现代心理学与现代心理学的对话[J].心理科学进展,2005(3).

杨玉芳.知识创新与心理学的发展[J].心理与行为研究,2003(1).

杨中芳.试论如何深化本土心理学研究[J].本土心理学研究,1993(1).

杨中芳.如何研究中国人：心理学本土化论文集[M].台北：桂冠图书股份有限公司,1997.

杨中芳,高尚仁.中国人·中国心——发展与教学篇[M].台北：远流出版公司,1991.

杨中芳,高尚仁.中国人·中国心——人格与社会篇[M].台北：远流出版公司,1991.

姚介厚."后现代"问题和后现代主义的哲学与文化[J].国外社会科学,2001(5).

叶浩生.论理论心理学的概念、性质与作用[M]//杨鑫辉.心理学探新论丛(第1辑).南京：南京师范大学出版社,1998.

叶浩生.试析现代西方心理学的文化转向[J].心理学报,2001(3).

叶浩生.关于西方心理学中的多元文化论思潮[J].心理科学,2001(6).

叶浩生.西方心理学中多元文化论运动的意义与问题[J].山东师大学报(人文社会科学版),2001(5).

叶浩生.西方心理学研究新进展[M].北京：人民教育出版社,2003.

叶浩生.多元文化论与跨文化心理学的发展[J].心理科学进展,2004(1).

叶浩生.西方心理学中的现代主义、后现代主义及其超越[J].心理学报,2004(2).

叶浩生.进化心理学思维方式的变革及其意义[J].心理科学进展,2005(6).

叶浩生.有关西方心理学中生物学化思潮的质疑与思考[J].心理科学,

2006(3).

叶浩生.有关进化心理学局限性的理论思考[J].心理学报,2006(5).

叶浩生.人本主义心理学:后现代主义的挑战[J].华东师范大学学报(教育科学版),2008(4).

余安邦.文化心理学的历史发展与研究进路[J].本土心理学研究,1996(6).

余德慧.文化心理学的诠释之道[J].本土心理学研究,1996(6).

翟学伟.中国人行动的逻辑[M].北京:社会科学文献出版社,2001.

曾凡跃.略论哲学的民族性[J].广西社会科学,2003(8).

张爱卿.试论实证论在心理学发展中的基石作用[J].南京师大学报(社会科学版),1994(1).

张大均.关于教育心理学学科性质和学科体系的思考[J].乐山师范学院学报,2004(10).

张帆.人类学与社会心理学的结合:玛格丽特·米德之文化决定论综述[J].社会科学评论,2007(3).

张海育.后现代主义视野下认知心理学发展取向[J].青海师范大学学报(哲学社会科学版),2010(2).

章清.传统:由"知识资源"到"学术资源"——简析20世纪中国文化传统的失落及其成因[J].中国社会科学,2004(4).

章士嵘.心理学哲学[M].北京:社会科学文献出版社,1996.

赵晶.整合的前景:进化心理学及其分支[J].宁波大学学报(教育科学版),2010(3).

郑剑虹.历史学与心理学的结合[J].社会科学,1997(5).

郑开.道家心性论研究[J].哲学研究,2003(8).

郑荣双.心理学全球化的趋势[J].心理科学进展,2003(4).

郑荣双,叶浩生.中国心理学原创性的缺失及应对策略[J].心理科学,2007(2).

植凤英,张进辅.我国民族心理学研究的困境及出路[J].心理学探新,2008(1).

钟建安,张光曦.进化心理学的过去和现在[J].心理科学进展,2005(5).

钟年.试论宗教与民族心理[J].中南民族学院学报(哲学社会科学),1991(4).

钟年.不同民族不同文化的相处之道——现代化问题与文化多样性[J].世界民族,2001(6).

钟年.中文语境下的"心理"和"心理学"[J].心理学报,2008(6).

周冠生.东方心理学[M].上海:上海文化出版社,2003.

周昊天,傅小兰.认知科学——新千年的前沿领域[J].心理科学进展,2005(4).

周宁.心理学的全球化趋势[J].西北师大学报(社会科学版),2000(4).

周宁.本土心理学的两种哲学视野[J].西北师大学报(社会科学版),2003(4).

周宁.心理学哲学视野中的主体心理学与存在心理学[J].学习与探索,2003(4).

周宁,葛鲁嘉.心理学的常识心理学水平[J].心理科学,2003(6).

周宁,葛鲁嘉.常识话语形态的心理学[J].辽宁师范大学学报(社会科学版),2004(1).

周宁.独白的心理学与对话的心理学——心理学的两种话语形态[M].昆明:云南大学出版社.2005.

周晓虹.论文化人类学对社会心理学的历史贡献[J].社会学研究,1987(5).

周晓虹.现代社会心理学——社会学、心理学和文化人类学的综合探索[M].南京:江苏人民出版社,1991.

周晓虹.现代社会心理学的危机——实证主义、实验主义和个体主义批判[J].社会学研究,1993(3).

朱宝荣.计算机模拟:一种探索心理机制的现代方法[J].心理科学,2003(5).

朱海燕,张锋.作为自然科学的心理学的困境[J].云南师范大学学报(教育科学版),2000(5).

朱新秤,焦书兰.进化社会心理学的理论、研究及其意义[J].华中理工大学学报(社会科学版),1999(2).

朱新秤.进化心理学理论、意义与局限[J].自然辩证法研究,2000(4).

朱新秤.进化心理学[M].上海:上海教育出版社,2006.

朱新秤.进化人格心理学:理论、意义与局限[J].华中师范大学学报(人文社会科学版),2010(1).

朱滢,杨治良,等. 当代心理学研究[M]. 北京：北京大学出版社,1993.

二、英文部分

Adamopoulos, J. & Lonner, W. J. Culture and psychology at acrossroad: Historical perspective and theoretical analysis. In David Matsumoto(Ed.), *The Hhandbook of Culture and Psychology.* New York: Oxford University Press, 2001.

Baars, B. J. *In the Theater of Consciousness.* New York: Oxford University Press, 1997.

Badcock, C. R. *Evolutionary Psychology: A Critical Introduction.* Cambridge: Polity Press, 2000.

Beit-Hallahmi, B. & Argyle, M. *The Psychology of Religious Rehaviour, Belief and Experience.* London: Routledge, 1997.

Bem, S. & Looren de Jone, H. *Theoretical Issues in Psychology: A Introduction.* London: Sage Publications, 2006.

Berry, J. W., Poortinga, Y. H., Segall, M. H. et al. *Cross-Cultural Psychology: Research and Applications.* New York: Cambridge University Press, 1992.

Boden, M. A. *The Philosophy of Artificial Intelligence.* New York: Oxford University Press. 1990.

Bond, M. H. (Ed.). *The Psychology of the Chinese People.* Oxford: Oxford University Press. 1986.

Botterill, G. & Carruthers, P. *The Philosophy of Psychology.* Cambridge: Cambridge University Press, 1999.

Brdar, I. (Ed.). *The Human Pursuit of Well-Being: A Cultural Approach.* New York: Springer, 2011.

Buss, D. M. & Kenrick, D. T. Evolutionary social psychology. In S. T. Gilbert(Ed.), *The Handbook of Social Psychology.* New York: McGraw-Hill, 1998.

Buss, D. M. *Evolutionary Psychology: The New Science of the Mind.* New York: Allyn and Bacon, 2008.

Chang, L. & Geary, D. C. The Future of Psychology: Evolutionary Approach to Scientific Psychology. 心理学报, 2007(3).

Crisp, R. J. (Ed.). *The Psychology of Social and Cultural Diversity*. Wiley-Blackwell, 2010.

Doherly, M. *Theory of Mind: How Children Understand Others' Thoughts and Feelings*. East Sussex: Psychology Press, 2009.

Fave, A. D., Massimini, F., & Bassi, M. *Psychological Selection and Optimal Experience across Cultures*. New York: Springer, 2011.

Franklin, S. S. *The Psychology of Happiness: A Good Human Life*. New York: Cambridge University Press, 2010.

Garbarino, J. *The Positive Psychology of Personal Transformation*. New York: Springer, 2011.

Heelas, P. & Lock, A. *Indigenous Psychology*. New York: Academic Press, 1981.

House, J. S. The Three Faces of Social Psychology. *Sociometry*, 1997(2).

Johnson, D. M. & Erneling, C. E. *The Future of .the Cognitive Revolution*. New York: Oxford University Press, 1997.

Kim, U. Culture, science, and indigenous psychologies: An integrated analysis. In David Matsumoto (Ed.), *The Handbook of Culture and Psychology*. New York: Oxford University Press, 2001.

Kim, U., Yong, K. S., & Hwang, K. K. *Indigenous and Cultural Psychology: Understanding People in Context*. New York: Springer, 2006.

Pedersen, P. (Ed.). *Multiculturalism as a Fourth Force*. Washington, DC: Taylor & Francis, 1999.

Rescher, N. *Common-Sense: A New Look at an Old Philosophical Tradition*. Milwaukee: Marquette University Press, 2005.

Sober, E. & Wilson, D. S. *Unto Others: The Evolution and Psychology of Unselfish Behavior*. Cambridge, MA: Harvard University Press, 1999.

Strongman, K. T. *The Psychology of Emotion: From Everyday Life to Theory*. John Wiley & Sons Inc., 2003.

Tien-Lun Sun, C. *Themes in Chinese Psychology*. Singapore: Cengage

Learning, 2008.

Ward, C. , Bochner, S. , & Furnham, A. *The Psychology of Culture Shock*. New York: Routledge, 2001.

Varela, F. J. , Thompson, E. , & Rosch, E. *The Embodied Mind: Cognitive Science and Human Experience*. Cambridge, MA: The MIT Press, 1991.

Vijver, F. V. D. The evolution of cross-cultural research methods. In David Matsumoto (Ed.), *The Handbook of Culture and Psychology*. New York: Oxford University Press, 2001.

Wilber, K. *No Boundary: Eastern and Western Approaches to Personal Growth*. Boston, MA: Shambhala Publications, 1979.

Wilks, K. V. The relationship between scientific psychology and common-sense psychology. *Synthese*, 1991(89).

Workman, L. & Reader, W. *Evolutionary Psychology: An Introduction*. New York: Cambridge University Press, 2008.

后　记

　　我在自己的心理学研究和本土心理学建构中,分别在两个不同系列的心理学研究——新心性心理学研究系列和心理学形态研究系列中涉及关于心理资源或心理学资源的探讨。这也就是《心理资源论析——心理学的历史、现实与未来的形态》和《资源形态的心理学——心理资源的基本性质与核心内涵》。这实际上是从两种不同的研究系列、两种不同的探索视角、两种不同的研究关注出发进行的心理学探索。

　　在新心性心理学研究系列中,我共涉及六个部分的研究内容,这也就是心理资源论析、心理文化论要、心理生活论纲、心理环境论说、心理成长论本和心理科学论总。那么,正是在《心理资源论析——心理学的历史、现实与未来的形态》一书中,我系统考察和探讨了六种不同形态的心理学,即常识形态的心理学、哲学形态的心理学、宗教形态的心理学、类同形态的心理学、科学形态的心理学和资源形态的心理学。

　　在心理学形态研究系列中,我则分别涉及六种不同形态的心理学。就每一种心理学形态,我分别撰写了一部学术专著,这也就是《常识形态的心理学——心理学的生活形态和日常存在》《哲学形态的心理学——哲学心理学与心理学哲学》《宗教形态的心理学——宗教传统和研究的心理学智慧》《类同形态的心理学——不同科学门类中的心理学探索》《科学形态的心理学——心理学的科学追求与科学身份》和《资源形态的心理学——心理资源的基本性质与核心内涵》。

　　当然,这并不是重复性的研究,而是递进式的探索。正是在关于心理资源论析的基础之上,有必要对资源形态的心理学进行系统深入的考察和探讨。研究资源形态的心理学,就是希望能够在心理学的演进过程中,确立起一种新的心理学研究的形态。这应该是超越了科学形态的心理学的新的心理学进展或新的心理学进程。通过资源的性质、内容、特征、演变、应用等来考察、界定、理解、把握、推动心理学的发展和进步，是我大胆的创新尝试。我希望这能够给心理学学科带来一种新生。

《资源形态的心理学——心理资源的基本性质与核心内涵》是心理学形态研究系列六部学术专著中的最后一部。当然，我自己的研究设计或研究构想还在进一步扩展和推进。原有的两个研究系列，即新心性心理学研究系列和心理学形态研究系列，又已经得到大大扩展。

我构想的心理学学术研究的总体规划共包含六个研究系列、三十九个研究主题。第一个系列是"本土心理学系列"，包含五个专题的研究，即心性心理学、智慧心理学、儒家心理学、道家心理学和佛家心理学。第二个研究系列是"新心性心理学系列研究"，包含七个专题的研究，即新心性心理学、心理资源论析、心理文化论要、心理生活论纲、心理环境论说、心理成长论本和心理科学论总。第三个研究系列是"心理学形态系列研究"，包含六个专题的研究，即常识形态的心理学、哲学形态的心理学、宗教形态的心理学、类同形态的心理学、科学形态的心理学和资源形态的心理学。第四个研究系列是"理论心理学系列研究"，包含六个专题的研究，即新理论心理学、心理学科学观、心理学新思潮、心理学本土化、心理学方法论和心理学价值论。第五个研究系列是"心理学新探系列研究"，包含五个专题的研究，即科学心理学、本土心理学、东方心理学、文明心理学和体证心理学。第六个研究系列是"心理学分支系列研究"，包含十个专题的研究，即新本土心理学、新文化心理学、新社会心理学、新历史心理学、新民族心理学、新应用心理学、新宗教心理学、新环境心理学、新创造心理学和新管理心理学。在上述研究规划的三十九个主题中，已经完成研究并出版学术专著的有《新心性心理学宣言——中国本土心理学原创性理论建构》《心理资源论析——心理学的历史、现实和未来的形态》《心理文化论要——中西心理学传统跨文化解析》和《心理成长论本——超越心理发展的新心性心理学主张》。

学海无涯，学无止境！但是，人的生命是有限的，人的精力也是有限的。在有限的时间和精力的条件下，怎样做更多的事情，这是我自己的生活和学术的追求。我希望能够彻底改变中国心理学依赖于从西方心理学或外国心理学"进口",而能够给中国心理学带来一个本土文化的根基、本土文化的资源、本土文化的营养,能够给中国本土心理学的发展带来创新的氛围、创新的推动、创新的源泉,进而能够给中国心理学的创新带来推动的力量、激励的机制、思想的源泉。

心理学的资源化就是我自己独特的学术构想。当然,资源化可以成为一种独特的方法论,包括可以将其运用于自己的研究和生活。寻求资源、挖掘资源、提取资源、运用资源、涵养资源和扩展资源,是丰富自己的学术研究、提升自己的生活质量的重要方面。将自己的心理学学术研究也转换成为有价值的心理学的基本资源,是使自己的学术探新、学术创造和学术思想能够产生和拥有更长久价值的途径。我常说的一句话是我改编的一句广告语。那句广告语是:"钻石恒久远,一颗永流传!"我将其改编为:"学术恒久远,思想永流传!"

非常感谢谢冬华编辑为本著作的顺利出版付出的智慧、汗水和劳动!

葛鲁嘉

吉林大学哲学社会学院心理学系

2012 年 11 月 11 日

2015 年 12 月 8 日校

图书在版编目(CIP)数据

资源形态的心理学: 心理资源的基本性质与核心内涵 / 葛
鲁嘉著. –上海: 上海教育出版社，2015.12
（心理学形态研究系列）
ISBN 978-7-5444-6730-8

Ⅰ. ①资… Ⅱ. ①葛… Ⅲ. ①心理学 – 研究
Ⅳ. ①B84

中国版本图书馆CIP数据核字(2015)第299524号

责任编辑　谢冬华
封面设计　郑　艺

心理学形态研究系列

资源形态的心理学
——心理资源的基本性质与核心内涵

Ziyuan Xingtai de Xinlixue
——Xinlixue de Jiben Xingzhi yu Hexin Neihan

葛鲁嘉　著

出　版	上海世纪出版股份有限公司
	上 海 教 育 出 版 社
	易文网 www.ewen.co
地　址	上海永福路123号
邮　编	200031
发　行	上海世纪出版股份有限公司发行中心
印　刷	启东市人民印刷有限公司
开　本	700×1000 1/16 印张 19.75 插页 4
版　次	2016年8月第1版
印　次	2016年8月第1次印刷
书　号	ISBN 978-7-5444-6730-8/B·0109
定　价	63.00元

(如发现质量问题，读者可向工厂调换)